社会工程与中国现代性的建构

王英伟　著

中国社会科学出版社

图书在版编目（CIP）数据

社会工程与中国现代性的建构／王英伟著．—北京：中国社会科学出版社，2015.6

ISBN 978－7－5161－4594－4

Ⅰ.①社…　Ⅱ.①王…　Ⅲ.①现代化建设—研究—中国
Ⅳ.①D61

中国版本图书馆CIP数据核字（2014）第171639号

出 版 人　赵剑英
责任编辑　赵　丽
责任校对　罗　彬
责任印制　王　超

出　　版　中国社会科学出版社
社　　址　北京鼓楼西大街甲158号
邮　　编　100720
网　　址　http://www.csspw.cn
发 行 部　010－84083685
门 市 部　010－84029450
经　　销　新华书店及其他书店

印刷装订　三河市君旺印务有限公司
版　　次　2015年6月第1版
印　　次　2015年6月第1次印刷

开　　本　710×1000　1/16
印　　张　13.25
插　　页　2
字　　数　211千字
定　　价　45.00元

序　言

现代社会是现代性观念与现代化运动的有机统一，现代性由此成为我们这个时代最焦点的话题之一。现代性批判的主要任务不是在保留现代性还是超越现代性之间做抉择，其更重要的意义在于既要阻止现代性自身的悖论所造成的现代性危机的继续蔓延，同时还要对现代性的某些方面的过度发展可能造成的社会畸变加以校正，预防更大的危机和伤害的出现。当现代性悖论将现代文明推入繁荣与矛盾、发展与危机并存的尴尬境地之时，中国社会却迎来了自己现代化进程的全面展开。于是，中国现代性的建构不可避免地带有深深的问题意识和危机意识。从历史上看，现代性自近代以来就一直是中国人向往和追求的价值目标。正是在对这一目标的不懈追求过程中，中国以自主的姿态参与到全球现代性的发展进程当中。对于身处社会转型关键阶段的中国社会来说，加快现代化建设、培育现代性是中国的必然选择。作为后发型现代性国家，中国的现代性建构必然充满着复杂和矛盾，面临着传统与现代、重复与超越的艰难抉择和判断，但这并不意味着我们必须走西方国家走过的老路。事实证明，现代性不止一种、现代化模式不止一个，中国现代性要想获得其独立性必须实现对西方国家现代性建构之路的扬弃和超越。中国必须通过自己的现代化实践对现代性不断反思、认真剖析，对中国现代性的培育冷静设计、大胆创新，才能保证中国现代化的健康、稳定发展。这是对中国现代性的基本定位。

经过几十年的现代化建设，中国社会已经不再是传统的常态社会。面对由于自然技术的垄断和社会技术的落后所引发的人与自然、人与社会关系的紧张与不和谐，传统的社会治理手段很显然无法整合中国社会发展的全部矛盾和问题。寻求新的现代性发展路径、挖掘新的现代性发展模式、创建新的现代性建构方法和手段已经成为中国现代社会发展的必然要求，同时也为中国培育自己的、有中国特色的现代性提供了一个重要契机。由此可见中国的现代性设计仍然任重道远。

从哲学的视角看，社会工程作为人类社会理性高度自觉的结果是社会主体根据自身对社会规律的认知和把握，以社会科学理论为基础，以社会技术为中介，改造社会世界、协调社会运行、调整社会关系、化解社会矛盾的社会实践活动过程。就其本质而言，社会工程是马克思的实践范式的延续和发展，是实践理性的应用和具体化。实践范式、实践理性的提出是马克思消解现代性悖论的重大尝试，也让人们从马克思的实践哲学中看到了以实践范式重建现代性的信心。现代性建构的社会工程思维的提出恰恰就是对马克思的实践范式的延续和发展。现代性建构的社会工程思维就是将现代性看成是人为建构的产物，其产生和发展是一个非自然的过程，是自启蒙运动以来人们期望建构的一个理想的社会状态。这一社会理想导致了工业社会的诞生、民族国家的形成和城市化的发展以及作为现代社会典型特征的社会组织结构、阶级结构和民主化等一系列现代特征的凸显。在由传统到现代的发展过程中，现代性的形成离不开社会工程的思维和设计。通过社会工程的精心设计、仔细规划和科学实施，现代性的价值目标被嵌入人们改造传统社会的具体实践当中，从而导致传统社会的社会结构、社会模式、社会关系的一系列变革，并最终导致现代社会的诞生。正是通过社会工程，现代性才能从传统社会机体中生长出来，也只有进一步通过社会工程才能促进其自身的发展和完善。本书提出现代性建构的社会工程思维的价值旨趣正在于此。通过对现代性建构的社会工程思维进行前提批判，追问现代性建构的社会工程何以可能，从理论上、逻辑上回答现代性是否能以社会工程的方式加以建构的疑问，从而夯实了以社会工程的方式建构现代性的必要性。

对现代性建构而言，社会工程具有其特殊的价值和意义。社会工程作为马克思的实践范式的延续和发展，既是现代性建构的载体，又是现代性建构的方式。一方面，社会工程是对现代社会运行特点、规律的深刻把握与提炼，通过对整个社会、整个国家的系统设计、整体规划和统筹兼顾，社会工程成为现代性建构的重要载体和平台。另一方面，区别于以往仅从人与自然关系层面解决现代性困境的思维方式，社会工程是从人与人的社会关系层面解决仅仅从人与自然关系层面解决不了的现代性弊病的一种全新尝试，为消除现代社会的矛盾，解决现代性发展中的困境提供了新的方法。

从实践维度出发对中国现代性提出全新的建构方案是本书的一个亮点。在中国由传统社会向现代社会转型的历史过程中，中国现代性是在艰难中起步，在其发展过程中又形成了一系列两难困境，如自然技术的扩展与社会技术的落后、科学精神的彰显与人文精神的淡薄，社会发展理论的统一性与社会实践的多样性等。面对这些两难问题，任何以简单的线性思维去分析和探讨中国现代性的建构问题、试图解决这些问题、规避现代性危机的努力都将是徒劳无功的。通过中国现代性建构工程的提出，本书阐释了社会工程作为整合自然技术与社会技术的社会治理方式、整合科学精神与人文精神的全新组织形式和整合理论探索与社会实践的有效控制手段为中国现代性化解现代性问题、消解现代性危机，进而建构一个人与自然、人与人和谐共生的社会提供的方法论支撑，从而赋予了中国现代性不同于西方传统现代性的发展逻辑与精神特质。社会工程作为科学方法对中国现代性建构的现实意义也由此彰显出来。围绕我国现代性生成过程中的四个核心问题，即社会发展的价值抉择问题、社会制度的正当性问题、社会结构的合理性问题以及社会个体的主体性问题，本书将中国现代性的建构纳入社会工程的框架当中，提出了详细的建构方案，包括：以科学的建构理念来重构社会理性；以科学的社会工程设计来重建社会秩序；以前瞻性的社会工程创新来重塑社会结构；以高效的社会工程管理来重整社会关系。通过社会工程将中国现代性由理想的蓝图变成为可以实践的具体方案，将大大提高中国现代性建构的科学性、合理性、人文性和可操作性。这一方案在中国目前这个急剧变化、秩序与冲突共存的社会里，能够促进社会的成功转型，实现社会的平稳过渡和社会系统的良性运行，为中国现代性的发展提供一条创新之路。

本书是王英伟同学的博士论文。作为她的导师，我亲历了此文从选题、写作、修改到通过答辩的全部艰辛过程，并曾就此文的创作与作者多次交流过。该书选题具有创新性，可供借鉴的前期研究成果并不多见，为此作者付出了更多的努力和辛苦，做了大量的文献研究工作，深入研究论证每一个论点。在大量、扎实的科学研究工作基础上，作者提出了关于以社会工程方式构建中国现代性发展模式的观点，颇具有创新性和启发性，这在学术上非常难能可贵。博士毕业后，作者继续在社会工程哲学这一领域潜心研究，努力探索，故此书可以说是作者多年来在社会工程哲学领域研究的一个成果汇总。在书中，我既看到了青年科研工作者的研究热情和勇气，也看到了青年科研工作者的理论探索和现实关怀！

许志晋

2014 年 3 月 12 日

于首都师范大学

目　录

第一章　导　论

当历史的车轮将古老的中国推进现代化的滚滚洪流当中，当现代化、现代性进入中国特色、社会主义等中国语境之后，随之而来的就是对这些概念之间关系的厘清和考察。中国现代性的建构正是将现代性融入中国社会生存境遇的必然要求。在现代化成为中国社会发展的主要内容，在现代性成长及其包含的潜在矛盾日益凸显的背景下，必然要求探寻我们自己的现代性路径和发展模式，通过有中国特色的现代性的建构消解现代性悖论、化解现代性危机。中国现代性建构的逻辑前提、建构方式和手段、发展路径、价值旨趣等问题的探索就成为摆在我们面前的现实问题。从哲学的视角看，社会工程作为人类适应、改造世界的实践活动过程，是马克思实践哲学的延伸，是“综合了近100多年来马克思主义的社会科学发展成果，综合了近半个世纪自然科学技术发展成果”。[①] 社会工程既是对现代社会运行特点、规律的深刻把握与提炼，又是完全现实的、可以操作的，它通过对整个社会、整个国家的系统设计、整体规划和统筹兼顾，为中国消除现代社会的矛盾，解决其现代性发展中的困境，进而构建一个和谐社会提供了方法论支撑。现实要求我们用社会工程的思维和范式去促进中国现代性的创新和发展。社会工程作为科学方法对中国现代性建构的现实意义也由此彰显出来。从社会工程哲学的视角对中国现代性的建构加以设计、规划、管理和创新既是挥之不去的“现代性续写”情结在中国的延伸，更是建设有中国特色社会主义事业发展的客观需求。

---

① 上海交通大学编：《智慧的钥匙——钱学森论系统科学》，上海交通大学出版社2005年版，第191页。

一 选题的意义

本书以现代性的本质因素——理性为切入点，沿着现代性的理性批判到理性重建的思路，从社会工程哲学的视角探讨中国现代性社会工程的建构具有一定的理论意义和应用价值。

第一，借用“理性”这一西方哲学的概念框架研究中国现代性问题丰富了中国现代性理论。

本书对现代性所内含的理性悖论进行了深刻分析与反思，指出从理性的视角看，历史不外乎是一个使人不断理性化的过程，在这个过程中，人类的理性能力不断得到加强、拓展和丰富，但同时也催生了理性的张力与分裂。现代社会所展示的技术理性与现代性的内在逻辑，正是这种张力与分裂的必然结果。于是就出现了理性作为启蒙的核心价值，反倒违背了理性的初衷的结果，表现在现实层面就如同利奥塔所描述的：“现代性既带来了人类生产力与人类社会的巨大进步，又带来了经济危机和生态灾难；既带来了理性秩序对社会资源的优化配置，又带来了非理性的拜金主义和唯 GDP 发展观的混乱与疯癫；既带来了人类个性的自由与张扬，又带来了社会理性机器对人的支配；既带来了货币与法律程序上的人人平等，又带来了两极分化；既带来了人类主义的觉醒，又带来了民族矛盾与冲突，如此等等。现代性的利与弊、善与恶如影随形。”①

现代性的这一理性悖论在中国现代性问题中同样存在，因而也成为中国现代性的标志性符号。建构当代中国的现代性，有必要深化对现代性的理性本质的认识，有必要运用理性的概念框架来解释有关的对象与事实，从而才能真正揭示出中国现代性发展的内在逻辑，找到中国现代性病灶的根源所在。本书在追寻中国现代性发展的历史足迹的基础上，通过总结中国理性化的发展过程，既揭示出中国现代性展开的逻辑与传统西方现代性的同一性，同时也揭示了中国现代性不同于传统西方现代性的特殊性、差异性和地方性。所以借用“理性”这个西方哲学的概

① ［法］让·弗朗索瓦·利奥塔：《后现代性与公正游戏——利奥塔访谈、书信录》，上海人民出版社 1997 年版，第 153 页。

念框架研究中国现代性问题使我国的现代性理论研究有了和西方共通的话语，因而更容易相互比较借鉴沟通。虽然用理性的概念来描述和分析中国的现实有多大程度的恰当性还有待商榷，但这种尝试从理论探索的角度而言是有意义的，其研究成果对丰富中国现代性理论也是有价值的。

第二，按照工程思维建构中国现代性的理论探索有助于促进哲学范式的转变和工程哲学的发展。

哲学作为时代精神的精华应该通过其研究范式的不断转化来反映时代变迁。现代性的技术扩张带来的人与自然关系的紧张和恶化仅仅是现代性病灶的表象，追求其内在的成因正如马克思所言是由人与人的社会关系决定的。所以反思和批判现代性的内在根源，仅仅把目光聚焦在人与自然的关系上、采用纯粹形而上学的思辨范式是不可能成功的，这必然要求要深化哲学研究的主题，拓展哲学研究的问题域。从人与人的社会关系层面探讨现代性问题，将研究的重心从物质转向人，从自然转向人类社会，从规律性转向主体性等，特别是关注现代社会背景下的人类历史和社会的重大问题，实现哲学研究范式从思辨向实践的转变就是哲学反映时代变迁、促进自身发展的一种尝试。

将中国现代性建构视为一项庞杂的社会工程，应用工程思维对其进行解读就是从人与人的社会关系层面解决仅仅从人与自然关系层面解决不了的现代性弊病的一种努力。社会工程是社会主体根据自身对社会规律的认知和把握，以社会科学理论为基础，以社会技术为中介，改造社会世界、协调社会运行、化解社会矛盾的社会实践活动过程。社会工程既是人类社会理性高度自觉的结果，也是人类改造社会世界，调整社会关系、控制社会运行的社会实践过程。本书对中国现代性社会工程建构的个案研究既体现了哲学的实践转向也丰富了工程哲学发展所需的实证依据。这项研究对于促进实践理性的复兴、主体意识的成熟、发展观念的更新、文化精神的重建等方面都将发挥作用。

第三，从工程哲学的视角探讨中国现代性社会工程的建构对我国现代化实践有借鉴意义。

是现代化实践使我们遭遇了现代性问题，对现代性的理论反思事实上就是对现代化实践的总结、校正和指引。科学技术的强大动力使科学技术已经渗透到社会结构、社会关系、社会群体的方方面面，因此人们改造社会世界、调整社会关系、控制社会运行的实践活动必然更多的表现为科学性、规划性、设计性和技术性，归根结底就是社会工程性。这正是社会工程存在的价值所在。从工程哲学的视角探讨中国现代性工程建构的理论探索也因此具有了现实意义。中国正处在现代化进程中的泛城市化发展阶段，如何避免或减少社会风险，如何实现社会体制的改革与重建，如何解决不均衡发展和社会阶层分裂等这些现实问题需要人们调整社会关系。把只能依靠理论思维把握的各种社会关系纳入到可以生产、可以制造的工程哲学逻辑框架中，并通过社会工程的精心规划、设计和实施来理顺这些复杂的社会关系，体现社会发展规律，中国的现代化实践才具有科学性和高效性。由此可见，中国现代性有其特殊性和复杂性，将我国的现代性建构纳入工程的框架，通过社会工程规划与设计、管理与创新等一系列工程方法与手段对我国现代化实践予以理性指导将会促进我国现代化建设的顺利发展。

二 研究背景

（一）关于现代性与中国现代性的研究

现代性问题是一个纷争的理论领域，其中不仅交织着对它的各种不同理解与困惑，而且更充满着对它的批判和解构的尝试。因此，“现代性”概念逐渐形成理论界的一个关注热点，有关它的话语也越来越流行，成了一个热门话题。由于不同的理论家的价值关怀不同、方法论立场不同，由此形成了丰富的西方现代性理论。西方现代性理论关注的问题主要包括以下几个方面：现代性的实质是什么、现代性展开的逻辑是什么、现代性的未来如何、现代性与现代化的关系等。由于社会历史进程的飞速发展使形成于启蒙思想中的现代性方案早已经由被追求和向往的价值变成了无论在精神世界还是外部社会领域中都引发了无穷困惑、焦虑和冲突的经验现实。于是来自各种不同角度和立场的对于现代性的反思和质疑也纷纷粉墨登场。面对现代性发展这个难以摆脱的必然逻辑，马克斯·韦伯首开现代性批判的先河，其后以哈贝马斯为代表的修正主义者们认为现代性是一个尚未完成的方案，现代性的内涵并没有被完全挖掘出来，需要调整、拓展和更新；而以社会理论家利奥塔为代表的后现代主义者们则站在激进的立场上宣称“现代性已经终结”，决定以“后现代性”解构“现代”，消解“现代性”；此外以社会学家丹尼尔·贝尔为代表的保守主义者抓住现代性发展在社会文化价值领域中形成的现代人的精神空虚、生命意义的丧失展开对现代性的批判，力主返回传统。以上诸多现代性批判总的看来是一种观念批判或意识形态的批判，并没有深入到现代性形成的社会历史根基当中。真正做到这一点的是马克思的现代性批判，他开创了现代性批判的实践批判方式，进而给我们开辟了一条全新的解决现代性问题的路径，即不是从观念中而是从现实中来寻求摆脱现代性危机的出路。实践范式、实践理性的提出是马克思消解现代性悖论的重大尝试。对于现代性问题，无论是困惑还是理性分析，无论是建构还是解构，无论是前行还是回归，种种理论探索之中，我们看到了理论家的勇气和人类智慧的光芒。

随着全球化进程的推进，非西方不发达国家也纷纷走上现代化道路，包括中国。非西方发达国家现代化的发展为现代性问题的研究提出了新的问题域：即如何根据非西方发达国家走过的现代化道路及其独特的现代性体验对传统西方的现代性进行反思，于是就出现了“到底有几种现代性”、“全球的现代性有共通之处吗”等问题的追问，由此也推动了现代性理论的多元化发展。现代化的具体实践也激发了我国现代性问题的理论探讨，于是 20 世纪 90 年代以后，现代性问题就成为我国理论界探讨的一个热点。西方传统现代性在乡土中国的发展中产生的问题就构成了中国现代性问题，我国学术界对“现代性”问题的讨论主要集中在何谓现代性及现代性问题的表现、中国的现代性建构、马克思哲学与现代性等问题上，其理论旨趣主要在于积极地推进我国的社会改革和社会主义现代化进程。但就中国现代性问题的研究本身而言，以上诸多探讨还仅仅是研究的开始。在西方现代性发展已经日趋成熟，西方现代性范式正在全球扩展的前提下，中国的现代性到底该如何定位？面对西方现代性理论的强大攻势，在西方与东方、重复与超越之间，中国的现代性到底该如何自处？在西方现代性问题已经酿成日益深重的社会危机的现实前，中国现代性到底该如何化解问题，规避危机？在中国现代化进程已经全面铺开，面对诸多社会发展问题和矛盾逐渐累积和爆发的社会转型期，中国现代性到底该如何建构才能促进中国社会和谐发展？以上这些问题还有待于我们进一步研究和解答。只有怀着深刻的问题意识，才能促进中国现代性问题研究的进一步发展和深入。

根据国内外关于现代性问题的研究现状可以总结出以下三点：第一，沿着现代性—批判现代性—重建现代性的思路，西方现代性理论已经逐渐成熟、完善。第二，由于中国现代化进程起步较之西方晚很多，西方现代性理论对中国现代性的研究是远远不够的，中西文化传统的差异、中国现代性问题的特殊性使一些西方学者对中国现代性的研究理论甚至存在偏颇之处。第三，随着中国现代化进程的展开，国内学者对于西方现代性理论萌发了很高的研究热情，介绍、研究西方现代性理论的论著日渐增多，但有关中国现代性问题的研究还仅仅处在刚刚起步的阶段。如何对当代中国社会的发展状态进行准确定位？如何在西方现代化遭遇的前车之鉴下促进中国自己的现代化进程？这些问题的存在需要众多学者们对中国现代化问题进行深刻的研究反思，其中不乏对西方现代性理论和现代化实践的学习和借鉴，其研究旨趣在于构建、丰富和完善中国现代性理论，并充分发挥其对实践的理论指导作用。这也正是本书的题旨所在。

（二）关于社会工程的研究

对于中国学者而言，社会工程似乎是一个全新的概念。但事实上，早在20世纪初期，国外的一些哲学家、社会学家和法学家就开始关注社会工程、研究社会工程。比如早在1922年就开始使用“社会工程”这一概念的德国社会学家马克斯·韦伯，创立了“社会工程法学学派”的美国法学家罗斯科·庞德，提出了“渐进的社会工程”理论的奥地利的科学哲学家卡尔·波普尔，把社会工程视为“一种改造社会机构的社会活动”的英国思想家戴维·米勒等都从不同侧面对社会工程思想进行过深入研究和详细阐释，夯实了社会工程研究的思想基础。受国外社会工程研究的影响，尽管社会工程学在国内还鲜为人知，但一些思想敏锐的国内的学者专家也开始关注、研究社会工程：比如钱学森先生早在1989年就指出社会工程是“组织和管理社会主义建设的技术，是当代经济工作的一种新的科学方法”，并提出使用社会工程来设计经济体制、制订国民经济发展方案和计划的建议。学者王洪波在国内首创了社会工程学，重点讨论了社会结构的变迁与社会工程的作用以及社会工程中的决策模式、冲突分析等问题。学者田鹏颖从哲学视角研究社会工程问题，论证了从传统形而上学向社会工程转向的逻辑必然性，并探讨了社会工程哲学的学科边界、理论基础、本质属性以及社会工程创新等问题。无论如何，社会工程研究在中国还是刚刚起步，关于其研究领域、研究范式、研究方法等问题还需要进一步厘清和探索。

从社会工程哲学的视角研究中国现代性问题还是一个全新的尝试。国内一些学者曾经尝试性地提出了一些关于中国现代性建构的建议，但多为理论层面的探讨，缺乏实践维度，没有提出具体的可行性的中国现代性建构的方案，因而也就丧失了指导中国现代化发展实践的实现作用。从社会工程哲学的视角提出中国现代性建构工程的设想，以社会工程设计来描画中国现代性发展的蓝图，以社会工程管理对中国现代性建构过程加以控制和监督，以社会工程创新来彰显中国现代性建构的中国特质，这是本书从实践维度出发对中国现代性建构提出的全新的方案，更是一次全新的理论尝试和创新。

三　研究思路和创新性

（一）本书的研究思路

本书以理性为线索厘清中国现代性发展的线索，揭示中国现代性发展的内在逻辑、特点、现实困境与发展需要，并从实践层面上提出以马克思主义的实践理性为指导，通过社会工程的方法与手段建构中国现代性工程，从而丰富中国现代性理论，并为中国现代化实践提供理论指导，推进中国现代化进程顺利发展。根据这一研究思路，本书沿着现代性的理性批判到理性重建的思路，按照历史和逻辑相统一的方法论要求，融汇马克思主义哲学、社会工程哲学的基本理论，以理性为切入点，按照从“中国现代性的理性批判”到“中国现代性的社会工程建构”的逻辑线索，分别从理论和实践两个层面上分析中国现代性建构的理论前提、现实需要和建构方案：第一，理论层面。本书的理论论证是沿着从现代性的理性批判到马克思主义的实践理性的继承再到社会工程哲学的发展的思路进行的。从分析现代性自身内含的理性悖论入手，本书梳理了中国现代化过程中理性化的基本脉络，指出马克思主义的实践理性对于现代性理性悖论解决的意义，进而阐述了中国现代性建构过程中要以马克思主义的实践理性为指导的必然性以及由马克思主义的实践哲学向社会工程哲学范式转化的合理性，并在此基础上指明社会工程为中国现代性建构提供的方法论支撑，为提出中国现代性建构的社会工程思维奠定理论基础。第二，实践层面。从分析现代性因理性悖论而引发的一系列现实困境入手，在详尽分析中国现代性发展的历史过程和客观条件基础上，把马克思主义的实践理性转化为具体的工程活动。从社会工程的视角，探讨中国现代性建构工程的理念、设计、创新和管理等问题。在中国目前这个急剧变化、秩序与冲突共存的转型期社会里，通过重整社会理性、重建社会秩序、重塑社会结构和重整社会关系来化解社会矛盾和冲突，实现社会转型的平稳过渡和社会系统的良性运行。通过社会工程将中国现代性由理想的蓝图变成为可以实践的具体方案，大大提高了中国现代性建构的科学性、合理性、人文性和可操作性。

（二）本书的创新点

1. 现代性建构社会工程化思维的提出

本书在对现代性的历史生成、发展现状做详细考察的基础上，指出现代性批判的主要任务不是在保留现代性还是超越现代性之间做抉择，其更重要的意义在于既要阻止现代性自身的悖论所造成的现代性危机的继续蔓延，同时还要对现代性的某些方面的过度发展可能造成的社会畸变加以校正，预防更大的危机和伤害的出现。马克思的现代性批判开创了现代性批判的实践批判方式，进而给我们开辟了一条全新的解决现代性问题的路径，即不是从观念中而是从现实中来寻求摆脱现代性危机的出路。实践范式、实践理性的提出是马克思消解现代性悖论的重大尝试，作为实践理性的应用和具体化的社会工程就成为马克思重建现代性的重要载体，即运用社会工程思维对现代性发展加以规划和设计，用社会工程的方式建构现代性、发展现代性。以社会工程的方式对现代性加以建构的思维的提出就是将现代性的产生和发展看成是一个非自然而言的过程，是一个人为建构的产物，是至启蒙运动以来人们期望建构的一个理想的社会状态，这一社会理想导致了工业社会的诞生、民族国家的形成和城市化的发展以及作为现代社会典型特征的社会组织结构、阶级结构和民主化等一系列现代特征的凸显。在由传统到现代的发展过程中，现代性的形成离不开社会工程的思维和设计。通过社会工程的精心设计、仔细规划和科学实施，现代性的价值目标被嵌入人们改造传统社会的具体实践当中，从而导致传统社会的社会结构、社会模式、社会关系的一系列变革，并最终导致现代社会的诞生。正是通过社会工程，现代性才能从传统社会机体中生长出来，也只有进一步通过社会工程才能促进其自身的发展和完善。虽然很早以前马克斯·韦伯就曾指出现代性是一项"形式合理化的控制性工程"，哈贝马斯也把现代性称作为是一项"未完成的工程"，但其"工程"二字主要是一种比喻性的概念，并不具有实际意义。本书提出的现代性建构工程化的思维意在将现代性的建构落实到可实践的、可操作的真正的社会工程活动中。在这里，社会工程既是现代性建构的方式，更是现代性建构的载体。

2. 中国现代性工程建构方案的提出

在中国由传统社会向现代社会转型的历史过程中，中国现代性是在艰难中起步，在其发展过程中又形成了一系列两难困境，如自然技术的扩展与社会技术的落后、科学精神的彰显与人文精神的淡薄，社会发展理论的统一性与社会实践的多样性等。社会工程对这些问题的解决具有强烈的现实意义：社会工程既是整合自然技术与社会技术的社会治理方式，又是整合科学精神与人文精神的全新组织形式，同时还是整合理论探索与社会实践的有效控制手段。通过社会工程对整个社会、整个国家的系统设计、整体规划和统筹兼顾，可以化解中国社会发展中的诸多矛盾，解决其现代性发展中的两难困境。正是在这个基础上，本书提出了中国现代性工程建构的具体方案，将中国现代性的建构纳入社会工程的框架当中，探寻出中国现代性发展的价值诉求、抓住中国现代性建构的重点，辨明中国现代性的发展方向，据此来确定中国现代性的建构这项社会工程活动的基本理念，明确中国现代性建构的价值目标和核心内容，在此基础上对中国现代性的建构进行全面的设计和规划，从而提升中国现代性建构的科学性，避免盲目性和偶然性，促进中国现代性的健康发展。围绕我国现代性生成过程中的四个核心问题，即社会发展的价值抉择问题、社会制度的正当性问题、社会结构的合理性问题以及社会个体的主体性问题，本书分别从社会工程理念、社会工程设计、社会工程创新、社会工程管理的角度对以上四个问题加以研究和探讨，尝试性地提出了以社会工程重构社会理性、重建社会秩序、重塑社会结构和重整社会关系的建构方案，以此来促进中国社会的成功转型，为中国现代性的发展提供一条创新之路。在目前国内学术研究中关于这方面的研究还不多见，因而本书的研究将丰富工程哲学特别是社会工程哲学的相关理论。

第二章　现代性及其危机分析

探讨中国现代性的建构问题，必须首先解决现代性是如何产生、发展、演进的，现代性的内涵是什么，现代性问题是如何产生并演变为一场现代性危机的，现代性危机产生的根源是什么等相关问题。这些问题的存在构成了研究现代性及中国现代性的问题域，也构成了反思现代性问题、探索中国现代性建构的基本理论前提，因此回答、厘清这些问题就成为本书研究的首要任务。

第一节　现代性的起源与发展

现代性起源于文艺复兴时期。文艺复兴运动是封建中世纪迈入现代社会的划时代历史转折点。在漫长、黑暗的中世纪时期，基督教神学统治了一切、垄断了一切，卑微的人类在崇高的上帝面前渺小得一文不值。这个全神的时代被文艺复兴运动的反对宗教蒙昧的主旨打破。文艺复兴运动的核心思想就是人道主义，即通过确立人的主体性地位，弘扬人的尊严、人的权力，追求人性解放、个性自由来反对神性，颠覆神的统治地位。人道主义者们反对教会提出的种种清规戒律和禁欲主义原则，提出人生来就是平等的、追求自由是人的天性等观点。通过文艺复兴运动，宗教组织的权威不断遭到质疑和冲击，整个社会的宗教色彩逐渐淡化，取而代之的是人本色彩，人开始发现自我，肯定自我，世俗生活获得了肯定。主体性的张扬是贯穿在现代性发展中的一根主线。

现代性观念得以最终确立得益于 18 世纪的启蒙运动。启蒙运动孕育了现代性的基本理念和行为规范，其中居于主导地位的便是理性。从笛卡尔的理性主义那里接过高举的理性火炬之后，启蒙主义者们展开了轰轰烈烈的理性复兴运动。先是伏尔泰、孟德斯鸠在批判感性的基础上提出了理性启蒙的口号；接着是康德将理性置于其哲学的核心位置，提出人类需要为自己立法，人类为自己确立的法则就是理性。之后霍克海默和阿多尔诺在他们合著的《启蒙辩证法》中指出启蒙的目标就是要使人以主体的意识去支配、统治一切外在的事物，达到这一目标依赖于理性的精神，即以逻辑的、思辨的方式对人类本能的、先天的自我进行着一种貌似合理的统治。通过理性主义的弘扬，启蒙运动把人从自然当中解脱出来，站到了自然的对立面，将认识自然、征服自然、驾驭自然的使命赋予了人类。在这里，理性既是神学的对立面，也是自然的对立面，一切事物和观念都必须受到理性的审判。启蒙运动使科学理念、理性主义的思维方式和追求世俗的功利生活等启蒙意识深入人心。启蒙运动的领袖伏尔泰大声宣告：人生而平等；自由，包括人身自由、言论自由、出版自由、信仰自由，特别是拥有财产的自由，是人的神圣不可侵犯的天赋权利。人神对峙了数世纪的僵局终于以人的胜利而告终，人类终于凭借理性强大到可以把神踩在脚下，这宣告了一个全新时代的到来。通过启蒙运动，现代性的发展终于摆脱了不成熟状态和过渡性质，到达了理性思想的自觉，实现了个体独立。

在启蒙运动的推动下，人道主义、理性主义观念逐渐从思想文化领域扩展到政治、经济以及整个社会层面上来，并借助科技的力量使整个社会面貌发生巨大改变，呈现出与原来社会全然不同的新的特征。正是在同原有社会全面决裂的过程中，现代性才得以破茧而出。这个改变的过程就是近代以后整个社会生活逐渐理性化的过程。人的主体性的张扬、主体能力的提高与人的理性化与整个社会生活的理性化是紧密相连的。人的主体性地位的确立根源于理性。笛卡尔的“我思故我在”提出理性是人的一种天赋的思想能力，使人能够认识普遍规律。因为人拥有理性这一本质性力量，使主客二分的对象性思维得以确立，从而使人类能够认识自身，并将其应用到对外部世界的认识和实践过程中去探寻事物的根本，在这个过程中人的权威、人的主体性地位才得以确立。伴随着人自身的不断理性化，整个社会生活的理性化过程也逐渐展开，具体表现为：一是科技的发展推动社会生产力的不断进步。科学技术作为人类凭借理性能力不断认识自然、改造自然的成果充分彰显了理性的力量，随着科学作为知识王国霸主地位的不断巩固，科技成果在社会的广泛运用将整个社会生活逐步纳入理性化的进程当中；二是现代国家观念的确立摧毁了原有社会政治的神学基础，国家不再是上帝安排的作品，而是人间的社会契约，是人及其权利的法律、政治和经济的保障。中世纪的封建专制主义开始走向现代的民主政治，各种依据理性而设计的社会制度安排以其合理性保障了社会生活的秩序化、稳定化。这是政治生活理性化的典型表现；三是从经济层面上来说现代社会的理性化过程主要表现为商品经济和市场经济的确立破坏了封建庄园经济的自给自足，追求市场化、商品化和社会化大生产，形成世界市场体系，以获取资本的增值使一个不同于以前封闭市场的巨大的、开放的世界市场开始形成，以市场经济为主导的现代经济观念逐渐合法化。在社会经济生活理性化的过程中资本发挥了重要作用。资本的运作构成了经济生活的核心，所以资本的扩张是现代社会形成的一个动因、一个关键要素。在社会政治、经济生活逐渐理性化的过程中，整个社会生活日益规范化、秩序化，各个领域都形成了自己的规则和规定，使社会的运转效率大大提高。马克斯·韦伯将这个以提升人的主体性地位为契机的社会理性化过程称之为祛魔化的过程。正是通过这个过程使旧时代一切等级和固定的东西都消散了，从这个意义上说理性化就是现代社会赖以形成的基石。

通过对现代性历史发展过程的考察，可以看出现代性的发展是近现代社会与中世纪从政治、经济、文化、观念等各方面彻底决裂并逐步实现现代化的过程。在整个过程中，现代性逐渐确立起其基本理念和价值追求：一是以理性主义反对宗教蒙昧，追求科学真理；二是以人道主义反对封建专制，高扬人性与主体性；三是以个人主义谋划个性的解放和自由。

第二节　现代性的丰富内涵

通过对现代性的历史考察可以看出现代性的发展是一个非常复杂的过程，涵盖了政治、经济、技术和观念等各个层面。由于不同的研究者往往从不同的角度或立场阐述现代性概念，因此就形成了关于现代性的不同解释。本书在吸收众多现代性理论研究成果的基础上，归纳总结出现代性的四方面基本内涵。

一　现代性的历史内涵

现代性的历史内涵强调现代性是一个特定的历史时期，即美国学者斯蒂文·贝斯特在《后现代理论——批判性的质疑》中指出的紧随封建主义时代而来的那个时代。所以从历史断代意义上来说现代性是一个与传统社会的传统性相对立的现代社会的基本特征。现代性是在西方国家的现代化过程中培育出来的。斯蒂文·贝斯特将这个过程描述为：从笛卡尔起，贯穿着整个启蒙运动及其后继者，所有关于现代性的理论话语都推崇理性，把它视为知识与社会进步的源泉，视为真理之所在和系统性知识之基础。人们深信理性有能力发现适当的理论与实践规范，依据这些规范，思想体系和行动体系就会建立，社会就会得到重建。这种启蒙运动的设计也在美国、法国以及其他一些国家的民主革命中发挥了作用，这些革命旨在推翻封建社会，建立一种体现理性和社会进步的、公正平等的社会秩序。① 马克斯·韦伯认为西方社会发展的这种过程就是"理性化的过程"，正是这个过程导致了欧洲神圣的宗教世界的瓦解，从而出现了世俗社会，资本主义制度随之产生。所以这种由传统农业社会到现代工业社会的现代化过程，引发了理性化、商品化、工业化、世俗化、城市化、科层化等一系列变迁，从而使理性主义、个人主义、世俗主义等成为现代性的主要表现，其中理性化是最主要的内容。由此看出现代性是现代化的结果和内在规定性，而现代化则是现代性的具体实现、现实展开。

正如卡林内斯库所言："只有在一种特定的时间意识，即线性不可逆的、无法阻止的流逝的历史性时间意识的框架中，现代性这个概念才能被构想出来。"② 所以现代性的历史内涵说明现代性代表了一种时间意识，具有很强的历史超越性。正是在对历史传统的不断地批判和超越过程中形成的一些相对稳定的东西才积淀为现代性的要素和内容，所以

① ［美］道格拉斯·凯尔纳、斯蒂文·贝斯特：《后现代理论——批判性的质疑》，中央编译出版社 2001 年版，第 3 页。

② ［美］马泰·卡林内斯库：《现代性的五副面孔》，商务印书馆 2002 年版，第 18 页。

现代性不是一个凝固的时间概念，而是一个动态发展的历史进程。

二 现代性的制度内涵

在这里，现代性主要是指一种社会制度模式和社会生活方式。从制度维度对现代性进行解读就是将现代性与社会制度和生活结合起来。提出这一观点的安东尼·吉登斯指出这套制度模式在欧洲封建时代以后逐步建立并且在20世纪才日益成为具有世界历史性的影响，目前现代性已成为世界性及全球性的现象。现代性的社会制度，包含着工业生产和市场经济为主的复杂的经济制度，以科层制和民主化为主要原则的社会政治制度，以效率为目标和竞争为手段的大生产组织体系，以公共性、社会性和高水准为特征的生活模式，以契约化和法制化为主要内容的法制体系等。吉登斯对这些社会制度给出了基本的评价："基本上，由于这些特性，现代性同任何从前的社会秩序类型相比，其活力都大得多。这个社会——详细地讲是复杂的一系列制度——与任何从前的文化都不相同，它生活在未来而不是过去的历史之中。"① 事实上，现代性社会制度的活力主要来源于其制度的合理性，这种合理性主要表现在认识的科学性、评价的公正性、行为的规范性、决策的程序性上等各个方面。关于现代性所指涉的这些社会制度，吉登斯指出可以从资本主义、工业主义、监视和军事力量这四个不同维度去加以考察。在此基础上吉登斯总结出现代性的所有这些制度是在时空分离、脱域和反思性这三种作用机制的影响下不断扩展的，其发展的最终结果就是现代性的全球化。

现代性的制度含义表明社会制度是现代性的社会理想和价值目标甚至可以说是现代性所追求的一切得以实施、延续和表现的基础，是将现代化进程中那些一切有利于人类文明进步的要素与特性概括和提升后将其制度化的结果。从这个意义上说，现代性就不是自发形成的，而是一种自觉的社会功能。通过这些复杂的社会制度，实际上是形成了一个非常高效的社会运行机制，推动了现代社会的不断进步。

---

① ［英］安东尼·吉登斯、克里斯多弗·皮尔森：《现代性——吉登斯访谈录》，新华出版社2001年版，第69页。

三　现代性的价值内涵

现代化作为一个充分展示了人的创造性的历史进程，从一开始就具有明确的价值追求目标。学者欧阳康在《现代化的“围城”及其超越》一文中将现代化的价值追求目标概括为以下六个方面：理性化——以宣传资产阶级思想文化为主要内容的思想文化革命；工业化——以张扬自然科学和技术为主要内容的大机器生产和与之相适应的工业革命；市场化——以航海和跨国贸易为主要内容的商业革命；都市化——以生产社会化和服务规模化为主要内容的城市革命；民主化——以建立资产阶级的民主政治为主要内容的政治革命；法制化——建立能够保护资产阶级民主政治的法律体系为主要内容的法律革命。上面提到的六个价值目标是在现代化的进程中逐渐提炼、概括出来的，它们即构成了现代性的基本内容，也因其所具有的独特魅力而成为引导社会进一步发展和人类进步的社会理想和价值目标。现代性的价值内涵就是表征现代性代表了现代化运动的基本价值取向，体现出了现代性的价值导向作用。

四　现代性的文化内涵

现代性的文化内涵主要强调现代性是一种社会文化模式。这种文化模式以其鲜明的个性和追求创造了世界文化发展的一个新时代。从历史的角度来看，人类文化的发展大致经历了四个时期：一是原始文化时期，主要以公元前3000年前的苏美尔文化为代表；二是人类高级文化发展的时期，主要以埃及文化、印度文化、美索不达米亚文化、中国文化和前玛雅文化为代表，这一时期的文化发展长达两千多年，创造了灿烂的古代文明；三是文化发展的轴心时期，从公元前1000年开始，以希腊和希伯来为代表的地中海文化、中国文化和印度文化分别形成了各自独特的哲学思维方式、宇宙观点、文化范型和发展规律。围绕着这三个文化，分别衍生出一批子文化，于是就形成了以这三大文化为轴心的世界文化发展的轴心时代。雅斯贝尔斯曾对这一时期的文化发展作了这样的概括：那是一个伟大的文化的轴心时代，因为那时候全球正处于一个文化高度繁荣的时代，文化的发展造就了一批伟人，如希腊的苏格拉底、古埃及的穆罕默德、古印度的释迦牟尼和中国的孔子。在人类文化发展的前三个阶段中各个文化都是按照自己的规律在分散的世界中独立发展。然而到第四个时期即17世纪以后，这种情况开始转变，以西方文化为代表的现代文化逐渐把世界带进了统一的世界史。现代文化是遵照17世纪启蒙思想家们提出的自由、平等、理性等目标在西方率先建立起来并逐渐扩散到全世界的一种文化范型。这种文化与其他文化相区别之处就在于之前所有的文化都使人屈从于自然，从而使人对自然产生了无限的敬畏之情，只有它跳出了传统的圈套，高喊着“人为自然立法”的口号，以理性为工具，把人从自然中分离出来，成为自然的征服者和统治者。正是凭着这种颠覆传统的大无畏精神，西方文化逐渐把人类带进了现代社会，并伴随着世界各国的现代化进程，逐渐向全世界扩张，于是全世界各种文化都必须在统一的世界中按照全球一体化的规律运转，一个统一的世界史出现了。这种文化的核心结构就是商品、市场、民主、法制、理性、科学和技术等。

通过以上分析可以看出现代性的多重内涵使现代性成为了一个涉及历史、事实、价值、制度、观念、文化等众多层面的复杂问题。以上各个角度对现代性的认识都只是指涉了现代性某一层面的表征，只有综合各个认识成果，才能得到一个清晰的现代性的概念架构：现代性标志着从传统到现代的转变，其主导理念是人道主义、理性主义、主体主义、个人主义，其中主体主义是其核心和基本出发点，自由是其价值追求目标，通过科学技术的发展和设定合理性的社会制度安排实现世界的理性化是其基本过程，在这个过程中形成了现代性独特的精神气质。在此必须强调一点，即现代性是一个动态发展的概念，各国的现代化运动还在继续，关于现代化的反思的现代性的内涵就将不断丰富和扩展。所以任何关于现代性的研究都必须明确自己的研究角度和研究范围，这样的讨论才是有的放矢的，也才具有价值和意义。

第三节　现代性危机及其根源分析

一　现代性危机的表现

自从17世纪启蒙思想家们秉承人类历史必然的、无限的、进步的坚定信念，提出了建立自由、平等、民主、幸福的现代世界的宏伟目标后，社会的发展似乎一直在为实现这样的目标而努力。然而当初的现代性方案随着社会历史进程的飞速发展逐渐演变为社会经验现实时，人们发现现代性在资本主义社会现代化模式中不仅没有逐步实现其理想，反而背离其启蒙思想的初衷，导致其潜能的逐渐丧失而走向新的异化，由此引发了一场现代性危机。本书主要从以下四个方面对现代性危机进行描述：

（一）由主体主义到人类中心主义的危机

人并不是一开始就是“主体”。在原始社会条件下，人类虽然通过原始技术见识到了自己的能力，但人往往将其视为神的力量的赐予，此时人对自然充满着敬畏，还不是真正的主体。海德格尔曾经指出过“对于希腊人来说，人从来就不是主体”①。直到普罗泰戈拉提出了“人是万物的尺度”，第一次树立起人的权威之后，笛卡尔又以“我思故我在”使得人的主体地位得以真正确立，人才成为唯一的主体，成为一切存在的中心。近代哲学由此开始出现主体性转向，并通过启蒙运动最终演变为一场主体性运动。在这场运动中主客二分的对象性思维被固定下来。主客二分的对象性思维意味着人对自身作为主体及作为客体的客观世界的自觉积极的意识和认识，意味着人在实践活动中更直觉主动地基于主体的立场上。于是人之外的整个世界都成为了客体，而作为主体的人对客体就拥有了认识、征服、占有的绝对权利。此时人成了目的和价值的中心，自然万物成了满足人的需要的客观存在。

启蒙现代性确立了人的主体性地位，但在其后的发展中，这种主体性被无限扩张，由主体主义最终转变为人类中心主义，引发主体性危机，主要表现在以下三个方面：第一，人类主体性的张扬使人类丧失了对自然应有的敬畏、关爱之情，为满足自己无休止的欲望，人类对自然开始了无尽的掠夺、榨取和征服，自然成为人类可以为所欲为的统治对象，最终导致环境恶化、资源匮乏、能源短缺等一系列生态危机，并最终祸及人类自身安危。第二，主体性落实在个体身上会使人在社会中处理人与人之间的关系时也采用主客二分的对象性思维，于是他人都成为客体和手段，极端个人主义滋生，人与人之间的和谐、友爱被逐渐蚕

① 冒从虎：《欧洲哲学通史（上）》，南开大学出版社 1985 年版，第 16—17 页。

食，只剩下冷漠、利用、敌对和仇视，由此引发现代社会危机。第三，人的主体性地位的确立不仅颠覆了上帝的神圣性，连同永恒的价值和信仰也一同颠覆了，现代人找不到、也不相信有任何值得信仰和敬畏的超越性存在，由此引发了现代人的精神危机，所以现代人只能在短暂的享乐中逃避生存的焦虑和虚无。

（二）由理性到技术理性的危机

技术理性是理性在现代条件下发生分裂的产物。启蒙运动以来，理性主义一路高歌，缔造了现代的理性文明，促进了现代社会的巨大进步。在这个过程中，人的理性能力虽然不断加强，但同时也滋生了理性的自我迷信和崇拜，原本具有逻各斯的规范性和人性的精神意义双重丰富内涵的理性逐渐发生分类，衍生出片面强调逻各斯的规范性而忽略了人性的价值和意义的技术理性。马尔库塞最早提出把理性分为批判理性和技术理性，从而确立了技术理性的概念：技术理性是一种理解世界的方式或处理理论知识的方式。作为一种思维方式，技术理性的最主要特征就是把世界理解为工具，注重其功能和操作，只关心其实用目的。在技术理性支配世界的过程中，技术已经物化成最有效的工具，具备了统治整个社会的意识形态功能，因而马尔库塞将技术理性称之为一种单向度的、肯定性的思维方式。

技术理性一经产生就以难以遏止的速度迅速膨胀，它在为现代人带来巨大的物质文明福祉的同时，也将现代人逼进生存的困境当中，引发生存危机，其中生态危机就是这种生存困境的真实写照，而更为致命的则是处于隐性状态的对人性的摧毁所导致的人性危机，具体表现在以下三个方面：

第一，技术理性扩张了技术的自主性从而实现了技术对人的控制，导致人类主体性的丧失。人类凭借技术理性摆脱了对物的依赖，在不断发明创造出新的技术的过程中促进了人类自身的解放和进步，实现了人的独立性。但是在这个过程中也逐渐滋生出人对技术的依赖习惯，而且随着人对技术依赖性的不断增强，人类的行为和思想受技术的支配性和制约性也越强。现代技术正以超乎人们想象的速度向前飞速发展着，并逐渐摆脱人类的控制，成为一种具有自身发展逻辑和发展目的的独立性力量，由此技术已经从发展自身本质力量的工具体系中分离出来，由供人类使用的单纯的工具异化为统治人、支配人的一种异己力量，这就是技术的异化。马克思用这样的语言来形容这种异化：“现在，工具已经不是由人来操纵，而是由人所创造的机械来操纵。”[①] 技术异化的结果就是使被技术理性所驱动的现代技术不仅控制着使人产生虚假快感的物质享受，而且演变成控制人的心理和意识的意识形态[②]。因此，技术已经获得了一种新的控制形式来实现对人的操控，人的身心自由被严格局限在技术的需求之内。技术理性的扩张导致作为技术创造者的人类身陷技术的罗网中不能自拔，并最终失去了赋予技术以意义的人类自己。

第二，技术理性彰显了技术的功利性使人产生精神上的无家可归感，导致人类精神的空虚。技术理性的典型特征就是注重实用，其功利性追求在现代社会中更为突出。对效率的过分强调一面使现代人失去了对自然曾经有过的敬畏之情，只注重物质利益，追求高消费的、此世的享乐生活成为现代人的生活模式；另一方面也使现代人失去了对人类共同体的向往，没有远大理想、无暇倾听和反思、失去对他人的爱成为现代人的精神状态。两者共同作用的结果就是现代人的精神生活堕落在经验世界中而彻底失去了对超验的精神和信仰的皈依，永恒的价值连同上帝一起失去魅力，于是丰富的物质生活与贫乏的精神生活的分裂就成为现代人最普遍的困境。对物的无休止的追求、对诗意生活的无暇顾及，使人自身存在的意义在一定程度上被消解、弱化了。

第三，技术理性强化了技术的规范性使人的个性、创造性受到束缚导致人类本能的压抑。技术作为人类认识、改造自然的工具，理应为人类的欲望的满足等人类本能的解放服务，然而事实并非如此。在技术社会中，技术的理性化、机械化、标准化、程序化特征不断得到强化，并日益发展成为一种抹杀人类个性及创造性的统治性力量。马尔库塞对这种状况进行了深刻描述：“在这个世界上，人类生存不过是一种材料、物品和原料而已、全然没有其自身的运动原则。”“劳动几乎完全异化了。装配线的整套技巧，政府机关的日常事务以及买卖仪式，都与人的

① 《马克思恩格斯全集》第47卷，人民出版社1979年版，第450页。

② ［美］马尔库塞：《单向度的人》，上海译文出版社2006年版，第10页。

潜能完全无关。"[①] 由此可见，在技术理性的统治下，技术的规范性日渐取代了人的个性和创造性，人的思维正逐渐被技术的程序所取代，人的能力正遭到技术的抛弃，这就形成了一种对人类本能的压制和控制，源于生命本能冲动的潜在的自由正在被技术消解殆尽。

技术理性扩张的最终结果就是理性等于全部的人性，人性中的情感、意志等非理性因素统统被理性取代。其实，人性中包含的非理性因素是理性发挥其作用的生命底蕴，丧失了这一基础，理性也就丧失了其批判精神和功能，而人也就失去判断和反思能力。于是，福柯发出了惊世骇俗的呼号："人，无论是孤立的还是集体的，都应成为科学的对象……它［仅仅］是知识之序中的一个事件"[②]，真正意义上的人也就消失了。

（三）由自由到更大的不自由的危机

自由是现代性价值的根本指向。现代性的价值预设中包含着强烈的对人类命运的深切关怀，其所追求的价值旨趣主要在于自由，即实现人的自由全面发展。洛克提出人是生而平等自由的；卢梭提出人所共有的自由乃是人性的产物；康德认为自由是每个人与生俱来的权利，人的意志是绝对自由的；黑格尔更是把自由抬高到前所未有的程度，把自由视为绝对精神的本质，同时指出自由是推动历史前进的动力，整个世界的最后目的就是要实现自由。现代性追求的自由最初是指向神的，目的是要把人从神的光环下解救出来，还人类以自由。在自由精神的支持下，可以说现代性过程已经成功的将人从神的束缚和权威中彻底解放了出来，确立了人的主体性地位，人对神的自由的目标可以说已经实现。但是在现代性发展过程中，实现人的自由全面发展这一价值目标却远远没有实现，甚至走向其反面，主要表现为：一是在追求对物的自由中，人类陷入物的支配和控制之中不能自拔。在现代性发展过程中，人类妄图通过科学技术的力量征服自然，使人从物质的束缚中解脱出来。然而技术的异化使技术不仅没有成为推进人的全面发展的基础，反而成了聚敛财富和掠夺自然的手段，成了统治人、奴役人的工具。二是在追求个性

① ［美］马尔库塞：《爱欲与文明》，上海译文出版社 1978 年版，第 72—73 页。

② ［法］米歇尔·福柯：《词与物》，上海三联书店 2002 年版，第 450—451 页。

自由解放中，个体主义使人性局限于个体性，引发了人与社会的矛盾和冲突。启蒙思想家为摆脱人的依赖性实现人的独立性高举个人主义的大旗，将个人看成是最高的价值，追求所谓自我价值的实现。于是个人以外的一切存在都成了实现个人价值的手段和中介，其结果就是理性沦落为工具理性成为保全生命的手段，国家和社会作为个人的联合体也以保全生命为己任。国家社会存在的手段化使社会的公共生活和个人生活发生分离，于是国家和个人就产生了各自不同的利益追求。国家追求权利最大化的运作逻辑必然要求对个人进行规范、压制以保证公共生活和社会秩序。正如马克思所批判的："由于共同活动本身不是自愿而是自发地形成的，因此这种社会力量在这些个人看来就不是他们自身的联合力量，而是某种异己的、在他们之外的权力。关于这种权力的起源和发展趋向，他们一点也不了解，因而他们就不再能驾驭这种力量，相反地这种力量现在却经历着一系列独特的、不仅不以人们的意志和行为为转移，反而支配着人们的意志和行为的发展阶段。"① 通过以上分析可以看出：以个人主义的张扬来追求个性解放和自由的价值目标在现代性发展过程中并没有实现。因为这种个人主义张扬的结果一方面导致了自我中心主义甚至是极端利己主义的滋生和横行，另一方面是使人与人之间为追求一己私利而不择手段，这既造成人际关系的紧张、冲突和不和谐，又使公共利益和集体事业遭到忽视，使人类共同体趋于瓦解，所谓的追求自由的现代民主制度安排也形同虚设，潜藏着沦为集体暴政的危险。借用马克思的观点说就是当发展人的本质能力表现为实现获得物这一目的的手段而不是表现为活动的目的的时候，人的个性能力是不能得到自由全面的发展的。由此我们可以看出，现代性关于人的自由发展之路的苦苦探索并没有达到理想的结果，反而使人类陷入更大的不自由当中。

面对种种现代性危机，理想与现实的差距终于使人们意识到现代性已经成为了问题的存在，现代性的问题意识逐渐清晰起来，关于现代性问题的反思也日益丰富。本书将从学理层面和事实层面两个维度对现代性问题进行解读，找出现代性问题产生的根据。

---

① 《马克思恩格斯文集》第1卷，人民出版社2009年版，第537页。

二　现代性危机产生的理性根源

现代性的理性悖论是对现代性危机产生根源在学理层面上的解读。马克斯·韦伯认为整个西方现代化的过程实际上也就是“现代性”的展开过程，这一过程实际上也就是一种“理性化”过程，是理性主义和个人主义的价值特质导致了西方资本主义市场经济的兴起，所以理性是近现代资本主义赖以生存的精神支柱。人们把 17 世纪称为是“科学的世纪”，因为自然科学以理性的科学方法揭示出自然世界的诸多奥秘，改变了人们对自然界的认识；18 世纪被称为“理性时代”，因为启蒙思想家们坚信凭借知识的钥匙就可以改造人类的生产生活，创造更美好的生活；而 19 世纪是典型的理性扩张的时代，科学把人类送上天堂，科学和理性也成为唯一的主题和原则。由此可见，理性是现代性的一个基本要素，而理性化则是现代性的标志性符号。分析现代性问题，只有从理性入手，深刻揭示现代世界的理性化过程，才能找到问题的根源。

（一）理性的起源与发展

从词源上看，理性在古希腊源于“逻各斯”和“努斯”这两个词。古希腊哲学家赫拉克利特率先使用了“逻各斯”一词用来表征变中之不变。在这里，逻各斯具有了规律、尺度的含义，是变化的尺度和根据。所以逻各斯就是指理性的逻辑规范性，是不以人的意志为转移的客观规律性，这说明人类早期的理性意识已经开始探询世界的规律和秩序，并且坚信人类可以认识和掌握这些规律。努斯这一概念是由阿那克萨哥拉提出的，本意是指心灵。阿那克萨哥拉认为努斯是推动和规定世界的一种精神性力量，它是无限的、自立的。努斯强调了理性的自由超越性，说明人类早期的理性意识就已经在以自身为目的寻求有意义的生活。柏拉图进一步发展了理性的逻各斯的实质内容，他认为人的感性认识只能把握变动不居的现象世界，而理性认识则可以把握本质性的理念世界，并获得普遍性的知识与真理。他把理性视作人的灵魂的最高原则，是人的生命的价值和意义所在。在这里，理性成为了人性的象征，人沿着理性就可以达到至善。和柏拉图的努力不同，亚里士多德使理性的努斯内涵得以丰富。亚里士多德对理性本身进行了深刻的目的论分析，指出理性追求的对象正是理性自身，这一内在的目的论结构不仅使理性成为具有内在目的性的世界本体，而且使理性获得纯粹的能动性，因此理性就成了人所具有的特殊能力，这种特殊能力一方面表现为人特有的超越感性事物之上进行判断和推理的思辨能力，另一方面表现为人控制自己的欲望使其向善的规范能力。于是亚里士多德就得出了“人是理性的动物”这一结论，把人的本质归结为理性，理性成为人存在的中心。通过亚里士多德的目的论分析，理性所具有的逻各斯和努斯两种内涵逐渐统一于“目的性”之中，“真即是善”就成为理性的基本法则，由此理性的存在论内涵和价值论内涵内在地联系在了一起。

到了近代，以笛卡尔的“我思故我在”为始基，近代理性主义开始萌发。笛卡尔认为理性是人的一种天赋的思想能力，它能够使我们认识普遍必然的真理。随着理性主义的发展，人们逐渐形成了一种过分夸大理性作用的倾向，认为全部现实从原则上讲，都能够为人类心灵所理解，世界上不存在任何必然发展的神秘而难以理解的事物。[①] 这种倾向到启蒙思想家那里转变成一种夸大了的理性信仰，并通过启蒙运动开创了一个新的理性时代。思想家卡西尔对启蒙时代做了这样的概括：“所有形形色色的力量汇聚到一个共同的力量中心。形式的差别和多样性，只是一种同质的形成力量的充分体现。当 18 世纪想用一个词来表达这种力量时，就称之为‘理性’。[②]理性成了 18 世纪的汇聚点和中心，它表达了该世纪所追求并为之奋斗的一切，表达了该世纪所取得的一切成就。”[③]

在启蒙时代，理性成为了时代的主题，成为判断一切事物的尺度。一切均是可以怀疑的，唯一不可怀疑的就是人的理性。所以理性成为认识的源泉。由于人们只相信自己的理性判断，于是任何外界的权威统统被打破，在反对非理性的过程中，宗教信仰的统治地位被逐步削弱。启蒙理性的目标就是要摧毁神权的统治，所以在理性主义不断前进的过程中，上帝逐渐被人类理性所取代，宗教审判逐渐被理性审判所取代，现实的一切都要在理性的法庭上接受质询和审问。于是自然界不再是中世

---

① ［英］迈克尔·曼：《国际社会学百科全书》，四川人民出版社 1989 年版，第 556 页。

② ［德］E. 卡西尔：《启蒙哲学》，山东人民出版社 1988 年版，第 3—4 页。

③ 同上书，第 11 页。

纪上帝的神秘作品，而是在理性指导下的科学和技术活动可以控制的客观领域。与此同时，随着理性权威的确立，人的主体地位终于得以确立。人凭借理性取代上帝而成为世界的主体，随之而来就是建立在人的独立思考、判断和选择基础之上的人性、自由、平等、正义等道德概念的确立。理性能够提供一种绝对的道德律令，它包含了一种明确的善恶的价值判断标准，可以使人依据这一标准实现道德自律。在这里，人的理性不仅是揭示世界本质和规律的特殊的认识能力，而且还是衡量世界的普适性尺度，成为实现人的解放和自由的根本保证。由此看出，理性的主体性在启蒙时代得到了格外的彰显。

启蒙理性极大的冲击了中世纪宗教的蒙昧主义，促进了社会的迅速发展，甚至可以说现代社会的一系列发展进步都离不开启蒙理性的推动，具体表现在两个方面：一是科学技术的不断进步，实现了人对自然的认识和征服。科学技术作为理性的外在表征，是人的理性从形而上学的纯理论形式转化为工具理性的一种可供操作的实践形式。科学技术在近代的巨大发展为人类认识、改造自然提供了极好的认识工具和手段，各种自然奥秘在科技的面前一览无余。正是在认识和改造自然的过程中，科技为人类社会创造了丰富的物质财富，使人的生存境遇得到了实质性的改善和提高。这其实就是理性作为人的本质力量发挥其作用的确切证明。二是理性促使人类社会历史不断地向合理性方向前进，民主政治、市场经济、个性自由都是合理化的体现。理性作为人的存在中心在日常生活中就要求人们把是否合乎理性看成是对自己思想和行为的前提性要求。于是合理性作为理性的必然追求就成为一个普遍性的评价标准。黑格尔为这个标准给出了明确的定义：“凡是合乎理性的东西都是现实的；凡是现实的东西都是合乎理性的。”[①] 根据这一要求，现代社会在政治、经济、法律等各方面的发展过程中都努力追求合理性：在经济行为方面表现为精确计算投资与收益之比的“簿记方法”；在政治行为方面表现为行政管理上的科层化、制度化；在法律行为方面表现为司法过程的程序化；在文化行为方面，表现为世界的“祛魅”过程，即

① ［德］黑格尔：《法哲学原理》，商务印书馆1961年版，第11页。

世俗化过程。[①] 由此可见在现代社会的发展过程中，合理性一直充当着推动现代社会的经济、政治、法律等各方面的进步性的原动力角色。

（二）理性的分裂

理性在给人类社会带来巨大进步的同时，也引发出诸多现代性问题，导致现代性危机的爆发。启蒙理性坚信人类可以通过理性、以科学技术为工具征服和控制自然，重新创造合理的社会发展秩序，进而实现人类自身的自由和解放。然而理性扩张的结果却并不是人类美好社会秩序的诞生，也不是人类自由最大程度的实现，而是人对自然的进一步奴役和压榨、人的异化和社会危机的不断出现，人类正在丧失自己的精神家园。用吉登斯的话说就是我们正面临着日益失去控制的世界。所以现代性危机实质上就是对理性的倡导由于走向极端导致理性主义的泛滥，从而使过去被奉为神圣的理性的秩序已弊病百出导致社会的失控，这种失控就是人类理性局限的表征。

现代性的构想是建立在理性以及与之密切相关的主体性的基础之上的，它的目的就是在理性的基础上整合现代社会并使之协调发展，然而在这个使人不断理性化的现代化过程中，虽然人类的理性能力在不断提高，但理性因其固有的局限也催生了理性的张力与分裂，即启蒙理性以独断的方式发展了理性中逻各斯的规范性，却忽视了理性价值的精神意义，导致理性内部出现了工具理性和价值理性的分裂。马克斯·韦伯根据手段与目的之间的关系将理性分为两类，即工具理性和价值理性。其中工具理性就是指运用自然科学研究领域所具有的计算和推理等理性算计手段检测资本主义社会中人自身的行为及其后果是否合理的过程。工具理性突出了理性中逻各斯的规范性，并将这种规范性和人的功利目的相结合，以追求工具手段的有用性为直接目标。工具理性的这一特性和资本主义生产实践追求最大剩余价值的目标相结合就使现代社会出现了社会生活功利化、机械技术普遍化和科层制度官僚化等典型社会特征。在工具理性中，理性已经蜕变为达到实用目的的手段和奴役人的工具。这一蜕变过程的实现一方面取决于人类作为主体在实践活动中为实现自

① 陈嘉明：《理性与现代性——兼论当代中国现代性的建构》，《厦门大学学报》2004年第5期。

身目的而创造所需手段的自觉能动性；另一方面则是在现代不断发展的科学技术的推动下完成的。科学技术的迅猛发展不仅改变了人的思维模式和生活行为方式，更在这个过程中积累起自己的权威性，科学技术作为能满足人的主体目的的手段价值日益突现出来，从而使全社会逐渐产生了以工具取向为主导的理性崇拜。与工具理性不同，价值理性主要彰显理性的人性价值和意义。价值理性是人类对价值和价值追求的一种自觉意识，是在理性认知基础上对价值及价值追求的自觉理解和把握。价值作为一定社会条件下物满足人的需要的一种肯定关系，揭示了物对于人的意义。价值理性就是通过特定价值观对人的行为的指导作用来充分调动人的能动性，使人通过对自身行为的有意识的选择来避免人的行为的盲目性和非理性。现代科学技术、文学、艺术、道德等各种文化生活中都孕育着价值理性，对现代人的价值观念和价值评价不断散发着深刻影响。由此可见，价值理性视野中的世界是一个人文的、有意义的世界，人性的价值和意义是其关怀的重心所在。

工具理性和价值理性作为理性的两个方面，有着互相作用、互相转化、互相提升的内在联系，它们共同统一于人的社会实践中。一方面工具理性以价值理性为指导。在实践活动中，人们对实践对象、工具手段的选择都要依赖于实践目的。价值理性能为人确立目标及人生终极意义，所以实践目的的确立需要价值理性的支撑。另一方面价值理性通过工具理性得以实现。工具理性以价值理性为依托通过人的实践活动，实现了人的本质力量的物化，也使阶段性价值理性目标得以实现。当人们通过工具理性不断拓宽人类的实践领域的同时，人类的需求也在随之逐渐升级不断形成新的追求和目标，由此也推动着价值理性逐渐由低级走向高级，不断确立新的目标和人生意义。在人类的实践活动中，只有工具理性与价值理性两者和谐有机统一才能保证人性的全面，才能促进社会的协调发展。

在现代性方案启动之初，价值理性与工具理性之间尚且保持着一种和谐有序的张力。然而随着科学技术和工业的发展，工具理性的地位不断提高。人类在依靠工具理性推动科学技术进步创造了富庶的生活，并在社会生活各个领域取得了辉煌的成就之后，价值理性就开始逐渐沦落。当休谟提出存在与价值关系问题，指出两者本来就存在着矛盾所以应在抽象的意义上将两者分离开之后，工具理性和价值理性的分离就成为历史的定式、一发不可收拾。于是在现代社会中，工具理性已经成为人的主导性思维方式，人正逐渐丧失他的本性与人文关怀，由此导致了现代人的精神层面的断裂和精神危机的产生，科学与人文的断裂就构成了现代人的最起码的生存境遇。

（三）由理性到非理性的理性悖论

启蒙理性赋予了理性以主体性，于是上帝所赐予的非理性成分随着上帝的沦陷而一起被人们淡忘了，就在人们为科学理性的节节胜利而欢呼的时候，一个关乎生命意义和行动价值的重要问题也被人们给忽略了。对于西方人来说，一直被他们视为信仰的价值体系来源于宗教世界观，然而随着宗教在理性面前分崩离析，这一价值体系也随之瓦解。于是人们在用理性推翻了上帝的同时，也推翻了自己，失去了自己的终极价值和彼岸所在。因为价值问题在本质上是一种前逻辑、前理性的信仰行为。理性虽然能够指导人们有效的、规范的行动，但理性本身却不能成为作为引导人们如此行为的原因和根据的终极价值。所以，没有终极价值的指导，人类也就失去了自我反省的能力，就不能实现真正自律的理性生活。从这个意义上说，启蒙理性用理性反抗上帝，结果是导致了上帝和理性的共同灭亡。启蒙理性内含的悖论使其发展到今天就出现了走向其反面即非理性的局面，具体表现为：

一是在现代社会中，理性的分裂衍生出了根植于人的目的性诉求的技术理性。马克斯·韦伯称技术理性为形式上的理性，因为就其本质而言实际上是非理性的。马尔库塞在《单向度的人》中指出在发达工业社会中理性只剩下了技术理性这一个向度。这个向度膨胀得如此厉害，以至于它几乎占领了整个理性的领域。技术理性和人的主体性的有效结合缔造了现代性的宏伟蓝图。现代性本身包含着非常强烈的价值预设，这些价值原则在现代化过程中就成为现代化发展的目标和方向。当启蒙理性充实了人的理性存在的本质之后，人们就把理性转化为科学认识，然后根据科学认识成果发明了各种技术工具，以此为中介去认识、改造、征服世界。这些技术工具中饱含着人的主体性需求，成为人类实现现代性价值追求的有效中介。至此，启蒙理性已经堕落为技术理性，成为非理性统治的工具。所以技术理性强调的是技术满足于人的目的性的工具效用，技术的价值不在它们自身，而是在于它们能够多大程度地实现主体的某种目的。在现代社会中，随着科学技术的飞速发展，技术理性正不可抗拒地向全社会扩张，技术指向不再局限于自然，而是更多地指向了人类自己，其结果就是随着理性日渐主观化，其控制属性也不断增强，不仅自然物成为技术的控制对象，就连人也不能幸免于难。技术不再是人类改造和统治自然的单纯的工具，而是已具备自身逻辑和发展目的的独立力量，正如哈瑞雷德所说："人类已经设计出一种系统地统治、控制和处置所有事情的方法，这种方法在刚开始时是指向自然的，但是他们发现现在这种方法也转向自身……"① 由此现代技术获得了一种新的控制形式，实现了对人的统治。技术理性的这种统治根源在于将真理与现实割裂开来的形式逻辑在现代条件下通过高度抽象和数学化创造了适合现代技术理性的思维方式，不但使自然物而且也使人成为合理的控制对象。技术理性泛滥的结果就是导致斯本格勒所描述的现象："世界的主人正在变成机器的奴隶" 成为了现实。当人以技术的需要作为衡量一切的尺度，对自我进行精确化、可操作性的界定的时候，人就失去了其主体性而沦为功能化的人力物质，成为理性及其物化产品的工具。总之，现代科学技术的进步发展导致的结果不是人类主体性的高扬，而是赋予一切物质力量以理性生命的同时，使人丧失主体性，将人也转化为可被技术支配的物质。此时科技对人来说已经成为不可控制的异己力量，它导致了人的无力感和依赖感，人重新沦为技术的奴隶。所以，理性虽然帮助人类从上帝那里夺回了人的权利，使自己成为自己的主人，但却又使人在机器面前迷失了自己，再次失去了自己的自由。这时，启蒙理性就已经由理性走向非理性了，而启蒙思想家提出现代性方案的初衷完全被现实所扭曲。

二是理性的分裂和矛盾导致现代人走向纯粹感性，走向趋从本能、意志的非理性主义的泥潭。非理性主义是相对于理性主义而言的。纵观人类思想发展的历史可以说从人类社会产生时起，非理性主义就一直存在着并伴随着人类的成长，古时的快乐主义、中世纪的宗教信仰就是非

① Harry Redner, *In the Beginning Was the Deed*: *Reflections on the Passage of Faust* , University of California Press, 1982, 5.

理性主义的早期形式，但那时存在着的还只是些零散的思想观点，并没有形成系统的思想体系。不过由于从古希腊时期开始，理性主义逐渐成为人类主导的思维方式，非理性主义的作用和地位也就日渐黯淡。然而19世纪后半期，随着科学技术的进步和发展以及资本主义社会矛盾的日益激化，理性化带来了人的生活世界的合理性危机。于是，理性成为了“问题”，人们提出这样的疑问：理性一定意味着合理性吗？为了找到答案，现代西方思想领域展开了声势浩大的理性反思和批判运动，在批判理性主义的局限性、虚伪性的基础上形成了引人注目的非理性主义思潮，包括唯意志主义、生命哲学、精神分析学、存在主义和人格主义等。

非理性主义推崇冲动、灵感等非理性因素在人的活动中的地位，侧重于研究人的本能、情感、欲望、意志，强调神秘的直觉，内省甚至下意识。非理性主义的思想主张具有以下两个基本特征：第一，反对理性，强调非理性。在尼采的“重新估价一切价值”的口号下，非理性主义者们认为理性主义的绝对和永恒的理性原则只会扼杀个人所独特的生命力和原始本能、冲动，扼杀人的个性和自由，使人颓废、麻木不仁，所以只有把人的本能和内在生命力作为评价一切的唯一尺度，建立新的道德体系才能唤醒和拯救整个人类。于是，非理性主义将全部哲学的出发点定位于人的情感、意志等非理性活动，如叔本华把意志看作是一切事物求得其生存的冲动；尼采将非理性的、神秘的意志当作整个世界存在和发展的基础；柏格森认为理智的特征就是天生不能把握住生命，只有“运用直觉从内部来把握它，而不是运用单纯的分析”①；弗洛伊德把人的精神和心理活动主要看作是无意识的，而无意识则是原始的、本能的冲动；萨特认为，存在就是人凭借直觉对烦恼、孤独、绝望和死亡的体验并由此表现出来的本质。非理性主义所说的“意志”、“生命”、“无意识”、“存在”等概念的共同特征就是强调非逻辑、非概念、非语言和反理性，由此可见非理性主义认为理性的作用并非全能而仅仅限于部分领域，所以只有从非理性角度才能真正地理解实在。第二，反对主客二分，强调主客消融。自笛卡尔提出主客二分的思维模式

① ［法］柏格森：《形而上学导言》，商务印书馆1963年版，第4页。

后，理性主义一直沿着这样的思路认识世界、解释世界，并高扬起人的主体性。但是在非理性主义的视野中没有主体与客体的对立，而是主客体相互交融、合二为一了，在那里，所谓主体和客体的界限和区别都已经消失不见了。叔本华认为，要认识表象就必须把主体与客体区分开来，但是要认识人的意志本身，则不能用理性的主客二分的方法，而只能靠直觉方法。所谓直觉认识方法就是超越主客二分，不把人的意志当作对象，既不用感性也不用理性，而是把认识置在时间和空间之外，把全部精神力量赋予直觉，使自己完全沉浸在直觉中，并让自己的整个意识充满着对于当下的自然客体的静观，从而理解意志，进而理解整个世界。柏格森也认为理性方法只能去把握僵死和静止的东西，而要认识变动不居和神秘莫测的生命存在，只能靠直觉，他把这种直觉称为是理智的交融，即"使人们自己置于对象之内，以便与其中独特的，从而使无法表达的东西相符合"①。这种理智交融其实是一种非理性的心理体验，在体验的过程中，主体和客体的界限已经消失了，体验者完全处在一种物我两忘的境界中。无论从世界观还是认识论的角度看，非理性主义走的是一条完全不同于理性主义的道路，它反对传统哲学和理性主义，把"意志"、"生命"和"存在"等非理性因素本体化，主张直觉和体验的认识方法，它是与理性主义针锋相对提倡以非理性方式理解世界的思维方式和哲学倾向。

非理性主义在现代发展的延伸的典型代表就是后现代主义。后现代主义哲学产生于20世纪70—80年代的西方，它主要是以社会思潮的形式出现的，其哲学基调是非理性主义、多元主义和相对主义，它反对传统哲学的本质、确定、基础、规范、单一，追求一种不确定、多元、边缘、差异、偶然、非中心、不可设定的流浪者式的思维方式和哲学观念。就本质而言，后现代主义是一种典型的怀疑论，它讨伐启蒙时期以来的主导精神理念，努力发掘被理性压抑和解蔽的东西以充分暴露现代性的矛盾和问题，以此来惊醒现代人应重新选择和确立新的思维原则和行为方式。学者冯俊在其《后现代主义哲学讲演录》中对后现代主义进行了如下概括：后现代主义用"延异"解构"逻各斯中心主义"；从

① ［法］柏格森：《形而上学导言》，商务印书馆1963年版，第4页。

纵向思维转向横向思维；用差异对抗理性的总体化；注意个体性和自我关切，反对主体性和人道主义；用透视主义和相对主义取代表象论和基础主义认识论；用不确定性和小型叙事取代元话语和宏大叙事；用"精神分裂分析"取代精神分析；用微观政治学取代宏观政治学。从中看出后现代主义的主要观点就是反对理性主义和主体主义：后现代主义认为启蒙思想借助理性对社会进行总体性的设计，但在现代性的发展过程中，启蒙理性逐渐蜕变成工具理性、技术理性，造成了对人的压制，导致人的生活世界彻底被工具理性殖民化，两次世界大战及现代人所面临的核威胁、环境恶化、社会分裂等危险都是理性扩张的典型结果，这种理性是人类的一种悲哀，也已经预示了理性的失败。启蒙思想根据主客二分的原则，高扬人的主体性，将人看成是世界的主人，结果导致人对自然的无休止的践踏和掠夺，这种主体性是人类的又一大悲哀。因此对于造成现代性问题的两大思想根源——理性主义和主体主义，后现代主义进行了无情的抛弃和消解：一方面后现代主义否定了理性的普遍性，剥掉了理性普遍性的表现——真理的神圣外衣。德里达把真理看成是主观解释的结果，提出了真理的语义波动说，认为没有真理自身，只有真理的放纵，只有对于主体的、多元的真理。利奥塔认为真理是一种话语上的霸权，取消了他人的观点，这是"真理的白色恐怖"。罗蒂从新实用主义的角度消解了理性的普遍性，提出："一个信念之真，是其使持有此信念的人能够应付环境的功用问题，而不是其摹写实在的本身的存在方式的问题"，[①] 所以没有大写的真理，只有小写的真理。后现代主义消解了真理普遍性，打击了理性主义的一元独裁，把"差异"从"整体统一"中解救出来，主张多元论和事物的多样性。另一方面后现代主义者认为自然中的各种物种都是具有自身经验、价值和目的的存在，所以个人没有理由获得对他人、对自然的统治权和占有权，人和人、人和自然的关系是以有机联系的形式存在的，即"我们乃是扎根于自然之中，人类永远不可能脱离自然；我们同时也扎根于社会历史和制度中，我们的个人特征永远也不能同它们相分离"[②]。所以后现代主

① 文兵：《走向后现代的反理性主义》，《江海学刊》1999 年第 3 期。

② ［美］大卫·雷·格里芬：《后现代精神》，中央编译出版社 1998 年版，第 84 页。

义力图消解二元论设在人与自然、人与人之间的对立，倡导主体间性。

后现代主义通过对理性主义和主体主义的批判，揭示了现代性的普遍化、标准化和绝对化弊端，消解了理性主体及其形成的霸权话语，赋予人类非同一性与多元性的选择机会，鼓励了人的个性发挥，丰富了人的想象力和创造性。但是，后现代主义对理性和主体性的批判并不完全合理，因为它后来逐渐走向了极端，即直接取消了人的主体性和理性。事实上，现代性问题的产生并不是理性和主体性本身造成的，而是理性和主体性在现代社会条件下被片面化、异化引起的。但是后现代主义忽略了这一点，将所有的错误都归结为理性和主体性本身，在批判其不合理性的同时将其合理性一起抛弃，其结果就是后现代主义者们完全抛弃了理性，斥责理性的负面作用。在这一点上，后现代主义要比传统非理性主义走得更远，批判也更犀利和深刻，甚至不惜采用种种充满怀疑主义色彩与破坏性的手段和方法将整个现实世界颠覆成一堆瓦砾和碎片。但遗憾的是后现代主义在打倒了理性主义、超越了传统非理性主义的同时，却没能在破碎中建立起自己的稳固阵地，它虽然合理地批判了理性的负面作用但却使人由这个极端走向另一个极端，变成了无批判性、无超越性的单面人，结果就是使人类深陷相对主义、虚无主义的泥潭中不能自拔。

非理性主义思潮的再次复兴是人类在现代社会这个特殊历史条件下对自身行为在人生观、价值观层面的一种哲学反思，它通过人的生存、欲望、情感、命运和苦乐等感受发掘被理性压抑的人性，揭露了在当代资本主义制度和科学技术条件下，人的处境和生存状况。就其实质而言，非理性主义就是现代西方社会矛盾和危机在哲学上的折射和反映，它既是现代社会发展过程中矛盾冲突的结果，也是理性自身分裂和矛盾激化的必然结果。

通过以上分析可以看出，理性是现代性的本质特征，现代性的发展过程就是人类不断理性化的过程。在这个复杂多变的过程中，人们最初是怀着对自由的无限向往，希望通过不断提升人类的理性能力来实现启蒙运动勾画的宏伟蓝图。然而现实的发展却事与愿违，在人类的理性能力不断增强的同时也催生了人性本身的理性化，造成了理性的内在分裂。现代性通过对旧的社会秩序的新的理性建构达到对自由的不断追求，此时理性是实现自由的依靠。但是当理性过度张扬自己的威力，过分强调同一、标准化，试图建立一个由理性主体控制和管理的整齐划一的、没有任何不协调的社会秩序时，理性就取代了全部的人性，理性的社会秩序设计就蜕变成了理性专制，导致了对人的压抑，理性也由此成为实现自由的最大桎梏。理性不仅没有成为解决自由与秩序间不可调和矛盾的有效手段，反而成为加剧这种矛盾的帮凶，于是就出现了理性作为启蒙的核心价值，反倒违背了理性的初衷的结果，这就是现代性内含的理性悖论。

三　现代性危机催生风险社会

现代性的现实困境是对现代性问题产生根源在事实层面上的分析，其中风险社会的来临是现代性现实困境的最生动写照。正如贝克所说，“工业社会为绝大多数社会成员造就了舒适安逸的生存环境，同时也带来了核危机、生态危机等足以毁灭全人类的巨大风险。工业社会运行机制自 20 世纪中期以来开始发生微妙变化，一项决策可能毁灭地球上的所有生命，仅此一点就足以说明当今时代与人类历史上的任何时代都有着根本的区别，已经呈现出从工业社会向风险社会过渡的迹象”①。

（一）风险社会的来临

风险社会理论是西方学者在现代化发展到一定阶段，反思现代性危机的背景下提出的，其基本范畴就是风险。“风险”一词最早是一个西班牙的航海术语，意指触礁或遇上海难。后来德国学者乌尔里希·贝克将“风险”一词引入社会学领域，并赋予它新的含义，即指人类生存和社会发展进程中可能发生的危险、威胁、危机。贝克指出，“风险是一个表明自然终结和传统终结的概念，或者换句话说，在自然和传统失去他们的无限效力并依赖于人的界定的地方，才谈得上风险”②。在《风险社会》一书中，贝克提出了“风险社会”的概念用来描述当今西方高度发展的现代社会：“现代性正从古典工业社会的轮廓中脱颖而出，

---

① ［德］乌尔里希·贝克：《从工业社会到风险社会》，《马克思主义与现实》2003 年第 3 期。

② ［德］乌尔里希·贝克、约翰内斯·威尔姆斯：《自由与资本主义》，浙江人民出版社 2001 年版，第 119 页。

正在形成一种崭新的形式——（工业的）‘风险社会’。”[①] 人类遭遇风险是社会发展过程的要素之一。人类历史上各个时期的各种社会形态从一定意义上说都是一种风险社会。只不过在现代社会中，风险这个特征才逐渐稳定下来，成为现代社会的典型特征。风险社会就是指在全球化发展背景下，由于人类实践所导致的各种全球性风险占据主导地位的社会发展阶段，在这样的社会里，各种全球性风险对整个人类的生存和发展存在着严重的威胁。目前，人类已经经历过的核泄漏对环境的污染、致命性病毒的出现、灾害性气候事件的频发、金融危机的蔓延、恐怖主义的袭击、大规模杀伤性武器的扩散等各种生态性、经济性、政治性风险的发生，这就是风险社会来临的最好佐证。

风险社会作为一个概念不仅是对目前人类所处时代特征的形象描绘，更准确地说，风险社会的风险是现代性的全球性的风险，是与现代性并存、共生的。风险社会的风险具有普遍性，是人类在走向现代化和迈向全球化中所遭遇到的共同问题，它的极端表现就是各种突发事件频繁发生，表现了一种由现代性问题所引发的社会性的危机状态。吉登斯对这种社会危机状态从三个方面进行了阐述：一是生态环境受到严重破坏。工业发展对周围环境的破坏已经远远超过了自然界的负荷，由此导致一系列空气污染、水污染事件频繁发生，严重威胁人类的生存和发展。二是战争工业化与核武器所产生的威胁。早在现代工业社会的初期，军事力量就已经与工业生产结合在一起了，呈现出“战争工业化”的趋势，从而大大强化了现代战争的杀伤力和破坏力，使20世纪变成了一个夺取了大量人的生命的残酷的战争世纪。此外，作为现代武器最典型代表的核武器更是以其所具有的足以摧毁整个世界的巨大威力而使世人时刻感受到死亡的威胁和风险的存在。三是极权主义的发展在现代社会的发展。极权主义是前现代社会的产物，人们坚信在以反对极权为目标的现代社会中并不存在其生存的土壤。然而法西斯主义在世界范围内的暴虐横行，使人们发现现代制度并没有真正取代极权主义，相反极权主义却嵌合在现代制度之中并获得了新的发展。吉登斯的描述使人们清楚地认识到现代性问题所带来的严重后果中所蕴藏着的风险。

① ［德］乌尔里希·贝克：《风险社会》，译林出版社2004年版，第2页。

（二）风险社会的特征

和以前社会的风险相比，现代社会的风险主要呈现出以下三个特征：

一是人造风险日益增多。工业化时期以前人类所遭遇的各种自然灾害如瘟疫、饥荒等虽然对人类曾经造成过巨大伤害，但这些风险都是人类社会以外的力量造成的，属于自然界的运动变化产生的风险。但是，工业社会以后的风险主要是由人类实践活动所造成的，是一种典型的人造风险，其中两个最典型的代表就是现代科学技术之负面影响所造成的强大破坏力所带来的潜在的风险和为发展经济、技术而作出的相应的社会制度安排带来的风险。科学技术带着人的强烈的主观目的性向自然发起冲击，其结果就是破坏了自然环境和自然规律，从而导致人为引起的自然灾害频发，加重了自然界的人为风险。此外，人类针对工业化的各种利弊效用，在权衡利弊的基础上作出的继续发展科学技术和技术经济的社会制度安排和社会决策会导致现有的社会结构、制度以及关系变的更加复杂，呈现出分裂状态由此导致各种风险产生。这种由人们的决策带来的风险的严重程度往往超出了预警检测和事后处理的能力，会使整个社会陷入更大的危机当中。

二是风险更具不确定性。不断发展的科学技术和社会制度的完善是现代社会的风险变得更加不可预测和难以控制，其不确定逻辑正在不断扩散，主要表现为现代风险中的因果关系已经不再是简单的线性关系，风险的冲突点与始发点往往并没有明显的联系，因而使风险的预测和控制都变得相当困难，而现代人关于风险的任何可感知的经验也是越来越少，由此更增加了风险的不确定性，用贝克的话来形容就是："在风险社会中不明的和无法预料的后果成为历史和社会的主宰力量。"①

三是现代风险更具破坏性。风险与人类的实践活动密切相关。在世界没有出现全球化发展之前，人类实践范围主要是区域性的，与实践的发展程度相应，风险的波及范围也主要是区域性的，那时的风险不可能成为人类共同关注的根本问题。然而全球化发展之后整个世界都紧密地联系在了一起，人们的生活和行为也在世界范围内相互依赖和相互影响

① ［德］乌尔里希·贝克：《风险社会》，译林出版社2004年版，第22页。

着。因此，一旦风险发生就不可能是某个区域、某个范围内的单独事件，而必将是全球性的总体风险，很可能是对整个社会系统、整个世界发生影响，由此风险的破坏性将向整个系统扩散，对世界造成更大的伤害。在全球化时代，人类社会面临着比以往任何时候更大的风险，每个人在全球性风险中都将无所遁逃。

（三）风险社会形成的根源

当代风险社会是现代性发展的直接后果。贝克将风险社会的形成根源归结为："在19世纪和今天，被大多数人作为灾难经受的后果，是与工业化和现代化的社会过程相联系的。在两个时代中，我们关心的都是对人类生存境况的剧烈的威胁的干预。它们的出现是与生产力、市场整合以及财产和权力关系的发展的确切阶段相联系的。每次，都会有不同的物质后果。19世纪是物质的贫困化、贫穷、饥饿和拥挤；今天是生活的自然基础的威胁和破坏。"① 由此可见，风险社会是现代社会内生的，其根源就在现代社会内部：即一方面科技理性在现代性转型中的悖论性存在导致了风险社会的产生。科技理性作为现代西方社会的主导社会理念曾经创造了资本主义的繁荣富强，为西方社会奠定了雄厚的物质基础，成为西方现代社会发展的内在核心动力。但是科技理性的过分张扬也带来了人类不愿看到却又无法回避的现实：一是科技理性的肆意扩张将自然视为征服的对象，破坏自然环境，引发生态灾难，从而造成了人与自然关系的紧张和失调，使人为的自然灾害风险不断提升，制约了人类社会的进一步发展与人们生活质量的提高；二是科技理性的扩张引发技术的异化、人的异化，内在地侵蚀着现代社会的各种制度。以科技理性为根基建立起来的社会组织和社会制度，使社会个体的价值理想缺失，充满了相对主义和无意义感，从而把人类带入了一个充满着风险的危险的世界当中。另一方面风险社会中的风险产生与现代社会的生产方式息息相关。贝克指出："在发达的现代性中，财富的社会生产系统地伴随着风险的社会生产。相应地，与短缺社会的分配相关的问题和冲突，同科技发展所产生的风险的生产、界定和分配所引起的问题和冲突

---

① ［德］乌尔里希·贝克：《风险社会》，译林出版社2004年版，第58页。

相重叠。”① 在现代化的历史进程中，资本主义生产方式使民族之间、国家之间、东方与西方之间的贫富差距正不断拉大，助长了极权思维和霸权主义的增长，地域文化的多样性伴随着西方文化的侵略而逐渐被抹杀，全球化进程不仅重建着所有国家和地区的发展模式，也深刻影响着个人生活的方式，造成了巨大的社会矛盾与冲突，引发出巨大的社会风险，由此滋生了许多不同于物质风险的文化风险、道德风险等非物质风险。这些风险要比科技发展带来的风险对人类的威胁更大。因为科技发展能够提升人类的自由度，在人类可以获得更高的自由的前提下，科技发展带来的风险就是人类可以承受的。但是一旦社会因素打破了科技带来的自由与风险之间的相对平衡关系，就会使许多风险变得不可承受，威胁人类的生存与安全。通过以上分析可以看出风险社会是现代科学技术与各种社会制度等共同作用的结果，尤其是人类理性决策的结果。

风险社会说明风险已经成为现代社会的常态，这说明风险是广泛存在的，并已经成为现代社会的基本特征。在这里，风险社会已经不仅仅是一种社会现象，而是现代社会的一个本质特征。风险社会是现代性危机激化造成的一个失控的世界，是现代性危机深化的最直接反映。

① ［德］乌尔里希·贝克：《风险社会》，译林出版社2004年版，第15页。

第三章　中国现代性及其历史困境

从鸦片战争以后，经过数代中国民众的艰苦探索和共同实践，如今中国已经走上了一条有中国特色的现代化道路。中国现代化进程的不断深入滋生出了强烈的现代性反思诉求。现代性不仅仅是关于现代化性质的描述，同时更是对现代化经验的概括，因其包含着的强烈的价值诉求而成为了评价现代化的规范性标准。从这个意义上说，中国现代化实践需要建构中国自己的现代性以进行反思和矫正，通过对中国现代性基本理念的发掘、价值观念的预设和历史发展方向的设定为中国现代化的未来发展提供必要的参照系。那么，到底什么是中国现代性？中国现代性如何产生？现实发展状况如何？具备什么样特性？这正是本章所要解决的主要问题。

第一节　现代性的中国定位

现代性很显然是一个发源于西方社会的概念，那是不是就意味着现代性和中国就毫无关系？反观现代性的发展历程，就会发现现代性由“一”到“多”的发展脉络，从中可以洞悉出现代性所具有的“全球化”的特征。自从中国进入现代化进程中后，就不可避免地卷入了全球化的浪潮当中。在东西方文明的短兵相接中，中国现代性以独特的姿态站在历史的舞台上并绽放出自身的魅力。

一　现代性的全球化发展

（一）一元现代性的话语垄断

考察现代性离不开现代化进程。西方发达国家的现代化进程采用的是典型的西方模式，铭刻着鲜明的西方传统文化发展的印记，其发展可以分为两个主要阶段：一是16世纪到18世纪时期。16世纪的文艺复兴运动拉开了西方国家现代化进程的帷幕。受文艺复兴运动思想的影响西欧各国纷纷开始了以反对中世纪宗教桎梏为目标的宗教改革运动，这是欧洲人在精神上的一次重要觉醒，由此现代意识开始萌发。到了17世纪，英国率先完成了资产阶级革命，一种新的文明即资本主义文明获得了发展的空间，这是西方现代化进程中的一个重要标志。此后不久，法国、德国、意大利、波兰相继爆发革命，资产阶级革命浪潮席卷了整个欧洲。在革命的动荡不安中，民族国家这种新的政治共同体得以确立，标志着一个新的时代正式诞生。二是18世纪末到19世纪中期。这一时期在英国的工业革命和民族主义思想的双重影响下，越来越多的国家都以获得民族独立为发端走上了现代化的道路。先是美国爆发了独立战争，后来是澳大利亚、新西兰等西欧的殖民地也相继获得了民族独立，走上了现代化道路。在英美等国的影响下，一大批西欧国家如西班牙、卢森堡、葡萄牙、意大利、比利时、瑞士等也踏上了现代化的征程。西方各国从现代化的最初准备，到现代化走上正轨，再到现代化建设蓝图的基本展开和任务的基本完成实际上经历了一个漫长的过程。在这个过程中，西方传统文化尤其是重视理性、探寻真理、追求人的自由、平等和民主等哲学思想对西方的现代化进程产生了重要影响。在科学理性精神和自由主义的共同推动下，西方社会先是通过科技革命和工业革命促进了科技水平的迅速提高由此推动了社会生产力的迅速发展。之后又用自由主义、个人主义等思想对人民的价值观念、心理态度和生活方式进行改造，从而引发政治、经济和制度安排等各方面的社会革命。此番努力之后，西方社会的生产力发展水平无人能匹敌，人的理性化程度不断提高，社会结构也日趋合理化。帕森斯用科学革命、民主革命和工业革命三个基本变项来概括西方现代化的发展模式。西方的现代化进程终于冲破传统，重塑了一个新的社会形态即资本主义社会，也缔造了一个新的文明范型即西方文明。

毋庸置疑，西方现代化过程是西方社会政治、经济、文化等各种因素相互作用的产物。现代化以及由此而来的现代性都是西方工业文明的产物，是自古希腊以来的西方传统文明的延续，是典型的西方原创。从这个意义上说，现代性的西方化色彩十分强烈。正因为如此，在现代性的研究中，就出现了“西方现代性 = 现代性”的话语垄断，认为现代性这一价值系统是从西欧起源并经过启蒙主义、工业革命，最后传播开来。于是乎，关于划分“什么是现代的”、“什么是非现代的”标准完全由西方决定，现代化的模式也只能有一个就是欧美模式。在林林总总的现代性陈说中，关于现代性的界定都是在这样的语境中产生的，其理论来源也完全仅限于对西方社会历史和现实的考察。尤其是自 20 世纪 70 年代以来，现代性话语主要是西方学界对自身社会文化的历史变迁所引发的现代性的反思和质疑。受这种“西方现代性 = 现代性”的话语模式的影响，相当一段时间内，人们往往习惯了从单一的西方视域去考察现代性，现代性也因此被赋予了一元的形式。一些学者如吉登斯就将全球化看成是西方现代性的扩大，认为在一个全球化的世界里没有他者。这样的观点很明显在强调现代性的一元性。

（二）现代性的全球化发展

在西欧各国及其殖民地相继走上现代化道路之后，19 世纪末第三批国家包括俄国、德国、中国、日本等国家也将现代化建设提上了日程。第二次世界大战结束后，东亚和拉丁美洲的一些国家如马来西亚、苏丹、摩洛哥等国也不可避免地卷进了现代化的浪潮中来。第三批和第四批现代化国家与前两批相比呈现出明显的特性：一是从地域上看，突破了西方国家的界限，由西向东延伸到亚洲国家。二是从性质上看，第三批和第四批国家的现代化多属外发性的，与欧美各国的内发性现代化明显不同。欧美各国的现代化是靠自己内部的现代性因素的不断成熟与创新而发展演进的。这种内部因素主要来源于古希腊、古罗马以及中世纪的自我维持增长型的经济形式、强调自治和契约的政治模式以及普遍主义的法律，这三个方面形成了西方现代社会的基本架构。正是在对这三方面传统因素的不断创新发展中，欧美各国才形成了典型的西方现代化模式和道路。相比之下，中国、日本、马来西亚等非西方国家的文化传统中均缺乏这种现代性因素，所以它们走上现代化道路并不是自发的，而是在外力的推动下才发生的。三是从现代化模式是看，不同于西方传统的资本主义现代化模式，俄国和中国均采取了社会主义现代化的道路，打破了资本主义的一统天下。

通过以上对非西方国家现代化进程的回顾，可以看出随着东亚、中国等一大批非西方国家纷纷走上现代化道路之后，起源于西方的现代性逐渐向东方延伸，并呈现出明显的全球化发展的趋势。到今天，现代性和全球化已经交织在一起。追究现代性的全球化形成的原因，一方面是西方各发达国家有意识地推行并且至今仍在推行的政府政策的结果，伴随着欧洲的海外扩张，西方现代性也逐渐传遍全世界。西方国家凭借其拥有的科技、军事优势和经济实力肆无忌惮地将其现代化模式、现代性经验向非西方的不发达国家倾销，使这些落后国家对西方国家产生强烈的依赖性，并借以实现对这些后发现代性国家的控制。巴西社会学家桑托斯把落后国家对西方发达国家的依附性归结为三种类型。一是16世纪之前殖民依附，这种依附性主要是通过殖民主义掠夺与殖民主义贸易实现的；二是16世纪末以后的金融—工业依附，这种依附性的主要形式就是宗主国对殖民地的资本统治；三是第二次世界大战以后的技术—工业依附，即通过先进技术的垄断达到控制目的。目前，随着诸多发展中国家纷纷进入现代化进程，其对发达国家的经济和技术的依赖性也越来越强。这是非西方的落后国家被迫接受西方现代性观念与模式的主要原因。在这种国际环境中成长起来的非西方国家的西方化色彩自然非常浓重。现代性的全球化形成的另一方面原因就是东西方出于不同目的的“合谋”。现代性的全球化不仅是西方国家强力推进的结果，同时也是东方落后国家有意而为之的结果。先进入现代化进程并取得丰厚成果的西方国家的生存样式对于正饱受侵略和压迫的落后的亚非拉等国来说无疑是一个很有希望改变他们命运的文明范型。所以他们中的一部分是自然地接受了西方现代性的理念和价值预设，并在很长一段时间内都是以西方现代化为模本来进行本国的现代化建设。正因为以上两方面原因，西方现代性才能同时在世界的东西方都找到了生存的土壤，市场经济体制和民主、自由等政治理念以及理性的思维方式等西方现代性的主要因素才能在全球范围内迅速传播。

（三）多元现代性的文化反诘

一元现代性的西方中心话语模式在非西方国家没有进入现代化进程之前并没有构成问题，然而，随着东亚、中国等一大批非西方国家纷纷走上现代化道路之后，问题也接踵而来。在现代性全球化的趋势下，如果对“一元现代性”加以深究的话，会发现这种界定中存在着很多疑问：如果现代性只是西方的现代性，那么非西方国家是否与现代性无缘？如果非西方国家也有现代性，那么非西方国家在现代化过程中培植的是否是西方的现代性？如果不是，那它和西方现代性又是什么关系？众多问题在世界非西方国家逐渐走上现代化道路的过程中变得更加扑朔迷离，急需解答，由此多元现代性问题浮出水面。

现代性在全球范围内的扩张激起了众多西方、非西方的学者将研究的焦点由西方国家转到非西方国家的现代化道路及其独特的现代性体验上来。在研究中，学者们发现不同国家的现代性存在着明显的差异性：不仅非西方国家和西方国家的现代性明显不同，就连西方各国的现代性也没有完全相同的表现。不同国家的现代性呈现出来的特殊性、地方性使学者们对西方现代性观念产生了质疑，各种关于一元现代性的疑问也纷至沓来，如印度社会学家帕沙穆季克就提出“用来描述和分析西方现代性的概念面对非西方的现实有多大程度的恰当性”的追问。可以说非西方发达国家现代化的发展和现代性的逐渐成形为现代性问题的研究提出了新的问题域：即如何根据非西方发达国家走过的现代化道路及其独特的现代性体验对传统西方的现代性进行反思，于是就出现了“到底有几种现代性”、“全球的现代性有共通之处吗”等问题的追问，由此也推动了多元现代性对一元现代性的反诘。

多元现代性主要是从文化角度提出来的，建立在多元文化观的基础之上。余英时《从价值系统看中国文化的现代意义》中对多元文化观进行了详细论述：“多元文化观即认为每一民族都有它自己的独特文化，各民族的文化并非出于一源，尤其不能以欧洲文化作为衡量其他文化的普遍准则”；另外，从现代人类学的观点来看，“只有个别的具体的文化，而无普遍的、抽象的文化”。[①] 多元文化观的提出为解释不同国家间现代性的差异性提供了一个多元文明的视野，让人们看到现代性是建立在各国具体的文化传统基础之上的，是具体文化类型的现代转变的结果，所以有多元的文化传统，就有多元的现代性。从这个角度看，西方现代性就是自古希腊以来的西方文化现代转变的结果。由于文化底

① 余英时：《士与中国文化》，上海人民出版社 1987 年版，第 3 页。

蕴不同，不具有西方历史文化条件和精神传统的其他国家和社会是不可能完全模仿西方这种模式发展的。这正是为什么非西方国家的现代化虽然极力模仿西方模式，仍无法和西方国家完全雷同的原因。但这并不意味着非西方国家就不能进入现代社会，就不能培育现代性。事实上，我们这个世界不仅仅只有古希腊这一个文化传统，还有犹太文明、印度文明等不同文化类型。而且，现代化从本质上讲是一个世界性的由农业社会转向工业社会的历史过程，今天整个世界，特别是非西方国家也都不可避免的处于现代化的进程中。任何国家的现代化都要立足本民族文化传统和历史条件进行自身社会结构的现代变革，这其中文化因素的重要性显而易见。针对这个现象，学者金耀基指出："非西方社会的现代化不可能不模仿或采择西方现代性的一些内涵，因而全球化必然会出现某种汇合的现象；但是另一方面，经验也显示了一个极有意义的现象，即在全球现代化的过程中，非西方人随着其自身社会现代化的深入，不但没有被西方文化淹没，反而增加了对本土文化的认同。中国人或亚洲人的现代化，正在建构出不同于西方的另类现代性。"① 所以，不同文化历史条件下的现代化实践所孕育出的必然是不同的现代性。

多元现代性到底如何形成的呢？艾森斯塔特从时间与空间、事实描述与理论反思的角度对这个问题进行了细致解答。艾森斯塔特从构成现代性的主要因素入手，通过现代性的主要构成因素在现代性形成过程中所起的作用向人们揭示了多元现代性的形成过程。构成现代性的主要因素包括现代规划的文化方案和政治方案，意识形态模式和制度模式，传统和社会历史经验，非西方社会对最初的现代性的挪用等。其中，现代规划的文化方案和政治方案带来了现代性的意识形态前提和制度前提。对文化方案的作用艾森斯塔特做了如下表述："现代性的文化方案带来了人的能动性和人在时间之流中的位置的观念的某些独特转变。它持有这样一种未来观念，其特征是通过自主的人的能动性，众多的可能性得以实现。社会秩序、本体论秩序和政治秩序的前提和这类秩序的合法化，不再被认为是理所当然的了。围绕社会政治权威的秩序的基本本体论前提，产生了一种强烈的反思意识——甚至原则上否定这种反思意识

① 金耀基：《现代性辩论和中国社会学之定位》，《北京大学学报》1998年第6期。

的合法性的现代性最激进的批评者都具有这种反思意识。”① 这一论述肯定了人的自主性，说明人的有意识的行动可以塑造社会，这充分表现了现代规划的基本特征。秉承着这样的特征，现代性政治方案把平等与自由、正义和自主、团结和认同等原则确认为建构政治秩序的基本原则，由这些原则主导的现代社会政治进程极大地冲击了传统的政治秩序，引发了社会的重大变化。这些原则本身也成为了现代性的核心。在现代性的文化、政治规划中，孕育出两种最主要的现代性的意识形态：一是强调集体的优先权的极权主义；二是强调政治原则的优先权的雅各宾主义。这两种意识形态直接影响了现代性的制度选择。以上这些因素构成了西方传统现代性的基本架构。但是在现代性的后继发展中，历史经验和传统的作用以及非西方社会对最初的现代性的挪用都对现代性产生重大影响。艾森斯塔特指出历史经验和传统会“影响到现代性的不断互动、对任何单一的社会和文明的冲突、不断构成的共同参照点以变化不定的多种方式得以成形”②。所以各国的历史经验和传统在现代转型中并不会消失，而是与现代性规划相结合，以独特的方式延续自己的历史并成为创建现代社会的一股重要力量。正因为如此，才会出现日本的民主模式和欧美大相径庭的现状。与此同时，多元现代性的形成还源于在西方现代性在进入非西方国家的过程中，非西方国家往往会根据自己的利益与需要对西方现代性的主题和制度模式进行主观的选择和重构。原因是由于西方现代性对于落后的非西方国家来说虽然意味着光明和自由，但是西方现代性全球化的过程也是西方现代性问题在全球范围内扩张的过程，对于现代性的负面危机，非西方国家是有目共睹的，再加上伴随着现代性扩张而来的西方国家对非西方国家的政治、经济压迫，使非西方国家对现代性产生了极其矛盾的复杂心理。所以，非西方国家在接受西方现代性过程中对其趋利避害的调整和取舍就成为必然，于是就产生了不同形态的多元现代性。

在分析了多元现代性是如何形成的基础上，艾森斯塔特对多元现代

① ［以］S. N. 艾森斯塔特：《反思现代性》，生活·读书·新知三联书店 2006 年版，第 39 页。

② 同上书，第 348 页。

性的内涵进行了全面概括，指明了多元现代性的三种含义：第一种含义是现代性和西方化不是一回事，西方模式或现代性模式不是唯一的、真正的现代性，尽管相对其他现代图景而言，它们在历史上出现的时间在其他现代图景之前并继续成为其他现代图景的至关重要的参照点。第二种含义是这类多元现代性的成形，在不同国家间的冲突上留下了烙印，因而需要将民族、国家和社会作为社会学分析的普通单位。第三层含义是认识到这类现代性不是固定不变的，而是不断变化的，正是在这类变化的架构内，当代时期宗教维度的兴起和重构，才能得到最好的理解。①

艾森斯塔特关于多元现代性的解释清楚的表明西方现代性全球化发展的结果并不是西方价值观念和模式的普遍繁殖，而是具有不同形态的现代性的多元化发展。中国和东亚各国的现实说明多元现代性不仅仅是理论上的界定，而且已经正在成为事实。由此看来，起源于西欧的现代性传到世界各国后已经发生改变，使得不同国家有了不同的现代性。现代性的一元与多元之争既反映了对西方传统现代性的反思，对未来新的现代性方案的探索，也强调了不同现代性间的借鉴与学习的可能性与必然性。正是在这个逻辑前提的基础上，本书提出了中国现代性的定位与建构问题。

二　中国现代性何以可能

19 世纪 60 年代，中国开始进入现代化进程。时至今日已经有 150 多年的历程。对中国现代化进程进行历史性考察，可以清楚看出中国的现代化进程经历了从最初对西方现代化模式的简单模仿到今日的自主发展的历史轨迹。由于我国现代化的历史基础、国情状况和时代背景与其他国家存在着巨大的差异，决定了我国的现代化进程从道路、模式、战略目标和步骤等表现出明显的独特性。本书正是立足于中国现代化的独特性，考察中国现代性何以可能的现实基础，并在此基础上对中国现代性从内涵到特征进行科学定位，进而明确本书的研究主题和问题域。

① ［以］S. N. 艾森斯塔特：《反思现代性》，生活·读书·新知三联书店 2006 年版，第 412 页。

（一）中国现代化发展的历史进程

中国的现代化进程是一个充满曲折和斗争的艰苦历程，其间交织着民族解放史和民族奋斗史。以时间为线索，本书将我国的现代化进程分为三个阶段：

第一，现代化的准备阶段。这一阶段的时间跨度为从 1840 年的鸦片战争到 1949 年新中国成立。1840 年的鸦片战争打破了中国传统封建社会的封闭和安宁，西方列强的坚船利炮让中国人看到了西方的强盛和自身的落后，于是“救亡图存”就成为中华民族的最突出的时代需要。以此为目标，中国的洋务运动率先迈出了中国现代化的第一步。面对日趋严重的民族危机，清朝封建地主阶级中的开明官吏以曾国藩、李鸿章、张之洞等为代表从经济、军事和教育等方面开始进行社会改革，取得了明显的社会效果。他们创建海军，初步奠定了中国近代国防的基础。同时创办各种军事和民用工业，刺激了中国早期民族资本的发展，揭开了中国资本主义的历史序幕。洋务运动还开创了各种学堂，培养了一代中国新型知识分子，推动了社会思想意识的现代化。洋务运动持续了三十多年，为中国以后现代化的发展做好了铺垫。然而洋务运动并没有真正改变清政府的迂腐落后，民族灾难日益深重。20 世纪初，以孙中山为代表的资产阶级政党领导了辛亥革命终于推翻了多年的封建王朝，开辟了中国社会发展的新纪元，此后由其领导的北伐战争和国民政府实业计划促进了中国资本主义的发展。但是由于中国资产阶级自身的软弱性，其革命成果被袁世凯所窃取，付之东流。从洋务运动和资产阶级革命运动的结果来看，由于封建地主阶级的精英分子和资产阶级对中国半殖民地半封建的社会性质并没有清醒的认识，所以都没有真正举起反帝反封建的大旗。中国的主权和民族独立问题没有彻底解决，也就谈不上中国现代化的真正发展。因此这两次现代化运动均以失败而告终。直到 1919 年，以陈独秀、毛泽东为代表的一批民主主义者掀起了“五四”新文化运动的浪潮，猛烈抨击了落后的封建传统，才将中国早期的现代化带进了一个新的发展阶段。此后，以毛泽东为代表的中国无产阶级政党领导中国人民开展了土地革命和解放战争，并取得了革命的胜利，于 1949 年建立了一个独立统一的社会主义新国家。国家的独立和民族的解放为中国的现代化提供了基本的必备条件，使现代化的真正发展得以可能。

第二，现代化的启动阶段。从 1949 年新中国成立到 1978 年十一届三中全会，这段时期是中国现代化道路正式展开的阶段。新中国成立后，中国共产党以马克思主义为指导思想开始了现代化道路的建设历程，期间有成绩也有挫折。先是建立了社会主义制度体系，有效地抵制了以美国为代表的西方国家对中国的封锁和威胁，并于 1953 年完成了社会主义改造，建立了比较完整的经济体系，使人民生活基本需求得以满足，国力迅速提升。可以说新中国成立初期的现代化实践初步奠定了中国现代化发展所需的政治、经济、文化条件。但在现代化的后继发展中，中国因为一直效仿以计划经济和优先发展重工业的高速工业化战略为特征的苏联建设模式而使中国社会发展停滞不前。面对挫折，中国开始独立探索现代化发展道路，但因经验不足和领导人对国家形势的错误判断，制定了超越国情的超前工业化战略，先是大跃进运动严重破坏了生产力的发展，又有以“以阶级斗争为纲”的阶级斗争扩大化，扰乱了国家政治、经济秩序，并最终将中国拖进了“文化大革命”的十年浩劫当中，使国家政治经济生活接近崩溃的边缘。痛定思痛，“新中国成立”初的现代化建设虽然饱经挫折，但中国人从来没有放弃对现代化的信心和追求。十一届三中全会后，中国及时调整现代化的建设战略，开始探索符合中国国情的、有中国特色的现代化道路，至此，中国现代化实践进入了一个全新的发展阶段。

第三，现代化的全面推进阶段。从 1978 年十一届三中全会开始到今天我国现代化建设全面推进、持续发展的阶段。十一届三中全会是我国建设思想发生改变的重要转折点。邓小平在总结“文化大革命”沉痛教训的基础上，明确当前我国的基本国情就是我国还处在社会主义初级阶段。以此为基础，邓小平提出来了全面、协调发展的社会主义现代化建设的目标，并勾画了我国现代化的基本蓝图，明确了我国现代化建设的具体道路、方针和措施。邓小平经过深刻思考指出我国的现代化必然要有一个由初级到高级的过程，根据中国现实，邓小平决定将中国社会发展的重点从战略上扭转到现代化经济建设上来，并大胆开拓，提出改革开放的新思想，全面推动中国社会的改革开发进程。与此同时，邓小平还科学设计了实现中国式社会主义现代化的“三步走”发展战略。

邓小平抓住了中国发展的历史机遇，将中国的现代化建设同社会主义建设结合起来，提出了建设有中国特色社会主义的发展战略，不仅明确了中国现代化发展的支撑点，同时为中国现代化发展提供了强大的推动力和良好的外部环境。邓小平的现代化设计抓住了世界发展的时代主题，反映了中国壮大腾飞的人民意愿，使他成为当之无愧的中国现代化建设的总设计师。

继邓小平之后中国的第三代、第四代领导集体秉承着建设有中国特色社会主义的信念将中国的现代化建设继续向前推进。以江泽民为核心的第三代领导集体提出了建设国家创新体系，通过营造良好的社会环境来推进知识创新、技术创新与体制创新，提高全社会创新意识和国家创新能力的战略设想，同时提出了在发展社会主义社会物质文明和精神文明的基础上，不断推进人的全面发展的现代化建设目标。以胡锦涛为核心的第四代领导集体从中国社会全面发展的角度在十七大报告中提出了“全党必须坚定不移地高举中国特色社会主义伟大旗帜，带领人民从新的历史起点出发，抓住和用好重要战略机遇期，求真务实，锐意进取，继续全面建设小康社会、加快推进社会主义现代化，完成时代赋予的崇高使命”的要求，并通过科学发展观的落实和和谐社会的建构推动着中国的现代化实践不断发展。

十一届三中全会以后，在三代领导集体的带领下和全国人民的共同努力下，中国的现代化建设进入迅速发展阶段并取得丰厚成就。以社会主义市场经济体制作为制度保证，中国的经济发展从 1980 年改革开放初期开始就连续保持了多年快速增长的良好势头。这意味着中国用短短三五十年就可能完成西方国家花了二三百年才走完的现代化道路。全面深入开展的政治体制改革加快了中国的民主政治建设，国家的民主化、法制化程度不断提高。社会主义文化建设广泛开展，社会文明程度进一步提高，人民精神文化生活更加丰富。中国的国际地位随着中国社会的发展得到迅速提升，在国际舞台上，中国公正、文明、自立、自强的国际形象为中国赢得了很好的口碑。

纵观中国现代化发展的历史进程，中国现代化表现出诸多不同于西方现代化的鲜明特征：其一，中国现代化是起步较晚的“后发外生型”现代化。不同于西方现代化的“早发内生型”，中国现代化是在西方发达国家已经完成了从传统农业社会向现代工业社会的转型任务后并准备迈向信息社会的时候才真正启动，而且中国现代化的起源并不是源自中国自身发展所产生的需要，而是在西方外力的刺激下才被迫卷入世界现代化浪潮当中的，所以中国现代化的后发性、外生性显而易见。所以中国对西方现代化的模仿与抵制、借鉴与扬弃一直贯穿在中国现代化建设的过程中，由此也决定了中国的现代化只能走跨越式的发展道路，才能赶上并超过早发型国家。其二，中国现代化是有中国特色的社会主义现代化。中国的现代化是在社会主义制度下进行的，这可谓是中国现代化与西方现代化相区别的最大不同之处。西方现代化是在资本主义生产关系下进行的，采用的是典型的西方资本主义模式。资本主义生产以满足少数资本家的个人利益为目的，从而导致资产阶级对工人的残酷剥削和压迫，造成严重的经济危机和贫富两极分化，其发展弊端显而易见。虽然西方各发达国家几经社会变革与调整，但其资本主义社会制度不取消，其社会弊端就难以消除。相比之下，中国的现代化建设把社会主义和现代化有机结合起来，创建了中国特色社会主义的现代化建设模式，实现了世界现代化建设模式的重大突破。中国现代化的建设曾经一度以苏联的建设模式为模板，但其弊端使中国很快认识到独立自主的进行现代化建设的重要性，在邓小平的不断探索、实践基础上，有中国特色的社会主义现代化建设模式基本成型。这种建设模型在经济上以社会主义公有制为主体多种所有制经济共同发展的基本经济制度保证人民共享经济繁荣成果；在政治上以人民代表大会制度和共产党领导的多党合作、政治协商制度以及民族区域自治制度保证人民民主的实现；在文化上以社会主义精神文明建设努力提高全民族的思想道德素质，促进文化繁荣。从以上三方面分析可以看出人民群众构成了中国现代化的主体，社会主义制度是中国现代化的根本制度保证。有中国特色社会主义的现代化建设模式反映了和平与发展的时代特征，更具科学性、开放性和包容性。其三，中国现代化过程异常复杂。西方各国的现代化进程是建立在通过资本原始积累形成的坚实物质基础之上的。而中国现代性是在国家沦为半殖民地半封建的时期开始的，生产力的薄弱、资源的匮乏、奴役的深重使中国现代化的发展一开始就缺乏良好的物质基础和环境。在现代化的建设过程中，西方各国是沿着从农业化到工业化再到信息化的步骤逐步完成的。而中国现代化发展则表现出明显的不平衡性，出现了工业化和信息化在同一时间不同空间内共存的局面。到 2002 年的时候，上海、深圳等发达地区已经进入了信息社会，而西部偏远地区则还处在实现工业化的艰苦进程中。再加上中国农业人口众多，民族结构复杂等特殊国情使得中国的现代化进程充满了矛盾、冲突，变得异常复杂和艰辛。

（二）中国现代化发展的现代性诉求

通过对中国现代化发展进程的回顾及其特征的总结可以看出中国的现代化是立足于中国国情，以中国特色的社会主义现代化模式，走出了一条不同于西方的富于时代精神与民族特色的独立自主的新道路。现代化起源于西方，中国的现代化实践最初也是模仿西方模式的，但在后续的发展中，却越来越表现出其独立性和特殊性。中国现代化实践的特殊性引起了人们的关注，也引发了人们关于西方现代性和独特的中国现代化是否相融的思考。现代性一方面是现代化的结果，同时作为反思的现代性，现代性还是一种现代化经验的概括，其中包含着的价值诉求和历史发展的预设使现代性对现代化具有了评价、反思、批判和纠正的作用。对中国现代化实践进行现代性反思也因此成为中国现代化发展的必然要求。一直以来，人们习惯于用已经形成的西方现代性理论来对现代化进行考察和反思，这就产生了如下的问题：我国要建设的现代性是否就是西方各国在现代化进程中已经形成的现代性呢？或者说西方现代性理论是否适合于中国的问题情境，能否解决中国的问题呢？

第一，从中国现代化发生的文化传统背景来看，西方现代性并不适合中国现代化的问题语境。

从文明传统和文化背景的角度看，西方现代性的基本语境是用理性来代替宗教重新整合社会。为反抗中世纪宗教势力的黑暗统治，人们掀起了宗教革命和启蒙运动，将上帝从神圣的圣坛上赶下来，人由此才摆脱了宗教的束缚，获得了灵魂的自由和解放。然而随着上帝的轰然倒塌，宗教也丧失了其对于社会的整合作用。于是启蒙思想家们提出了理性，用理性取代了上帝权威，用理性审批代替了宗教审批，并以理性作为整合社会的理论基础。通过理性精神的发扬，西方现代性借助科技的力量逐渐征服自然，并不断实现社会秩序的规范化、理性化。相比之下，中国的现代化产生的文化背景并不是以反宗教为目标的。由于中国的现代化建设是在外力的冲击被迫发生的，所以作为一种承载着西方文化传统的运动，现代化一进入中国，就和中国的传统文化发生了剧烈冲突。因为作为一个拥有五千年深厚文化根基的文明古国，中国社会已经形成了一整套数千年积淀下来的、相当稳固的文化观念、价值传统。中国传统文化的最核心的思想就是重德轻器，只看重个人如何通过尽心知性而知天道从而成为圣贤，相比之下关于器物的研究、关于人与自然关系的探讨则不为人所重视。这与西方现代性的文化传统差异巨大，甚至可以说没有什么关系。因此，文化间的差异再加上中国传统文化固有的保守性就形成了现代化进入中国的第一道壁垒，如何实现中国传统文化和外来的现代文化的有效对接就成为中国现代化所要解决的首要问题，而且这个问题还将一直伴随中国现代化的始终。文化传统和文化背景的差异使西方现代性的基本语境对解释中国现代化并不适应，在中国现代化的实践反思中，西方现代性并不是中国现代化反思的标准。

第二，从中国现代化实践面临的具体问题来看，西方现代性并不能解决中国全部的现实问题。

西方的现代性理论是对西方现代化发展到一定阶段在社会政治、经济、文化和生活等各个方面所表现出来的诸多特征的概括和总结。因此西方现代性与西方社会的具体境况包括经济、政治、文化、制度、习俗等因素是密切相关的，它们共同构成了支撑西方现代性的经验基础。这样的经验基础与中国的社会现实有着相当大的差别，而且也不可能在中国社会中进行完全复制，这就决定了西方现代性不能像其在西方社会中一样直接起到指导实践的作用。比如，西方现代性理论批判的对象主要是西方现代化过程中遭遇的现代性问题如人类主体性的过度膨胀，人类中心主义对自然的践踏，生态危机的频发，工具理性的迷失，人类精神的空虚，盲目的消费享乐主义等。由于中国的现代化进程起步比西方晚，所有中国现代化建设的困难并不是如何解决这些现代性问题，更多的则是如何解决传统和现代、东方和西方之间的矛盾和冲突以及如何更好地培植社会理性、促进经济发展、实现民主、建立全面的现代化国家等。就中国现代化所处的阶段和所面临的现实问题而言，西方现代性更多的是可供我们借鉴的经验之谈和前车之鉴，而无法成为我们实践活动的直接的指导原则，所以西方现代性只能以观念体系的形式进入中国，客观上对中国的现代化建设起到一个价值尺规和评估标准的作用，而不能成为解决中国问题的万能法宝。

第三，从中国现代化发展的理想来看，西方现代性并不是我们建构的目标。

西方现代化运动由资产阶级发起，西方现代化是典型的资本主义现代化，因此在西方现代性理论中，虽然诸多的西方学者通过对现代性问题的反思对西方现行社会进行了诸多批判甚至是攻击，但他们批判的目的不是为了推翻现行社会和制度，而是对资本主义现代性的诸多问题和矛盾进行修补，旨在更好地维护资产阶级的统治，更好地促进资本主义社会的发展。以后现代主义为例，后现代主义者们口口声声宣布要对现代性进行解构和重建，但他们重构的结果并不是现代性的彻底消失，不过是另一个版本的现代性的再生而已。由此可见西方现代性就是典型的资本主义现代性，包含着明显的资本运行逻辑。西方现代性的资本主义本质在现代性随着全球化进程不断向世界传播的过程中就表现出明显的西化意图，希望把西方现代性模式移植到全世界。非西方国家包括中国在内作为现代化的后发国家，在思想上、观念上、行为上必然要对西方现代性有所借鉴和学习。但同时各国又都想保留自己的民族特性和文化特点，都想建立一套属于自己的价值体系。于是就出现了一个令西方社会意想不到的结果，那就是在现代性的全球化过程中，各个非西方国家的民族文化不但没有被西化，反而得到了格外的彰显和充实。于是西方一元现代性在向各国传播的过程中才会演变成多元现代性，具有了丰富的多元化内涵。相比之下，中国作为一个社会主义国家，和西方国家在意识形态上的差别是显而易见的，在借鉴西方现代性的同时保持适当的戒心是必要的。在多年的现代化建设的具体实践中我们得出的宝贵经验就是要立足本国国情，经营富有中国特色的社会主义现代化模式，走独立自主的社会主义现代化道路。由此也决定了西方现代性根本不可能成为中国现代化建设的理想目标。

通过以上三方面分析可以看出中国现代化的成功是以现代性的最终形成为标志的。不同的现代化实践所创造的现代性内涵、形态是不同的。中国现代化实践必然产生对其进行反思的现代性诉求。起源于西方的现代性对于正在现代化进程中的中国来说其基本理念、原则和价值预设必然要起到参照系的作用。但由于中西方的文化传统和社会环境等各方面的现实差异决定了西方现代性并不适合于中国的问题情境，并不能够解决中国的现实问题。西方现代性和乡村中国激烈碰撞的结果就是我们滋生了追求自己的现代性的基本诉求。虽然已经经历了几十年的现代化建设，但现代性并没有成为中国社会运行和个体生存的活动机制和机理，社会的非理性特征依然十分明显。因此，中国现代性正在建构、形成当中。我们要建构自己的现代性，这个现代性是和西方现代性相区别的，是中国和现代相结合的表征及产物。

（三）中国现代性的定位

与西方先有现代化后有现代性的发展顺序不同，中国的现代化和现代性建设具有同时性。对于正处于现代化建设初级阶段的中国来说，现代性的建构尤为重要。中国现代化实践要求我们必须明确自己的现代性选择以确定中国现代化建设的未来发展方向。这就涉及中国现代性的定位问题。所谓定位就是辨明中国现代性的历史境遇和问题视域，并在此基础之上确立中国现代性的问题意识，明确中国现代性的内涵和特征，以最终形成中国的现代性话语系统。

从中国现代性的具体历史境遇和问题视域来看，中国现代性的建构是一件颇为复杂的事情：一方面，现代性的全球化发展给我们带来了越来越强烈的西化的压力，使我们必须时刻清醒的认识到我们要建构的不是西方现代性，但又不是一个和西方现代性毫无关系的现代性，它和西方现代性交织在一起，有时二者会面临同样的问题，有时又表现出强烈的本土特征。所以中国与西方、传统与现代、资本主义与社会主义就构成了中国现代性发展的两难处境。另一方面，西方现代性因其早发性早已经建成，现在已经处于对现代性的批判、修缮和调整的阶段。诸多现代性理论既向我们描述了现代性的美好和光明前途，又向我们暴露了现代性自身的悖论、问题和困惑；既向我们说明了现代性对传统的决裂，又向我们泄露了后现代主义对现代性的绝望。诸多关于现代性的美好与丑陋、追求与背叛、问题与出路等矛盾冲突使我们对现代性本身的理解变得很困难。当现代性进入中国并和中国社会现实相结合后，又产生了更多疑问：如在前现代、现代和后现代之间我们如何定圜？在理性至上和有限理性之间我们如何判断？在经济发展和环境保护之间我们如何取舍？在技术乐观主义和技术异化之间我们如何转圜，等等。现代性和中国社会现实相融合过程中所产生的诸如此类的一系列问题就形成了中国现代性建构过程中不能逾越的问题域，也使我们对现代性的认同更加犹豫不决。

针对以上中国现代性发展面临的现实状况和具体问题，在中国现代性的定位中，以下三方面必须认真加以思索：第一，对西方现代性的借鉴与批判。作为现代化队伍中的后来者，模仿和借鉴西方现代性是一种必然。从这个意义上来说，我们虽然是落后者，却也因此有了很好的可供借鉴的资源，可以少走很多弯路，这种落后也是一种优势，这种优势对中国现代性的建构是难得的宝贵资源。中国在建构现代性用于生成的观念、制度、体系的过程中，西方的相关的建设经验完全可以为我所用。除此以外，在如何规避现代性危机，解决现代性问题上也有诸多可借鉴之处。在对西方现代性进行借鉴学习的同时，必要的批判和反思也是不能忽略的。对西方现代性的借鉴并不意味着西方现代性就是中国现代性的模板，可以完全照搬。意识形态上的差别、西方现代性的西化意图、西方现代性自身的弊端都要求我们必须扩大我们的视野，以理智的态度对西方现代性进行细致分析，在批判的基础上借鉴。第二，对中国传统文化的超越与重构。在西方现代性遭遇中国传统文明并形成激烈矛盾的过程中，对待传统文化的正确态度对中国现代性的建构关系重大，因为传统文化是中国现代性建构的文化基础。应该把中国现代性的建构过程看成是中国传统文化重塑的过程。现代性是现代与传统的决裂，但这并不意味着对传统的全然放弃。尤其在中国这样一个有着深厚文化底蕴的国家中，对传统的放弃就意味着对自身的否决。所以在中国现代性的建构中，对传统文化只能改进、超越甚至是重构，但不能完全否定。一方面，我们要用现代性对传统文化加以改造，实现由传统社会向现代社会的彻底转变；另一方面，我们要用传统文化对西方现代性加以调和，通过对中国传统文化积极意义的挖掘，实现西方现代性在中国的本土化，从而真正确立中国自己的现代性文化。只有在对中国传统文化进行超越和重构的过程中，才能既充分利用西方现代性的价值，又能消解其霸权性和侵略性；既能充分张扬中国传统文化的魅力，又能弥补其无法产生现代性的遗憾。第三，对中国现代化实践的反思与指导。实践是理论反思的基础。中国现代性的建构是中国现代化实践发展的必然要求，中国现代性只能是对中国现代化实践进行反思的结果。中国现代性对中国现代化过程的具体考察，对中国现代化性质的表述、特征的概括，以及关于中国现代化未来发展方向的设计等都离不开中国现代化的具体实践。中国现代性对中国现代化所作的理性反思既是现代化发展的理论指导，又是现代化顺利发展的保障。这说明我们只能从中国的实际出发，从中国现代化的具体实践中发展自己的现代性，别无他法。脱离了中国现代化这个经验活动，中国现代性就成为空洞的、抽象的、毫无价值和意义的思想。

综上所述，我们所要建构的现代性是建立在中国传统文化基础之上，有着适合中国自身的现代性模式，克服了西方现代性弊端，以中国现代化实践为基础，反映中国现代化性质与特征的现代性。

（四）中国现代性的内涵和特征

根据中国现代性的基本定位，本书对中国现代性的内涵作了如下概括：中国现代性作为中国现代化的内在规定性和中国现代社会的基本特征，表现为中国现代社会的制度安排、生活组织模式及指涉中国现代生活最抽象层面上的现代价值观念，如主体意识、崇尚理性等，是社会制度、生活组织模式和精神的统一。相比于西方现代性的理性化、科学性、开放性等特征而言，中国现代性表现出了一些西方现代性所不具备的特征：

第一，三元性。西方现代性以反对传统为旨趣，所以传统和现代之间的二元对话特征十分突出。相比之下，现代性在乡土中国这个特殊的环境背景下遭遇了更为复杂的现实困境即传统性、现代性和后现代性相互交织的三元对话。身处现代性转型过程中的中国一方面要跨越农业社会进入工业社会，另一方面为了追赶世界的发展步伐，还要实现由工业社会到信息社会的迈进。于是传统社会、工业社会和信息社会这三个本应是顺序出现的历史时空在当今中国竟然交织在一起，中国现代性于是就呈现出了传统性、现代性和后现代性相互交织、碰撞的特性。这三种不同的社会文明范型体现着不同的社会发展阶段，有着各自不同的社会政治经济基础和价值观念准则，于是现代对传统的否定、传统对现代的排斥以及后现代对现代的超越和解构必然会交织在一起形成一种中国现代性特有的复杂的内在矛盾。如何将这三个相互冲突的文明范型整合到一起，形成相互包容、协调的关系成为中国现代性建构的一大现实难题。

第二，跨越性。中国落后于西方的现实决定了中国现代性的跨越性。对于中国这样的后发现代性国家而言，发展不仅意味着自身现代性的形成，更意味着对先发现代性国家的赶超。从起步上看，中国的现代化进程要比西方晚将近 100 年。这期间，西方各国不仅积累了雄厚的物质基础，更形成了一整套完整的社会制度、组织观念和思想意识。其先发优势已经在全球化过程中表现出霸权性和侵略性，对后发国家造成了威胁和压力。对于处于现代化初级阶段的中国来说，如果我们仅仅是按部就班地走渐进式的发展道路的话，那就意味着我们将永远保持这落后的地位无法改变。这样的发展对我们是没有意义的。只有快速推进现代化进程，努力实现由传统农业社会到现代信息社会的直接跨越，缩短中国现代性的建构时间，在社会稳定中努力实现经济赶超、政治变革与文化更新的协调的跨越式发展，中国的现代化实践才有可能取得突飞猛进的发展。

第三，和谐性。从西方国家的现代性发展历史可以看出西方国家的现代性的建构过程和其社会、政治、经济制度的转型是同步进行的。现代化进程促进西方社会旧有结构的瓦解，导致传统和现代相交织的多种社会矛盾的频发。为解决社会矛盾和冲突，西方各国纷纷通过新的社会制度设计来调整社会利益结构、化解社会冲突，以推动社会的协调发展，维护社会稳定，从而实现社会结构由旧结构向新结构的转变，实现现代社会的成功转型，其制度设计的基本原则就是民主性。就中国目前社会发展来看，中国已经进入改革发展的重要时期，社会结构的变迁，经济体制的大变革，利益格局的不断调整，使我国正身处社会转型的关键阶段。在这种社会背景下，我国在现代化过程中所面临的问题，已经远远超出了经济和技术的范围。这一现状构成了我国经济建设和社会发展重大政策决策不容忽视的基础，而如何实现经济、政治、文化与自然诸多异质性东西的非逻辑组合也成为我国现代性建构过程中的首要问题。因此，我国在社会制度设计原则上，除了民主性的要求外，还要按照和谐性的要求进行政治、经济体制和相关具体制度的改革，努力实现民主法治、公平正义、诚信友爱、充满活力、安定有序、人与自然和谐相处的社会发展目标，避免社会矛盾的激化，规避现代性问题，这是中国现代性建构的必然选择。

本书以中国现代化进程为基础，多方面考察中国现代化发展所引发的现代性诉求，提出建构中国现代性的要求，并通过中国与西方、传统与现代等多个维度的思考为中国现代性进行准确定位，并在此基础上归纳中国现代性的内涵和特征，目的在于明确中国现代性的问题域与问题意识，为中国现代性的建构奠定基础。

第二节　中国现代性起源与发展的回溯

中国的现代性起源于20世纪，迄今为止已经经历了近百年的发展。回溯中国现代性起源、发展的历史，是我们对中国现代性进行事实判断和价值判断的基本前提，是我们力求真正解读中国现代性的必然要求。

一　中国现代性的起源与发展

（一）中国的现代性启蒙

西方现代性起源于启蒙运动，相比之下中国也有自己的现代性启蒙，但两者之间的最大区别之处在于西方的启蒙主旨在于打破封建宗教势力对人的束缚，而中国的现代性启蒙则以反对以儒家传统礼教为主的封建礼教为目标。中国的现代性启蒙早在明清时期就已经初见端倪，如明代的李贽以及后来的黄宗羲、顾炎武等人分别提出了反对宋明理学对人性的压制与束缚的思想解放学说，表达了中国市民阶层的利益要求。但由于这一时期启蒙力量的薄弱，所以这些新思想并未引起大的社会变革，并没有推动中国由传统社会向现代社会转型。中国真正意义上的现代性启蒙发端于近代的民族危机。1840年的鸦片战争让中国两千多年来的田园诗般的农业文明彻底终结，让一直沉醉于天朝大国美梦中的国人终于看到了国家落后的现实。在西方经济、文化和军事的重重压力下，以救亡图存为目标，中国的现代性启蒙开始从中西文化的比较中寻找中国传统文明向现代转型的种种路径：先是林则徐意识到中国传统文明的危机，痛感“技不如人”；后是魏源提出“师夷长技以制夷”；再到李鸿章、张之洞的“中学为体，西学为用”口号的提出，标志着中国最早的以西方文明促进中国文明的发展的现代性思路的形成。然而甲午战争的失败很快就将这种现代性思路的弊端暴露出来，于是以康有为、梁启超等为代表的资产阶级改良派企图通过在中国推行君主立宪制达到社会变革和国家强盛的目标。然而中国封建势力的强大和复杂的特殊国情使维新变法最终以失败告终。资产阶级改良派保守式革命的失败催生了以孙中山为代表的激进知识分子开始采取直接的资产阶级革命的模式，策划了辛亥革命，彻底结束了封建帝制。辛亥革命中，孙中山提出了包含民族主义、民主主义、民生主义的“三民主义”思想，表达了资产阶级革命派以西方现代性为寄托寻找中国社会变革的出路的意图，但由于其三民主义仅仅是促进了一小部分先进知识分子的思想转变，并未改变绝大部分国民的思想观念，缺乏群众基础，最后还是以失败告终。以上诸多希望推动中国摆脱封建专制和贫穷落后的局面实现国富民强意愿的努力最终都因中国早期的现代性启蒙并未深入到思想文化的层面，因而也无法实现整个社会的现代性转变，这说明现代性启蒙首先就应该开启民智，促进民众观念由传统到现代的转变。于是，以1915年的新文化运动为契机，以1919年的五四运动为舞台，中国思想文化层面上的现代性启蒙促进了中国现代思想的解放和发展。新文化运动意味着中国现代性思想启蒙的真正开始。陈独秀在《新青年》中首次提出了“德先生”和“赛先生”的口号，要求在中国发展科学和民主。在五四运动中，中国的先进知识分子对西方文化的认同更加激进。胡适以“如果还希望这个民族在世界上占一个地位，只有一条生路，就是我们自己要认错。我们必须承认我们自己百事不如人……肯认错了，方才肯死心塌地的学人家”[①] 的态度提出了通过“文学改良”和“道德改良”来改造中国传统文化的要求。新文化运动和五四运动以西方现代性为参照，反对中国的封建传统，弘扬了科学民主精神，可谓是中国现代思想的一次重要启蒙和解放，因而成为中国现代性起源过程的一个重要转折点，标志着中国开始走向现代。五四运动之后，中国思想

① 《胡适文集》第5卷，北京大学出版社1998年版，第515页。

界异常繁荣，争论不断。到20世纪前半叶，中国社会形成了三次大的文化思潮：即文化保守主义、自由主义和马克思主义。文化保守主义以梁漱溟为代表主张全面复兴中国的传统文化；自由主义以胡适为代表主张全盘西化，彻底否定传统；马克思主义以李大钊为代表主张以马克思主义统领中国社会发展。三次文化思潮反映了中国思想界不断探索中国社会发展道路的努力，促进了中国现代性思想的启蒙和发展。

（二）中国现代性的发展

在众多文化思潮中，以毛泽东为代表的一批先进知识分子选择了马克思主义，并以马克思主义指导中国革命实践，促进了中国现代性的发展。马克思主义既肯定了资本主义在现代性形成中的主导作用，又指出现代性的未来发展必然要求超越资本主义，因此以共产主义这种新的社会形态代替资本主义，创建新的现代文明和制度体系是人类社会发展的必然趋势。马克思主义以涵盖全世界、全人类的开放眼界，通过对西方现代性的批判和超越表达出了非西方的价值旨趣，这使得中国选择以马克思主义为指导建构中国的现代性成为可能。这种选择既能避免中国现代性发展的西方化倾向，又能充分考虑中国传统文化实现现代转型的基本要求，赋予了中国现代性的自主性和个性特征。中国现代性的发展和马克思主义的中国化是紧密相连的。

首先，马克思主义指导了中华民族的独立与解放，确定了中国现代性的起点。毛泽东领导中国共产党把马克思主义同中国的具体实践相结合形成了一套新民主主义革命理论，并通过走农村包围城市、武装夺取政权的革命道路终于带领全国人民取得了新民主主义革命的胜利，建立了新中国。毛泽东领导的新民主主义革命的胜利促进了中国民族意识的现代觉醒，说明被压迫的民族，只要通过民族的自觉就会实现向现代民族性的转换。近代以来西方列强的入侵和中国的贫穷落后使人民对自己民族的认同逐渐弱化。毛泽东将民族自强和现代转型结合起来，通过新民主主义革命实现了民族解放和国家独立，不仅强化了民族自信心和凝聚力同时也推动了中国社会从传统到现代的巨大改变。在《新民主主义论》中，毛泽东提出了“不但要把一个政治上受压迫、经济上受剥削的中国，变成一个政治上自由和经济上繁荣的中国，而且要把一个被旧文化统治因而愚昧落后的中国，变成一个被新文化统治因而文明先进的中国"[1] 的基本主张，充分表达了毛泽东关于中国现代性的基本构想，也将新民主主义革命的民族解放和现代性建构的双重含义表露无遗。由此，新民主主义就成为中国现代性发展的一个典型的过渡形态，历史地确定了中国现代性的起点。

其次，马克思主义指导了中国现代社会的初步建设，促进了中国现代性的创造性发展。新中国成立后，毛泽东在借鉴其他国家现代化经验的基础上，以马克思主义为指导开始了新中国的现代化建设，初步探索中国的现代性文明模式。毛泽东比较系统地从战略方针、制度取向、体制模式、战略步骤等各方面对中国的现代化建设进行了全面部署，实现了新中国经济、政治、文化等各项事业的快速发展。在这个过程中，马克思的历史唯物主义理论发挥了重要的指导作用。马克思关于生产力、生产关系、经济基础、上层建筑、意识形态等社会要素及其辩证关系的论述直接成为我国社会组织系统构成的理论基础，促进了中国社会制度结构和思想观念向现代性社会的转变。然而由于现代化建设经验的缺乏和长期以来受马克思主义以革命为核心观念思想的束缚，中国的现代化建设曾经一度直接简单模仿苏联的现代化建设模式，这一错误改正后又将社会主义革命和建设相混淆，以政治革命代替经济建设，结果是严重贻误了中国的现代化建设，也阻止了中国现代性的发展。十一届三中全会拨乱反正之后，以邓小平、江泽民和胡锦涛为代表的共产党人围绕着"什么是社会主义，怎样建设社会主义"这一个核心问题，重新确立了建设有中国特色社会主义的路线、方针政策等，开始了中国现代化建设的新篇章。在这个过程中，我国社会逐渐形成了以经济建设为中心、科学技术是第一生产力、"三个代表"重要思想、科学发展观以及构建和谐社会等现代性意识观念。这些现代性意识观念在促进中国社会理性化、组织化和制度化的现代性过程中发挥着价值支撑与观念整合的作用。在现代性意识观念的指导下，中国现代性获得了创造性的发展，主要体现在以下三个方面：一是科学、民主的现代性启蒙促进了中国科学技术的迅速发展和社会生产力水平的提高；二是市场经济体制的确立推动了经济运行机制的理性化，并由此推动了社会权力运行机制的制度

① 《毛泽东选集》第2卷，人民出版社1991年版，第663页。

化、规范化；三是中国传统的文化结构和文化模式正在被现代文明所瓦解和取代，以现代技术理性和人本精神为核心的市民文化正在形成。目前我国已经形成了以市场经济、民主政治与多元文化为基础的有中国特色的现代性追求。

二　中国现代性是未竟的事业

作为现代化的核心，中国150多年的现代化实践是否已经完成了现代性的建构？回溯中国现代性的历史发展过程可以看出，中国社会几经周折虽然已经进入社会主义初级阶段的现代化社会，但中国现代性的建构目前还是一项未竟的事业，中国现代性的最终确立还有待于中国现代化实践的最终完成。

（一）作为现代性标志的个体主体性还未生成

追求个人的独立、自由和权利是西方现代性启蒙思想的主要价值旨趣，因此个体的生成就被视为现代性形成的标志。从这个意义上说，现代性就是要把个人从传统中解放出来，获得个人的独立性和自主性。个体主体一直在西方现代性的形成过程中起着主导作用。在中国现代性的发展过程中虽然伴随着个人观的转型，但实现个体生成和个性解放的现代性任务还远没有完成。中国早期的现代性发展中就以反对封建传统礼教对个人的吞没、对个性的束缚为目标。康有为率先提出了“人人独立，人人平等，人人自主，人人不相侵犯，人人交相亲爱，此为人类之公理”① 的人权宣言，体现出他对个人的重视。1895年，严复在《论世变之亟》中明确提出了自由的概念，认为个人强大是国家强大的基础，指出了自由的重要性，揭露了中国传统思想对个体自由的排斥。在五四运动时期，在社会先进知识分子的推动下，追求个性解放成为社会的潮流，个人主义成为社会的主导思想观念。其中陈独秀在《新青年》中最早提出了“以个人为本位”的要求，主张“人人于法律之前，一切平等”②。胡适又指出“社会最大的罪恶莫过于摧折个人的个性，不

① 康有为：《孟子微》，中华书局1981年版，第23页。

② 陈独秀：《独秀文存》，安徽人民出版社1987年版，第11页。

使他自由发展"[①]，所以"争你们个人的自由，便是为国家争自由！争你们自己的人格，便是为国家争人格！"[②] 可见，胡适已经将个人的自由发展看成是社会发展的终极目标。这标志着中国近代个人观的基本形成。在以后的长期争取国家民族独立的过程中，逐渐形成了重群体轻个人、强调个人对群体的服从，甚至主张为群体而牺牲个人的个人观。因为这一时期社会发展的目标是改变国家的落后局面，而不是发展个体，所以这种个人观的形成是救亡图存的社会历史背景下的必然选择，有其合理性。新中国成立以后为个人的解放提供了更好的契机。但由于受革命时期个人观点的影响，再加上计划经济的高度集中和社会民主制度的不完善，人们、群众等集合性概念形成了对个人的主体性的压抑和束缚。直到改革开放以后，计划经济体制和政治体制的不断改革，个人的主体性地位在中国社会才得到认可，个人的独立性和权利自由才有所保障。但是，中国社会对个人主体性的重视并不意味着个人的主体性地位已经真正确立，个人的自由和权利已经实现。由于中国社会的法制化、民主化进程远未完成，保障个人主体性的民主体制尚在建设过程中，所以中国社会中个人还远未成为真正意义上的个体，个人的自由和权利实现的程度还远远不够。与此同时，作为个人主义的极端发展形式，利己主义在中国社会中还不同程度存在着，引发了诸多现代性问题，利己主义的社会危害不清除，个人的主体性就无法真正确立。由此可见，作为现代性核心与标志的个人主体性在中国社会并未完全生成，还需进一步发展。

（二）作为现代性核心的理性还没有成为中国社会的运行机理

理性是现代性的核心，现代性的发展就是社会逐渐理性化的过程。相比于西方理性化的成熟，中国的理性化进程才刚刚起步。这其中既有中国传统文化因素的影响也有历史的原因。一方面，长期以来，以儒家为代表的中国传统文化中一直强调以内省性的道德自律来约束人的行为，维护社会秩序。由于这种文化观念中缺乏理性精神，所以我国传统

① 胡适：《易卜生主义》，《新青年》1918 年第 4 期。

② 胡适：《介绍我自己的思想》，载胡明选编《胡适选集》，天津人民出版社 1991 年版，第 277 页。

社会长期实行的是人治即依靠个人权威的、非法理规范的统治方式，缺乏法治，同时也导致中国传统文化不能内生出一个和西方现代性相抗衡的现代性。实际上正如哈贝马斯指出的如果没有现代性的理性秩序，社会将失去理论的落脚点，陷入无根的混乱和虚空之中一样，仅仅靠道德的修养和自律是不能治理国家、维护社会秩序的。中国传统文化中理性底蕴的欠缺造成了中国社会理性化的先天不足。另一方面，由于救亡图存的社会历史背景使理性精神为革命意识所取代。为挽救国家危亡的命运，近代以后中国社会先后经历了国民革命、新民主主义革命、社会主义革命等各个革命时期，由此形成了具有鲜明价值取向的革命意识形态并取代了理性精神成为不同时期中国社会的主导精神，使个人行为和社会行为的理性化程度大大降低。中国古代这个以伦理为本位的比较稳定的社会结构在经历了近半个世纪的国家危机之后，旧的社会结构已经被打破，社会秩序也陷入了混乱当中。虽然新中国成立后，现代化进程开始后，我国社会积极努力培育理性精神，加快社会管理的制度化、规范化、程序化建设。但这仅仅是社会理性化的开始。当今我们社会中存在的司法的非程序化现象，民主与法制的不完善，行政管理制度缺乏专业化、技术化等原因造成了社会行为的非理性化。与此同时公民个人行为的非理性化特征也很明显，如为谋私利不惜铤而走险等。社会行为与个人行为的理性化是理性精神的基本标志。无论从哪方面考虑理性都没有成为中国社会运行的机理，没有全面植根于个人行为、社会运行和制度安排当中。中国离理性社会还有一段距离，中国的理性化进程仍然是任重道远。

（三）作为现代性价值旨趣的自由还没有成为中国社会的主导性文化精神

自由可谓是人类一个古老的梦想，在每一个人的内心深处都有着强烈的自由倾向。这种倾向鼓舞着人类为摆脱来自自然的、人类本身的或外在权力的种种束缚而奋斗不止。这种争自由的愿望和努力到近代以后随着西方现代性的发展、通过资本主义生产方式的确立和发展而成为一种普遍的社会诉求和人类的自觉意识。在霍布斯、洛克等哲学家提出“人是生而平等自由的”的响亮口号之后，卢梭提出了主张通过订立某种社会契约来保障每个人的自由的思想。虽然这只是一种空想，却产生了巨大的革命作用。继卢梭之后，康德在追求自由的道路上继续前进，他把自由看成自己哲学“整个体系的拱顶石”，[①] 并提出了解决人与人之间在自由上的矛盾的道德律。西方自由思想在黑格尔那里发展到巅峰，他充分肯定了康德的理性和自由原则，指出“这个原则的建立乃是一个很大的进步，即认自由为人所赖以旋转的枢纽，并认自由为最后的顶点，再也不能强加任何东西在它上面。所以人不能承认任何违反他自由的东西，他不能承认任何权威”[②]。黑格尔把自由抬高到前所未有的高度，将自由规定为绝对精神的内在本质，并在此基础上构建了一个宏大的、包罗万象的自由精神宇宙图景，堪称现代自由思想的集大成者。从上面的回溯可见，自由原则构成了西方现代社会的基本原则，其自由精神体现出以下两个基本特征：一是崇尚科技理性以摆脱自然界对人的束缚，认为要想自由，就必须运用科学、理性去认识种种必然性即规律，从而实现人对自然的自由；二是推崇通过国家权力制衡来协调人与人之间的自由矛盾，这种以个体自由和国家权利二者之间关系为核心问题的自由原则觊觎国家权力来实现人的自由，体现出对个体价值的尊重和个体自由的重视。由此可见西方现代自由在价值取向上倾向于通过减弱外在权力的约束来达到自由，这构成了其自由精神的核心，并深入其社会运行、制度安排和个体生存中，构成了西方现代社会的内在规定性。

自由作为现代性的基本价值旨趣，自然成为中国现代性建构的必然内容，然而现实的状况是自由并没有成为当今中国社会的主导型文化精神。实际上中国人民对于自由观念并不陌生。早在五四运动时期中国的青年人就喊出了还人以自由的口号，一方面希望通过引进西方的赛先生来促进生产力的发展和中国社会的进步，达到强国富民、抵御外辱的目的；另一方面希望引进西方的德先生来推翻封建统治，通过建立资本主义制度来构建自由、民主的社会。这次争自由的努力虽然促进了中国社会的进步，但从结果上看并未达到实现自由的目标，自由、民主的文化精神并没有在中国社会中扎根，原因在于中西文化的原型和基因上的差

① ［德］康德：《实践理性批判》，商务印书馆 1999 年版，第 2 页。

② ［德］黑格尔：《哲学史讲演录》第四卷，商务印书馆 1978 年版，第 289 页。

异。中国文化是典型的血缘文化，讲究情感至上，理和法次之，由此形成了非常强烈的群体观念和整体意识，追求群体的和谐，漠视个人的价值和意义。与中国文化不同，西方文化是典型的地缘文化，契约文化，讲究理法和规则，强调个体的独立性，所以个体主义、个人主义成为西方文化的核心价值。这种文化类型孕育出了强大的对自由的追求，并成为其文化的内在驱动力。这种“自由”严格地说在中国文化中并不存在，或者说我们的文化土壤没有孕育出这种“自由”的基因。正是这种文化上的差异使完全追求西方话语结构下的自由，或者说是西方的现代自由的五四运动不可能实现其追求。同样是中西文化上的差异，使中国社会在经历了几十年的现代性历程后，社会的主导文化特征依然是以人情对抗法治和契约、以经验对抗理性，这与真正的现代精神是相违背的。所以西方的以主体意识、科学精神、民主观念为主的自由文化精神虽然已经被中国人所熟悉和认识，但并没有在中国文化中扎根，并真正内化为中国社会运行和制度安排的内在规定性，也没有成为中国社会的主导性文化精神。

五四运动的历史经验，中西文化的现实差异，提醒我们应该清楚地认识到西方的现代自由并不是中国现代性建构过程中自由追求的模板和全部内容。一方面，我们应该根据文化寻根的需求，通过发掘中国传统文化中的自由精神来超越五四时代文化选择的偏狭，保持中国现代性自由追求的民族性；另一方面，借鉴西方现有的自由理念，汲取西方传统自由观的积极因素，加紧对中国现有社会的现代性改造，保持中国现代性自由追求的时代性。民族性和时代性相结合是重塑中国社会现代自由精神的必然选择。

从近代以来，现代性就已经成为中国人民追求和向往的目标。中国现代化建设进程的不断推进和取得的丰硕成果更是坚定了中国人民建构中国现代性的坚定信念。然而中国现代化实践的未完成性也决定了中国现代性的建构依然任重道远。社会理性化程度的提高、个体主体性的生成、自由精神的培养还是中国现代性未实现的目标。所以当代中国还处在追求现代性的过程中。中国现代性起源的特殊社会背景、中国独特的文化传统和历史经验以及中国现代化建设的独特模式都决定了中国的现代性不可能是西方的现代性，只能是中国自己的现代性。我们需要立足于本国的实际状况去努力建构我们自己的、独特的、未竟的现代性。

第三节　中国现代性的艰难抉择

中国人要建构的是自己的现代性，有其特殊的历史背景、内涵特征和时代条件。这也决定了在中国由传统社会向现代社会转型的过程中，中国的现代性必然要遭遇其他现代性所不曾遭遇的特殊问题和矛盾，形成了中国现代性建构过程中的艰难选择。这是中国现代性建构的艰巨性的具体体现。如何客观地认识这些矛盾、如何正确地解决这些矛盾成为中国现代性建构的关键与核心所在。

一　传统与现代的冲突

安东尼·吉登斯曾对传统与现代的关系做过这样的评价："现代性总是与传统相对立的，这似乎已经成为其定义。"[①] 这种将传统和现代做二元论思考的方式充分表达了传统和现代作为两种不同的社会状态和生活形式之间的冲突和对立。实际上传统社会和现代社会分别有着不同的经济基础、政治体系、价值观念和文化精神，二者间的对立和冲突是显而易见的。现代社会正是在对传统社会的激烈的否定、批判和超越的过程中才诞生的，所以现代对传统的否定、传统对现代的排斥的确是对二者关系的生动表述。就本质上而言，传统和现代的冲突其实就是农业文明和工业文明的冲突。

西方现代社会是在反传统的过程中孕育而生的。启蒙运动以反对传统宗教的束缚、实现人性的解放和自由为目标对传统社会从经济基础、政治制度到思想观念进行了猛烈的、全方位的抨击，并通过宗教改革运动和资产阶级革命将整个传统社会秩序彻底打破，在此基础上通过工业革命对传统社会进行全面重建。西方现代社会正是在与传统的彻底决裂中获得了新生，反传统因此成为现代的典型特征。但是有一点需要注意

① ［英］安东尼·吉登斯：《生活在后传统社会中》，载乌尔里希·贝克、安东尼·吉登斯、斯科特·拉什《自反性现代化——现代社会秩序中的政治、传统与美学》，商务印书馆2001年版，第72页。

到的就是现代虽然以反传统为己任，但实际上西方现代社会与传统社会却有着始终无法真正隔断的联系，即二者有着共同的文化传统。古老的古希腊文明、古罗马文明是西方传统社会和现代社会共同的文化之根，即便是现代文明对传统文明进行了彻底的否决，但却始终没有丢掉其古希腊文明、古罗马文明的底蕴。从这个意义上说，西方现代工业文明虽然具有反传统的性质，但同时也是传统农业文明的延续和创新，二者是同质性的文明。

自鸦片战争之后，中国就开始了由传统社会向现代社会的转型。传统与现代的冲突一直贯穿在中国现代性发展的始终。相比于西方社会而言，传统与现代的矛盾在中国社会的表现要比西方社会尖刻得多、深刻得多，原因就是中国社会中传统与现代的冲突并不是由同一个文明在发展蜕变中的自我否定造成的，而是由两种完全不同的异质性文明的激烈碰撞后产生的。这两种文明就是中国传统的东方农业文明和西方现代的资本主义工业文明。当西方强劲的现代工业文明带着横扫一切的大无畏决心进入近代中国后就遭到了中国深厚的传统农业文明的谨慎小心的保守性格的坚决抵制。在二者间的交戈征战当中，我国的传统社会一点点发生着蜕变，逐渐向现代社会转变。然而由于中国传统文明的保守性的根深蒂固使其和现代工业文明的冲突矛盾直到今天仍然是中国现代性关注的焦点和亟须解决的问题。

现代工业文明作为一种全新的生产方式和生产理念，与中国传统的农业文明相差甚大，二者间的对立冲突主要表现在以下几个方面：一是小农经济和市场经济。中国自古以来就是一个以自然经济为基础的农业大国，农业生产是最主要的物质生产，由此形成的小农经济思想对中国社会影响深刻，如自给自足、靠天吃饭、与世无争、天人合一等思想观念早已深入民众的骨子里，成为大家行为的内在规定性。这种小农意识不利于社会发展，使社会物质生产力水平低下，物质财富贫瘠。传统的小农意识和市场经济观念有着天壤之别。市场经济作为西方社会的经济体制以市场交换作为谋生手段，强调竞争意识，追求公平和效率。市场经济的迅速发展不仅迅速将西方社会的生产力水平推向历史最高点，而且正逐渐演变为一种文化模式和实践活动方式，使商品意识深入人心。社会主义市场经济体制的建立使小农意识和商品意识的矛盾空前激化，二者交织在当代中国人民的观念中和行为中久久无法化解。二是封建专制与民主政治。中国传统社会中延续了两千多年的高度封闭、高度中央集权的封建政治统治是典型的以家族观念、伦理道德作为统治基础的非理性化的“人治”，这种封建专制制度极大地奴化了中国人民，使人民安于现状，忠于伦理纲常，等级观念深厚，缺乏民主意识和独立个性。与中国传统社会的封建专制不同，西方的现代民主政治以维护人的自由和权力为目标，通过民主政治制度设立，法律体系的健全对社会实行法治，以此来约束人们的行为，维持社会生活的正常、有序。这种民主政治强化了人们的民主意识和法制观念，维护了人的基本权利和个性自由。由此可见，现代民主政治与中国传统封建专制的统治原则和所引发的社会效果是完全不同的。虽然我国已经开展了多年的民主政治建设，但是由于封建专制的思想残余在当今中国社会中并没有被完全消除，所以封建专制与民主政治间的冲突和矛盾的有效解决就成为中国现代性建构中不能忽视的一个重要问题。三是群体性和个体性。中国传统社会所奉行和提倡的一直都是群体性观念，强调个人对群体的依附性，从而表现出以群体性消融个体性的倾向。这种群体性观念的形成与中国封建社会的等级森严的专制制度和宗法制度关系密切。为避免个体意识的活跃对封建专制制度和宗法制度造成冲击，中国传统社会就以个体对家族、国家及其统治者的依赖和服从以及个人应为家族、国家尽孝、尽忠的义务观来约束个人的言行，从而达到维护其封建统治的目的。这种群体性观念实际上是一种对个人独立性的吞没和个体存在价值的抹杀。所以中国传统社会中只有群体没有个人，突出了群体本位的特点。相比之下，西方现代社会则完全是一幅个人主体性得以确立、个性得以张扬的画卷。西方现代性启蒙是以确立主体意识、实现个性解放和个人自由为价值旨趣的，在其后继的发展中逐渐确立了追求个人的独立、自由和权利的现代性核心理念。从西方现代社会生活模式、民主制度、社会管理方式上看都体现出维护人的独立性、主体性和个性的良苦用心。中国传统的群体观念和现代的个体观念的差别正如梁漱溟所说：“在以个人为本位之西洋社会，到处活跃着权利观念。反之，到处活跃着义务观念之中国，其个人几乎没有地位。此时个人失没于伦理之中，殆将永不被发现。自由之主体且不立，自由其如何得立?”① 可见实现由中国传统社会的群体性向现代的个体性转变是中国人由传统人向现代人进行角色转换的必然要求。

中国传统社会是典型的垂直隶属型社会结构的封建农业文明，而现代社会所要打破的恰恰就是这种垂直隶属型的一体化状态。在中国由传统社会向现代社会转型的过程中，传统与现代的冲突和矛盾构成了中国传统文明转化为现代性的一道屏障。这道屏障不跨越，中国的传统文明就将出现难以适应现代性的适应性危机，进而会影响中国现代性的整体建构。

二 重复与超越的矛盾

西方现代性的先发性决定了西方文化在与其他文化的冲突中占有优势。作为现代性的典型范型，西方现代性不可避免要成为各个后发现代性模仿的对象。中国从五四运动时期弘扬的德先生、赛先生开始就已经在学习模仿西方现代性了。但是由于中国现代性的诞生并不是中国文化内生的，而是在近代民族危机深重时刻被迫做出的无奈之举。所以中国现代性的建立从一开始就陷入了对于西方现代性观念的接受与抵制的两难境界当中。作为后发现代性，中国现代性对西方现代性的模仿是一种历史的必然。但是模仿就是意味着要把西方现代性的模式和观念原封不动地在中国社会进行复制吗？对中国现代性的发展进行事实性考察后会发现，中国现代性不仅仅是对西方现代性的模仿，更主要的是要对西方现代性进行超越。

第一，中国文化和西方文化分属于不同的文化传统，无论在内容和形式上都有较大的差别，二者间的交流和融合必然伴随着激烈的冲突、较量和竞争。在中国现代性借鉴和学习西方现代性的过程中必须保持理智的态度。西方文化的普世价值观念使其意图极力打破各个民族的壁垒，实现西方文明在全世界范围内的传播和扩散。面对西方文明的先进性、霸权性和侵略性对中国现代性发展所造成的强势影响和所施加的压力，我们必须时刻坚持本民族文化的个性特征。一旦失去了这块阵地，

① 梁漱溟：《中国文化要义》，学林出版社 1987 年版，第 259 页。

那么中国的现代性就将完全西化，成为西方现代性的翻版。

第二，近代中国救亡图存的社会背景使中国现代性的最初设定中就包含着救亡图存、富国强民的价值维度，这是西方现代性中从来没有过的。中国现代性必然要冲破西方现代性的既定尺度对中国未来社会的发展做出各种理想性的规划，这种规划需随着中国现代化的实践而不断进行调整和矫正。所以中国现代性的建构过程就是中华民族回应西方现代文明的挑战，寻找新的实现自由的政治经济形式以实现中华民族国富民强的追求的过程。这种独特的价值维度进一步加剧了中国现代性和西方现代性的冲突和矛盾，彰显出中国现代性的个性特征。

第三，西方现代性危机的频发已经让我们清醒地看到了西方现代性所包含的无法克服的理性悖论和发展后劲的不足。诸多现代性理论对西方现代性的不良后果如工具理性化、极端个人主义、高涨的消费主义等的深刻批判为我们敲响了警钟：西方现代性不一定就是最好的现代性。对于身处现代性建构过程中的中国社会来说必须对西方现代化模式进行系统反思以规避西方现代性危机，汲取其合理因素。

重复与超越二者之间的矛盾将伴随中国现代性建构的过程始终。只有在借鉴的基础上进行超越，将民族性与现代性有机统一起来，中国现代性才能够确立自己的个性品格，才能够成为真正意义上中国现代性。

综上所述，从历史上看，现代性自近代以来就一直成为中国人向往和追求的价值目标。正是在对这一目标的不懈追求过程中，中国以自主的姿态参与到全球现代性的发展进程当中。作为后发型现代性国家，中国的现代性建构必然充满着复杂和矛盾，面临着抉择和判断。中国必须通过自己的现代化实践对现代性不断反思、认真剖析，对中国现代性的培育冷静设计、大胆创新，才能保证中国现代化的健康、稳定发展，中国的现代性设计仍然任重道远。

第四章　现代性建构的社会工程化思维的全面阐释

现代性的建构是一项未完的事业，其建构过程就其本质而言就是一项社会工程的实施过程，是通过对传统社会进行谨慎而深入的社会工程式改造培育现代性的过程。从这个意义上说，在哲学的领域内考察什么是社会工程、社会工程的基本特征是什么、现实生活中社会工程存在的具体样态等基本问题有利于加深我们对社会工程内涵的具体理解，进而在马克思的现代性批判理论及其实践哲学中，从理论上、逻辑上解答现代性是否能够以社会工程的方式加以建构的疑问。在此基础上，本章具体阐述了卡尔·波普尔关于现代性建构的具体的社会工程思想，揭示出社会工程对现代性建构的方法论意义。

第一节　社会工程的界定

"工程"一词对于人们来说并不陌生，从土木工程到机械工程、从希望工程到菜篮子工程，林林总总的工程名称充分说明工程已经成为现代社会中的一种普遍存在。那么社会工程到底是不是工程？社会工程和工程之间到底有何关系？社会工程有何特征？以上诸多问题就成为我们界定社会工程必须予以解答的基本理论问题。

一　从自然工程到社会工程

"工程"一词在我国最早出现于南北朝时期，当时主要指建造房屋、桥梁的土木工程。到元朝时期工程的内涵逐渐泛化，如在《元史·韩姓传》中就提到"所著有《读书工程》，国子监以颁示郡邑校官，为学者式”。这里的“读书工程”意指每天的读书进度。到清朝时期，我国开始出现以“工程”命名的书籍，如《工部工程做法》，书中主要记载的是建筑物的算工及算料方法。可见中国古代的工程其内涵主要指土木建造工程，没有超出土木建造的范围。

在西方，工程有着不同于中国传统工程的含义，其演变发展的历史最早可以追溯到公元前3000年左右，主要指古巴比伦等地区的城堡、炮台等战争军事工程的建造活动。19世纪初叶，工程的含义逐渐由战争工程扩大到民用工程，包括道路、房屋等的建造活动，机械工程、采矿工程随之而来。西方的工程与工程师关系密切。1818年，英国民用工程师学会的问世标志着现代工程师的出现，于是工程就被看成是工程师从事的研究、制造、项目管理等实践活动。随着工程师的出现，人们也逐渐加深着对工程的认识和理解。最初人们把工程定义为：“驾驭自然界的力量之源，供给人类使用与便利之术。”① 随着近代自然科学的蓬勃发展，人们开始尝试将自然科学的基本原理应用到工农业生产过程中，从而促进了冶金工程、电气工程、化学工程、航天工程等多个专业工程领域的产生。自然科学为工程的发展创造了一个全新的世界图景，于是人们对工程的定义也发展为“工程是自然科学的直接应用”，比如Thomas C. Clarke指出：“科学就是自然规律的发现和分类，工程，从宽泛意义上讲，是这些被发现定律的实际应用——当科学、经验——集中于一个人身上时，我们或许就可以说，我们已经看到了从技艺到职业的工程演化过程。”② 于是工程就成为工程师运用工程思维将自然科学的原理系统成工程管理方法、工程程序等的各工程学科的总称。

到现代，工程一词在社会的各个领域得到了广泛的运用，机械工程、水利工程、电力工程、生物工程等展示了“工程”这一概念的多种含义。那么，工程到底是什么呢？我国学者对现代社会条件下的“工程”内涵进行了仔细解读，如中国工程院院长徐匡迪在《工程哲学》一书的序言中指出：“工程是人类的一项创造性的实践活动，是人

① Thoms Tredgold. “Quoted in Charles Huttn Gregory. Address of the President”, *Institution of Civil Engineers*, *Minutes of Proceeding*, 27, 1868, pp. 181 – 182.

② Thomas C. Clarke. “Science and Engineering”, *Transactions of the American Society of Civil Engineers*, 35, 1895, p. 508.

类为了改善自身生存、生活条件，并根据当时对自然规律的认识，而进行一项物化劳动的过程，它应早于科学，并成为科学诞生的一个源头。”[①] 徐匡迪院长一语道出了工程的本质即工程是一项复杂的综合实践过程，实施工程的目的是未来改善人类生存的物质条件。从这个意义上说所谓工程就是指人类创造和构建人工实在的一种有组织的社会实践活动及其结果。在这里工程已经成为推动社会经济发展的最重要、最基本的活动方式，对人类社会发展的进程产生着深刻的影响。

通过对“工程”内涵历史演变的具体考察可以看出，“工程”一词的内涵及外延随着人类社会历史的发展而不断扩展着，从最初的军事工程、土木工程逐渐扩展到人类社会物质生产的各个领域。时至今日，“希望工程”、“菜篮子工程”、“扶贫济困工程”等新的工程名称的出现使得人们不得不对工程的概念做进一步的深入思考，即希望工程到底是一项工程活动，还只是一个形象化的比喻？这充分表明，“工程”的外延已经由物质生产领域逐渐扩展到人文社会领域。对于这一转变，西方学者早已洞悉，并从更广泛的层面上对工程的内涵给予界定，如学者 Layton 就指出：“我的最后工程的历史定义是，工程是社会变革和社会革命的工具。”[②] 很显然，他眼中的“工程”既指涉物质生产领域，又指涉人文社会领域。我国学者殷瑞钰院士根据此种社会现实提出了应对“工程”一词做广义和狭义之分的建议。广义工程指人类的一切活动，涵盖人类社会生活的诸多领域，主张“把人类的一切活动都看作是工程”[③]。狭义工程指人类改造物质自然界的完整的全部的实践活动和过程，即造物的工程、指涉自然领域的自然工程。从工程概念的广义和狭义之分可以看出，像“希望工程”、“安居工程”之类的工程主要指涉人文社会领域，很显然不是自然工程，属于广义的工程范畴。那这类工程和自然工程的区别在哪？有何特征？工程概念内涵和外延的不断扩大，衍生出大量与此相关的各种各样的社会性问题需要给予及时的解

① 殷瑞钰、汪应洛、李伯聪等：《工程哲学》，高等教育出版社 2007 年版，序言。

② Edwin T. layton. “A Historical Definition of Engineering”, *Research in Technology Studies*, 1991, p. 4.

③ 杜澄、李伯聪：《工程研究——跨学科视野中的工程》，北京理工大学出版社 2004 年版，第 10 页。

答。在这种情况下，社会工程应运而生。

二　社会工程的内涵

所谓社会工程就是社会主体根据自身对社会规律的认知，以社会科学理论为基础，以社会技术为中介，改造社会世界、解决社会矛盾、控制社会运行的社会实践活动过程。社会工程既是人类社会理性高度自觉的结果，也是人类改造社会世界，调整社会关系、控制社会运行的社会实践过程。正如卡尔·波普尔所言："社会工程的任务是设计各种社会建构以及改造和运用已有的社会建构。"[①] 从社会工程的概念中可以看出，社会工程活动的主体是人，客体是社会世界，而社会世界很显然和人是浑然一体不可分割的，所以社会工程的实施过程就其本质而言就是人设计、控制社会世界并以此来实现自我发展的过程，这个过程中既显示出作为主体的人的理性设计的力量，同时也彰显出人对社会工程的监控力量。这一点构成了社会工程的最典型的控制特征。科学技术的强大动力使科学技术已经渗透到社会结构、社会关系、社会群体的方方面面，因此人们改造社会世界、调整社会关系、控制社会运行的实践活动必然更多地表现为科学性、规划性、设计性和技术性，归根结底就是社会工程性。这正是社会工程存在的价值所在。

社会工程产生的逻辑线索是从"自然科学—自然技术—自然工程"到"社会科学—社会技术—社会工程"，既然存在人类改造自然的自然工程，就应该存在人类改造社会的社会工程。自然工程和社会工程都是人类同世界的能动的实践关系的体现。关于从自然科学—自然技术—自然工程的发展，李伯聪教授提出了著名的科学、技术、工程三元论，从三者相互比较的视角来把握三者的特性，指出科学是以发现为核心的人类活动，技术是以发明为核心的人类活动，而工程是以建造为核心的人类活动。[②] 科学、技术和工程各有其独特内涵又相互紧密联系，所以人类社会进入20世纪以后，自然科学、自然技术和自然工程就逐渐结合成一个双向循环系统，由科学进步促进技术更新，由技术更新促进工程

① ［英］卡尔·波普尔：《历史决定论的贫困》，华夏出版社1987年版，第50页。

② 李伯聪：《工程哲学引论》，大象出版社2000年版，第5页。

发展，反之亦然。“自然科学—自然技术—自然工程”系统的形成促进了科学、技术和生产与社会的紧密结合，提升了人类认识世界和改造世界的力量，促进了人类社会的飞速发展。沿着“自然科学—自然技术—自然工程”的发展线索，是否存在着“社会科学—社会技术—社会工程”的可能性呢？答案是肯定的。

第一，从自然科学到社会科学的分野。社会科学是研究社会现象的科学，包括政治学、经济学、社会学、法学等。相比于自然科学而言，社会科学的发展具有发育滞后性、学科边界模糊性等特点。正因为如此，社会科学的科学性质曾经一度遭到人们的质疑。正如科学学家贝尔纳所说：“人类对他生活在里面的社会的知识远比人类对周围物质世界的知识，或者对这个世界里生长和生活着的植物和动物的知识更难于获得，过去如此，现在还是这样。关于人类社会的各门科学作为一个类别而论，都是些最年轻和最不完备的科学，而且，就其现有形式来看，它们被称为科学，有些人是怀疑的。”① 这些怀疑一方面来自于对使用自然科学法则使社会科学科学化的发展路径的质疑，另一方面来自于对社会科学研究成果的不信任。实际上这些怀疑都是有失偏颇的。不容否认，社会科学的产生的确是受自然科学思维方式的影响，即用自然科学思维方式和研究方法对人类社会的结构、机制等社会现象加以研究，但社会科学的产生又有其客观现实基础。卡尔·霍恩将这种现实基础描述为：“工业革命以前的社会并不是没有变化，但是技术的兴起使这种变化迅速增多，并且打破了传统的生活模式而又没有新的模式来代替。社会科学的产生部分的原因是努力寻找这种新的模式。② 正是对自然科学技术革命引发的社会结构的深刻变革进行研究的现实需求促进了社会科学的产生。所以社会科学一经产生就和自然科学产生了密切的关系，同时又保持着自己相对的独立性，即从同为人的现实的、感性的社会活动的角度上看，社会科学和自然科学具有内在统一性；从不同的研究对象的角度上看，自然科学研究客观的自然存在物，社会科学研究人类社会

① ［英］J. D. 贝尔纳：《历史上的科学》，科学出版社1983年版，第549页。

② ［美］D. W. 卡尔·霍恩：《变革时代的社会科学》，社会科学文献出版社1989年版，第46页。

的各个方面，二者的区别可见一斑。由此可见社会科学作为对人类社会发展规律的相对正确的把握，同样是人类认识的理论成果，其产生和发展是科学的一大进步，正如阿里·卡赞西吉尔所说："社会科学具有本身特有的认识论倾向、范式和方法论倾向，毫无疑问，它是科学的组成部分。"① 以自然科学取代社会科学或否定社会科学的做法都是站不住脚的。

第二，自然技术与社会技术的对立统一。技术有狭义和广义之分：狭义的技术指是人类为了满足社会需要而依靠自然规律和自然界的物质、能量、信息来创造、控制、应用和改进人工自然系统的手段和方法。狭义的技术就是指自然技术。在现实社会生活中，人们提到的技术，通常就是指狭义上的自然技术。广义的技术就是指人类改造自然、改造社会和改造人本身的全部活动中所应用的一切手段和方法的总和。从技术运用的三大领域：自然、社会和人的精神的角度可以把广义的技术划分为自然技术、社会技术和精神技术三类。本书所要探讨的社会技术就是在广义技术的概念下，与自然技术相区别的社会技术。社会技术具有丰富的内涵，是人们改造社会世界，调整社会关系，控制社会运行，解决社会矛盾，实现人类改造社会世界目的的实践性知识体系。② 我们可以从以下三个方面理解社会技术：1. 社会技术与自然技术改造的对象不同。自然技术以自然界为改造对象，探讨的是人与自然之间的关系问题；而社会技术以改造社会世界为目标，所以社会技术的对象就集中在人与人以及人与社会的关系层面上，大到整个社会、小到每个个人都是社会技术的调整对象，从这个意义上说，社会技术与人类社会的存在与发展是息息相关、密不可分的。2. 社会技术就其本质而言是一种实践性知识体系，是将社会科学这一理论性知识体系转化为实践的产物。科学解决"是什么"和"为什么"问题，技术则解决"做什么"和"怎样做"问题。社会技术就是根据社会科学的理论，根据社会调查得来的资料，制定政策、计划与方案，拟定可操作的程序和规则，以

① ［法］阿里·卡赞西吉尔、［法］大卫·马金森主编：《世界社会科学报告 1999》，社会科学文献出版社 1999 年版，第 6 页。

② 田鹏颖：《社会技术：改造社会的实践性知识体系》，《科学技术与辩证法》2002 年第 8 期。

解决社会面临的问题。[①] 所以，社会技术就是社会科学发挥作用的中介。3. 社会技术的功能作用表现为通过社会技术的运用，对社会领域内的社会利益进行重新调整和组合，达到解决社会矛盾，促进社会有序发展，从而实现人的全面发展的目的。社会技术的功能和作用是通过社会规则、法律规范、规章制度、政策措施等这些具体的社会技术实现的。通过以上分析可以看出社会技术同自然技术一样都是人类改造世界的技术手段。

第三，自然工程与社会工程的划界。从自然技术发展到自然工程是一种自然而然的、顺应社会发展需要的历史过程。自然技术只有转化成工程活动才能真正发挥其价值。同样的逻辑，社会技术也只有转化成工程活动才能成为人类改造世界的有效的技术手段。从社会技术发展到社会工程因此也就是顺理成章的事情。在人类认识和改造世界的历史过程中，作为被改造对象的世界逐渐分化成自然世界和社会世界，逐渐形成了人与自然的关系以及人与人的关系，进而马克思把人类历史划分为自然史和人类史两部分，并且指出“这两方面是密切相联的，只要有人存在，自然史和人类史就彼此相互制约”[②]。自然工程很显然以自然为实践对象，主要指人们的具体的造物活动过程，是它不断塑造而且还在不断地改变自然的物质面貌，成为人类社会存在和发展的直接的生产力。社会工程则以社会世界作为自己的实践对象，但它作用的对象并不是像自然物那样的实体性的存在，而是作用于社会关系，通过对社会关系、社会制度的调整和改造，解决社会问题，控制社会运行。在社会工程的实施过程中，人作为社会世界的改造者的主体性需要，即人类需要根据自己的社会理想要求对社会本身进行设计、规划的能动性被充分发挥出来。所以社会工程以对社会世界的改造、对人与人的社会关系的调整成为人类改造世界的又一载体，成为一个与自然工程相区别又密切相关的载体。

通过以上分析可以看出，从人与自然的认识和改造关系出发，沿着自然科学—自然技术—自然工程的逻辑路径就可以对自然工程进行准确

① 文兴吾：《社会科学技术也是第一生产力》，《社会科学研究》1999 年第 5 期。

② 《马克思恩格斯全集》第 46 卷，人民出版社 1979 年版，第 20 页。

定位。根据同样的方法论原则，从人与社会的认识和改造关系出发，沿着社会科学—社会技术—社会工程的逻辑路径就可以对社会工程进行准确定位，进而确立“社会工程”的范畴和理论地位。

三　社会工程的存在样态及其特征

社会工程的存在样态是社会工程的存在方式和表现形式，揭示了社会工程的实在性，更是社会工程存在的实际证明。之所以要探讨社会工程的存在样态问题原因在于社会工程不同于自然工程。自然工程是实际的造物活动，通过有形物质的创造赋予了其直观性。社会工程实施的目的是通过关系的改造来控制社会的运行和发展，这就决定了社会工程一般不包含实物的成分，但不能因此否定社会工程的存在。因为在人类社会发展的历史过程中，社会工程的确是一种实在的力量推动着人类社会不断前进。这种作用的发挥是通过将种种观念嵌入人的意识当中，并通过人的主观接受性和主观意识的外化来实现的。学者王洪波将这一个过程具体描述为运用社会工程思维，以社会政策、法规、计划等的设计为核心，通过创造一个新的社会结构、社会模式来促进社会发展，使其满足人对社会发展的基本要求。正是通过社会工程活动，人与自然之间、人与人之间的矛盾和冲突才能得到不断的合理解决，从而使人类社会由原始社会逐渐发展成今天的信息社会。这是一个真实客观的过程，也是社会工程存在和发生作用的直接例证。

根据社会工程作用的不同实践对象，从现实社会层面考察社会工程的具体存在样态主要包括以下两种：一是对社会结构加以改造的社会工程。通过构建新的社会结构与过程模式去促进社会发展是社会工程的基本任务之一。这一任务的实现主要通过制定新的社会制度模式、法律、政策和各种规范来建立一个新的社会结构和社会秩序来完成的。从这个意义上说，一定社会的包括政治体制、经济体制、文化体制、社会保障体制等在内的社会管理体制的改革和创新都是一项社会工程。无论是体制的建立还是改革调整变更，其目的都是为了改善社会结构，即通过利益格局的调整，化解社会冲突。维护社会稳定，促进社会发展。这类社会工程的实施并不是随心所欲地对现实社会加以改造，而是必须尊重社会运行基本规律，按照一定的社会规则来实施。由于一个社会发展基本规律可以通过各种规则和程序表现出来，而某一规则又可以通过多种社会结构来表现，这就决定了人们在社会工程实践中设计、建构的各种社会结构模式的过程实际上是一个有着多种选择性、复杂性和变化性的过程，这也成为这类社会工程活动的典型特征。二是旨在调整社会关系的社会工程。这类社会工程实施的基本目标在于通过调整和改善社会关系去构建一种社会和谐，比如希望工程、菜篮子工程、中西部大开发工程等都是通过制定合理的社会政策，调整国家与社会之间、各阶层之间、不同区域之间的各种复杂关系，理顺各种社会矛盾，以此来减轻社会压力，促进社会的良性循环与和谐发展。在以上这两类具体的社会工程存在样态中，有些社会工程是可量化、可操作和可考核的名副其实的工程，如三峡移民工程、下岗再就业工程。这些社会工程往往有着切实可行的明确的实施目标，有科学的规划、决策、步骤和方法，有充分的人、财、物、技术的保障条件，有合理的评估与考核标准以及政府等部门的有效参与、管理与协调。这类社会工程清楚地反映了工程活动的一般属性。但有些社会工程往往难以提出可量化的目标，或者可以定量却难以提出可操作、可评估的实施标准。例如：廉政工程、送温暖工程等由于涉及包括法律制度、方针政策、文化修养等诸多复杂的社会因素以及多元化的利益诉求往往使这类社会工程的实施需要更加审慎的规划和设计，体现出社会工程不同于一般工程活动的独特性。

通过以上分析可以总结出社会工程的两个典型特征：一是科学性。社会工程活动虽然是人改造社会世界、调整社会关系、控制社会运行的实践活动，具有明显的主观建构色彩，但工程实施的科学性仍然是社会工程的最主要的特征。社会工程的科学性主要体现在它以社会科学为理论指导，把自然科学技术、自然工程的思维和逻辑运用于对现实社会关系的改造之中，通过对社会运行特点、规律的深刻理解和把握实现了社会工程主体与客体的统一、目标和手段的统一，从而在人和社会之间形成了一种科学的实践关系。所以在社会工程的实施过程中应该正确应用和遵循社会发展的基本规律，在工程规划、设计、管理、组织等各个具体环节中要努力运用工程科学、系统科学的理论和方法，尽量避免随意性和主观性。二是人文性。社会工程是因为人类的需要和追求而展开的，即社会工程是因为强烈的人文关怀才实施的，因此现实社会赋予社会工程的意义、人对社会工程的人文关怀、文化伦理对社会工程的影响等因素都会对社会工程的实施产生重要作用，也使社会工程在科学严谨之外又兼具了丰富的人性色彩。所以在对社会工程实施过程中的非技术因素如文化因素、伦理因素和公共舆论等进行分析、评价和处理的过程中要尽力凸显出人文精神、人文关怀等人的终极追求，以彰显其人文性。作为一项社会工程，只有将技术因素和非技术因素整合起来，将科学性要求和人文性要求有机结合起来，才能真正发挥改造社会世界、调整社会关系、促进社会发展的作用。

第二节　现代性建构社会工程化思维的提出及其前提批判

毫无疑问现代性的发展给人类带来了现代文明的巨大福祉，同时也带来了深刻的现代性危机和灾难。面对现代性发展这个难以摆脱的必然逻辑，马克斯·韦伯首开现代性批判的先河，其后以哈贝马斯为代表的修正主义者认为现代性是一个尚未完成的方案，现代性的内涵并没有被完全挖掘出来，需要调整、拓展和更新；而以社会理论家利奥塔为代表的后现代主义者们则站在激进的立场上宣称“现代性已经终结”，决定以“后现代性”解构“现代”，消解“现代性”；此外以社会学家丹尼尔·贝尔为代表的保守主义者抓住现代性发展在社会文化价值领域中形成的现代人的精神空虚、生命意义的丧失展开对现代性的批判，力主返回传统。以上诸多现代性批判总的看来是一种观念批判或意识形态的批判，并没有深入到现代性形成的社会历史根基当中。真正做到这一点的是马克思的现代性批判，他开创了现代性批判的实践批判方式，进而给我们开辟了一条全新的解决现代性问题的路径，即不是从观念中而是从现实中来寻求摆脱现代性危机的出路。实践范式、实践理性的提出是马克思消解现代性悖论的重大尝试，作为实践理性的应用和具体化的社会工程就成为马克思重建现代性的重要载体，即运用社会工程思维对现代性发展加以规划和设计，用社会工程的方式建构现代性、发展现代性。

一　现代性批判与现代性建构的可行性分析

（一）现代性批判的多重维度

在人类社会逐渐理性化的现代性发展过程中，作为现代性核心要素的理性逐步发生分裂，形成了违背启蒙理性价值追求的技术理性，这一悖论的形成是现代性危机频发的根源所在。如何解决现代性的理性悖论、克服现代性危机就成为现代性建构发展过程中所必须解决的历史任务和时代课题。为此，不同的专家学者尝试从不同的维度对现代性加以批判，提出了各自的现代性诊断及治疗方案，尽可能为现代人类摆脱现代性危机寻找一条切实可行的出路。

1. 马克斯·韦伯的工具理性批判

德国社会学家马克斯·韦伯首开把现代性视为工具理性加以批判的先河。他将工具理性阐释为现代理性主义和主体主义的根本特征，于是现代性批判就成了对工具理性化过程的批判和反思。马克斯·韦伯根据现代技术社会的时代特征，通过对资本主义生产方式和社会演进的分析，把理性分为价值理性和工具理性，以此来揭示现代性的矛盾。价值理性指以某种绝对价值包括伦理的、宗教的或美学的价值为取向，把形式作为达到某种实质目的的手段，不管结果如何都要去完成一定行为的态度。价值理性表现出行动者对于世界和生命的终极性意义或价值的自觉担当。工具理性是指以行动者自觉持有的个人目的系统为取向，对不同的目标加以权衡，对不同行为方式所导致的不同结果、所付出的成本，以及所使用的手段等都加以考虑、计算的态度。韦伯将工具理性描述为："谁若根据目的、手段和附带后果来作为他的行为的取向，而且同时既把手段与目的，也把目的与附带后果，以及最后把各种可能的目的相比较，作出合理性的权衡，这就是目的合乎理性的行为。"① 工具理性表现出对于实现既定目的的手段的审慎选择或者说对于手段和效果或目的之间的仔细权衡。因为专注于工具性意义，工具理性已经丧失了价值目标的意义。很显然，价值理性和工具理性二者之间存在着很大的分歧，价值理性属于价值信念领域，而工具理性则属于认知领域。韦伯

① ［德］马克斯·韦伯：《经济与社会》上卷，商务印书馆1997年版，第57页。

进一步指出二者之间实际上存在着深刻的紧张，因为价值理性“越是无条件地仅仅考虑行为的固有价值（纯粹的思想意识、美、绝对的善、绝对的义务），它就越不顾行为的后果”①，所以完全沉浸于手段和效果之间的权衡选择的工具理性对价值理性来说很可能就是没有意义的，应该予以否定的。这充分说明价值理性和工具理性之间存在着内在的紧张和走向分裂的客观倾向性。正是这种分裂使现代社会陷入不可逃脱的“铁笼”。铁笼形成的过程就是西方社会的理性化过程。

马克斯·韦伯把西方现代化过程看成是西方社会的理性化过程，确切地说是工具理性垄断的过程。这个过程包括两个方面：宗教的世俗化和世界观的合理化。宗教的世俗化过程就是宗教神学的“祛魅”产生了新教伦理从而促成了西方现代社会的产生的过程。世界观的合理化就是目的合理性的经济行为和形式合理性的政治行为的制度化过程。在现代性的生成过程中，新教伦理最初起到了推动资本主义产生的精神作用，但随着资本主义的发展，目的合理性和形式合理性逐渐增长并在根本上削弱着宗教统一世界的力量，成为资本主义社会及其工业化产生的直接推动力。宗教世俗化和工具理性的垄断最终导致资产者只注重于个人财富的增长而不考虑除财富以外的其他价值，使人遭受物的奴役，韦伯将其描述为：“近代文明的一个主要特征，就是摧毁了一套认为生命的意义有其客观来源的信念……世界从伦理的角度来看是‘非理性的’、只是机械性的规律运转，没有任何内在本有的意义可言。人可以认识事物因果规律……但是这些规律……不可能提供生命的安顿、导出人生的方向和目标。”② 从上述描述中可以看出韦伯认为工具理性削弱了宗教统治世界的理论，但其自身却又无法取代宗教整合社会，其结果只能是使人类的价值和意义丧失了存在的客观性和普遍性。所以西方现代性中内在地包含着工具的合理性和价值的非理性的冲突。为解决这一矛盾，韦伯提出了工具理性的合理价值，力图通过价值理性和工具理性之间的成功结合与平衡使现代社会摆脱工具理性的“铁笼”，还现代人

① ［德］马克斯·韦伯：《经济与社会》上卷，商务印书馆1997年版，第57页。

② 钱永祥：《纵欲与虚无之上——现代情景里的政治伦理》，生活·读书·新知三联书店2002年版，第88页。

以最后的尊严和自由。韦伯对人在现代世界中的处境和命运的关注以及从个体生命意义去探索现代人的出路的现代性批判核心由此也凸显出来。

2. 哈贝马斯的未完成的现代性方案

哈贝马斯基于继承现代性启蒙理想和重建西方理性主义传统的立场出发，采取了坚决捍卫西方启蒙以来的现代性传统的现代性批判原则。他认为启蒙理想是现代社会得以确立的主导性原则，追求人类解放和自由的道德价值是毋庸置疑的。这个社会理想虽然在后继的发展中出现了问题，导致了现代性危机，但并不能因此就将其完全推翻。所以问题的关键不在于要不要消解现代性，而在于如何更好解决现代性问题以拓展现代性、发展现代性。正是从这个意义上，哈贝马斯把现代性称为是“一个尚未完成的方案”。

哈贝马斯赞同马克斯·韦伯关于合理性的分析，将现代性问题的病灶诊断为：“现代性的话语，虽自 18 世纪以来名称一直不断翻新，但却有一个主题，即社会整合力量的衰退、个体化与断裂。简言之，就是片面合理化的日常实践的畸形化，这种畸形化突出了对宗教统一力量的替代物的追求。”① 为了说明这一问题产生的根源，哈贝马斯着重考察了和理性密切相关的主体性。哈贝马斯认为近代以来的主体性哲学一直企图通过理性把握整个世界，以理性的方式追求世界的最高真理和至善，以此来复兴宗教的统一力量，并借此指导和规范人们的生活和实践。但实际上这种主体性原则尽管能够塑造出自我意识并对自我意识进行反思，但它并不能达成认识世界的终极真理和最高善的目标，因此也无法实现利用理性来复兴宗教的统一力量的夙愿。于是就出现了现代性企图以理性来支撑起现代人的精神家园从而取代传统的宗教信仰，但结果却是导致工具理性的疯狂增长，使资本主义经济和政治制度下的人呈现出“物化”或“异化”的状态，哈贝马斯将其称为“生活世界的殖民化”。

出于对现代性的忠诚信念，哈贝马斯并没有将现代性问题归结为启蒙理性所导致的恶果，而是提出了“交往理性”这一范畴来努力克服

① 艾四林：《哈贝马斯》，湖南教育出版社 1999 年版，第 221—222 页。

启蒙理性自身所无法克服的这一悖论。哈贝马斯希望通过主体间性与交往合理性来重建理性主义的规范基础，主张主体间通过合理的商谈来挖掘行动的内在的共同价值，并在该价值观的指导下合理运用科学技术，对已经物化了的现代社会进行变革，重建社会系统与生活世界之间的平衡机制，进而实现人的解放。哈贝马斯提出的交往理性强调的是理性的整合性，而这种整合的理性其实植根于人运用语言的能力。于是哈贝马斯就由意识哲学转向语言哲学，指出现代性的危机主要在于语言丧失了与存在的本然关系，解决危机的方法就是恢复可见世界与可阐明世界之间的本然关系，恢复生命的诗意存在的理想。哈贝马斯提出的这一拯救现代性的方案由马克斯·韦伯的工具理性批判转向了交往理性的重建，由传统的意识哲学转向了语言哲学，显示了其坚持现代性的信念以及力图重振现代性的信心。

3. 利奥塔的后现代主义批判

与哈贝马斯的重建现代性历史的立场不同，后现代主义者们对现代性采取了“解构”与“消解”的态度。法国哲学家利奥塔堪称后现代主义的代表。利奥塔认为现代性就是“元叙事”。“元叙事”是指具有合法功能的叙事，是观念体系的最终根源，是一切社会和政治的精神基础。现代性的典型特征就是启蒙以来所建构的科学知识、理性主义和人的主体解放三位一体的“元叙事”的霸权统治，其统治的结果就是由于为现代社会提供合法性的元叙事本身出现了信任危机导致了现代性危机，使现代性丧失了合法性。为了说明这一点，利奥塔系统考察了科学知识合法化问题。科学知识作为指示性陈述并不能从自身性质中获取合法化，使科学知识合法化的就是现代性的元叙事。利奥塔指出西方近代以来的两大“元叙事”——法国的启蒙理性主义和德国古典哲学的精神辩证法都是西方理性主义传统的表现。在现代性的发展过程中，这两大元叙事逐渐用理性取代了宗教理想成为思想的最终依靠，在普遍理性的形成过程中，人们也形成了关于科学知识的共识，即把科学知识纳入到一个总体性的、普遍性的社会理想的框架内，认为科学不仅能追求真理，还能推动人类历史的进步，能够给人类带来幸福生活，帮助人类实现自由、平等、进步的理想，从而赋予了科学知识以合法性根据。但是在现代性的发展过程中，理性和科技之间的裂痕却不断增大，科技不仅没有实现人们的社会理想，反而以异化的态势将现代社会拖入了现代性危机当中，所以利奥塔认为元叙事不但不能为科学知识提供合法化的根据，并且其自身也陷入了合法化危机当中。在科技的统治下，现代性的启蒙理想不仅没有实现反而正在丧失其合法性，这就是现代性问题的根源所在。

为了拯救现代性的合法性危机，利奥塔提出了解构普遍理性，以后现代性重写现代性的方案。利奥塔将“后现代”一词定义为对元叙事的怀疑，即当代知识应该背离西方启蒙思想传统，应该脱离西方的两大“元叙事”。利奥塔认为并不存在某个作为合法性标准的“元叙事”来决定其他话语的真假，而启蒙理性主义的“元叙事”就是想通过普遍理性的标准来限制人们的思想，从而抹杀差异性、拒绝多样性。所以后现代的全部知识都不再需要“元叙事”的普遍哲学根据，而是形形色色的语言游戏，只有约定的游戏规则，科学也不例外。利奥塔采用语言游戏的方法把贯穿于整个社会生活中的理性中心论消解掉了，于是社会由不同的语言游戏构成，而社会主体就处于不同的游戏当中，人们一直追求的终极价值、统一性、整体性、主体性等信念被约定的游戏规则所取代，差异性、异质性、多元性、解构性、不确定性成为后现代的典型特征。在比较全面地描述当代西方知识社会的后现代状况后，利奥塔提出了“重写”现代性的构想，即摧毁现代性的原有结构，在充分挖掘被现代性遮蔽的差异性、多样性的基础上重新建立人们的思维原则和行为方式，由现代性的一元走向后现代的多元。利奥塔将这个过程描述为：“后现代并不是一个新的时代，不是一个时间概念，而是对现代性自称拥有的一些特征的重写，首先是对现代性将其合法性建立在通过科学和技术解放整个人类的事业基础之上的宣言的重写。”①

利奥塔从西方现代社会的知识的状况入手，以“后现代”视角对西方现代社会的思想传统进行了剖析和批判，对西方现代社会状况与历史发展进行了批评性反思，并对“后现代”进行了比较全面的展示。他的后现代思想对此后西方各领域的后现代理论与后现代主义哲学的产

① ［法］让·弗朗索瓦·利奥塔：《后现代性与公正游戏——利奥塔访谈、书信录》，上海人民出版社 1997 年版，第 165 页。

生和发展都具有重要的影响。从利奥塔的后现代思想中可以看出，后现代主义不再信奉启蒙以来的主导性精神理念，以解构理性主义的极端方式揭示出现代性的矛盾和困境，以解构和重写的巨大勇气开辟出另一条解决现代性问题的路径。但是不容忽视的是后现代主义抹杀了理性、抹杀了人的主体能动性实质上是否定了全部知识的科学精神，导致了非理性主义和相对主义。

4. 丹尼尔·贝尔的文化保守主义

丹尼尔·贝尔对现代性的批判是从文化方面着手的，他对现代性由兴起到危机的过程进行了深刻的文化思考。作为美国新保守主义思潮的代表，丹尼尔·贝尔本人一直声称其“在经济领域是社会主义者，在政治上是自由主义者，而在文化方面是保守主义者”①。正是基于其保守主义立场，丹尼尔·贝尔赋予其“文化”概念以特定的含义：“就社会、团体和个人而言，文化是一种借助内聚力来维护本体身份的连续过程。这种内在聚合力的获得，则靠着前后如一的美学观念，有关自我的道德意识，以及人们在装饰家庭、打扮自己的客观过程中所展示的生活方式和与其观念相关的特殊趣味。”② 从这个定义中可以看出丹尼尔·贝尔认为文化就像绘画、诗歌、音乐、小说等一样所表现出的是象征意义。很显然，丹尼尔·贝尔对文化概念界定的要比一般文化概念狭窄的多，但恰恰是他独特的文化视角，使其能对现代文化思想进行了深入的分析和阐释，帮助人们获得了对现代文化的全新认识。

丹尼尔·贝尔以20世纪初席卷整个西方社会的以反传统、反理性为特征的现代主义文化思潮为切入点，分析了资本主义文化矛盾产生的根源。丹尼尔·贝尔认为资本主义社会存在的文化矛盾主要集中在两个层面上：一是文化与社会结构之间的矛盾。资本主义作为一个社会经济系统有着一套和其相交融的文化及品格构造共同组成了资产阶级文明。在资本主义发展初期，其文化发展和社会结构之间一直保持着和谐关系，从而造就资本主义早期的社会繁荣。但随着资本主义经济的扩展，

---

① ［美］丹尼尔·贝尔：《资本主义文化矛盾》，生活·读书·新知三联书店1989年版，第21页。

② 同上书，第81页。

经济发展的强劲冲动力打破了资本主义社会的原有平衡，社会的三大领域：经济、政治和文化开始分化，形成了各自不同的轴心原则和行为方式，如经济领域以效率为原则，是一个追求符合理性要求的不断进步的非人化的世界；政治领域是以“合法性”为原则的调节利益冲突的仲裁性领域；而文化领域则是为人类生命过程提供解释系统，用象征手段帮助人们对付生存困境的象征形式的领域。三个领域间的分化造成三个领域间的断裂，产生矛盾，带来冲突，“正是这种领域间的冲突决定了社会的各种矛盾”[①]，打破了文化与社会结构间的原有和谐，于是统一的资本主义社会消失了。这也正是以反传统、反理性为特征的现代主义文化思潮兴起的原因，体现出民众对这种断裂、矛盾的不满和失落。二是文化发展内部的矛盾。丹尼尔·贝尔认为文化存在的作用就是给人们的日常生活提供一套终极价值和意义，以此来显示人们与世界的联系。这些价值和意义的存在使人们的生活变得充实和丰富。但是身处现代性危机中的文化面对旧的价值体系被摧毁，新的价值体系还未确立的残破局面已经丧失其凝聚力和整合力，文化内部出现脱节和断裂，无法为人们提供一套完整的意义和价值，从而使人们陷入茫然、困惑、虚空之中，丹尼尔·贝尔称其为“言路断裂给文化带来了当前的涣散性”[②]。正是从这个意义上，丹尼尔·贝尔把资本主义的文化危机称之为信仰危机，即“醉狂终究要过去，接着便是凄冷的清晨，随着黎明无情地降临大地，这种在劫难逃的焦虑必然导致人人处于末世的感觉——此乃贯穿现代主义思想的一根黑线”[③]。

为了摆脱现代资本主义的文化矛盾以拯救西方文明，丹尼尔·贝尔提出了“向宗教回归”和“建立公众家庭”的解决方案。一方面，鼓励人们重新向某种宗教观念回归，通过建立起某种稳定的信仰系统，给人民提供精神的寄托；另一方面，建立以满足公共需求为核心的公众家庭，在经济上将个人需求与节制结合起来，政治上将自由主义与社会公正结合起来，文化上将传统与未来结合起来，以此来达到使“资本主

① ［美］丹尼尔·贝尔：《资本主义文化矛盾》，生活·读书·新知三联书店 1989 年版，第 56 页。

② 同上书，第 134 页。

③ 同上书，第 97 页。

义社会才能恢复它赖以生存发展的道德正当性和文化连续性”的目的。

丹尼尔·贝尔对现代资本主义文化思想所作的深刻分析既加深了人们对西方现代性发展进程的认识，也拓展了人们对资本主义社会矛盾的理解。但文化上的保守主义使丹尼尔·贝尔对现代性的批判并未触及资本主义制度这一关键点，只是局限于在文化内部寻找原因，甚至做出了回归传统的保守选择，其研究视野的局限性由此可见一斑。

5. 马克思关于现代性的双重批判

马克思的现代性思想是现代性批判中的一个重要维度，上文所论及的诸多关于现代性的观念批判或意识形态批判由于在现实中缺乏可操作性而失去批判效力。马克思的现代性批判之所以能超越以上学者的观点就在于他对现代性进行了双重批判，即理论批判和实践批判的结合，实现了对现代性的批判与对现代性的建构的统一。

与西方学者以理性批判和主体性批判为基本主题的观念层面的批判不同，马克思是以商品、资本和异化这三个基本范畴为概念工具展开其现代性批判的，从而对现代性的生成过程、本质和内在矛盾进行了深刻的揭示。

第一，商品是马克思现代性批判的起点。马克思认为商品是现代社会的“抽象总体”，劳动产品的商品形式是现代资产阶级社会的经济细胞，商品关系的全面实现标志着资本主义生产方式统治地位的确立，而资本主义生产方式占统治地位的社会的财富，则“表现为‘庞大的商品堆积’，单个的商品表为这种财富的元素形式”。[①]所以马克思说在现代社会中，商品成为基本的中介因素，一切存在物都采取了商品的形式来确认和实现自己的价值，随着商品的量化和抽象化原则向社会生活的全面渗透，一切现实的东西都变成了可以计量的东西，于是商品拜物教就成为现代社会的普遍现象。由此可见商品关系中包含了一切现代关系的萌芽。正是以商品分析为起点，马克思揭示了现代资本主义生产方式的基本原则和运行规律，

第二，资本是马克思现代性诊断的核心。资本作为商品的现代形式，是马克思现代性批判的直接对象。正是紧紧围绕对资本发展逻辑的

① 《马克思恩格斯文集》第 5 卷，人民出版社 2009 年版，第 47 页。

分析，马克思揭示了现代性的基本特征和根本动力。马克思认为现代性就是在现代生产基础上资本运动的产物，资本的逻辑决定着现代性的逻辑。对于什么是资本，马克思给出了这样的解释："资本不是物，而是一定的、社会的、属于一定历史社会形态的生产关系，它体现在一个物上，并赋予这个物以特有的社会性质。资本不是物质的和生产出来的生产资料的总和。"[①] 在马克思看来，资本作为在物之中存在的特定的生产关系，表明了物与物之间、人与物之间以及人与人之间的一种存在联系，所以资本具有一种根本的存在论意义。正是在历史唯物主义的存在论基础之上，马克思将现代性批判深入到资本主义社会存在的历史根基当中，即通过揭示资本发展的逻辑来探寻现代社会形成的历史基础和内在必然性。资本发展的基本逻辑就是无限制地增殖和膨胀，这必然使资产阶级为追求最大限度的利润而不停地变革和创新。所以从资本诞生之初，为求快速发展确立以理性、主体性为先导、追求民主、自由的政治主张以铲除封建专制制度的障碍到为实现经济上的自由、平等确立适应资本发展的市场原则再到建立实现政治上、法律上的平等的新的社会关系，现代资本主义社会的形成无不是在资本的发展逻辑下一步步催生出来的。随着资本的扩张与发展，资本的发展逻辑还影响到人们的精神生活，产生出现代民主意识、法治意识、社会参与意识等。由此可见，在资本普遍统治的条件下，资本已经成为当代社会形态的基本建制，成为现代社会中支配一切的权力，由此资本构成了现代世界的主导原则。资本逻辑统治现代社会的直接结果就是"异化"的产生。

第三，异化是马克思对现代性更深层次的反思。在从资本发展逻辑研究现代性的过程中，马克思也清楚地认识到了由资本的控制逻辑所引发的现代性问题的实质，即异化的产生，由此深刻地揭示了现代性的内在矛盾和困境产生的根源。马克思把异化理解为人在分工和私有制条件下的一种必然的、客观的存在状态。马克思对这种存在状态进行了详细描述："正像人在宗教中受他自己头脑的产物的支配一样，人在资本主义生产中受他自己双手的产物的支配。"[②] 异化反映了人在资本统治下

---

① 《马克思恩格斯文集》第 7 卷，人民出版社 2009 年版，第 922 页。

② 《马克思恩格斯文集》第 5 卷，人民出版社 2009 年版，第 716 页。

不能驾驭自己的创造物，反而被自己的创造物所控制的基本存在状况，即建立在商品交换基础上的社会关系将人的独立性建立在对作为商品和资本的“物”的依赖基础上，从而把人本身及其人格等都变成一种物品或商品，人类的活动本质上成为一种单纯的工具性活动，一种单纯的追求财富的运动。因此可以说资本主义生产方式不仅给工人制造出贫困、剥削、压迫，而且给“人的世界”带来严重的摧残和贬值，因而是人的生命和文化价值的双重毁灭过程。[①] 马克思不仅对现代人的异化状态做了具体的描述，还对异化产生的根源进行了深刻的剖析，即异化是由社会分工和私有制造成的。马克思所说的社会分工主要指活动的职业化，对于这一点人们没有选择的余地，只能被动地接受，通过分工人们的活动就被局限在特定的领域中，而导致分工形成的历史条件就是私有制。私有制是一种历史的存在物。所以只要人类社会还存在着私有制、社会分工，异化就是不可避免的。这是异化产生的历史必然性。马克思从人类生存方式的角度深深切入了现代性问题的实质。

以上不同学者在其各自的现代性批判理论中表达了不同的批判立场，基本可以划分为三类：一是以哈贝马斯为代表的建构主义立场；二是以利奥塔为代表的后现代主义者所采取的解构主义立场；三是以丹尼尔·贝尔为代表的主张回归传统的保守主义立场。基于各自的不同立场，不同的学者所提出的关于现代性病症的诊断方案和治疗方案也互有差别，由此形成了现代性批判的多重维度。

（二）关于现代性建构的可行性分析

从马克思的现代性批判理论中可以看出，马克思和哈贝马斯有着共同的建构主义立场。在他们看来，一方面，现代性并不像后现代主义者所声称的已经走到了生命的终点，必须加以解构，以后现代性取代现代性才是唯一可走之路；另一方面，希望以某种形式的回归传统来克服现代性危机的保守主义者的现代性危机的治疗方案则因违背社会历史发展规律而更加缺乏实现的可能性。现代性危机的解决出路到底在哪里？现代世界会往哪里去？马克思的现代性批判理论给了我们一个科学的解答。

① 丰子义：《马克思现代性思想的当代解读》，《中国社会科学》2005 年第 4 期。

从现代性批判的立场角度看，马克思和哈贝马斯有着共同的建构主义立场，但与此同时，马克思对于哈贝马斯又形成了一种超越，并由此给现代性的建构赋予了充分的理论基础和实践内涵。哈贝马斯意识到必须通过理性的重构来达到拯救现代性的目的，于是他提出了交往理性。但事实上，这种在一种理想化的平等对话情景下产生的公共理性只是一种经不住历史考验的抽象理性，并不具有实践意义，因而也无法实现他重构现代性的设想。在马克思的现代性批判理论中，通过商品、资本、异化等基本范畴，马克思的“要对现存的一切进行无情的批判”的现代性批判立场显而易见，但这并不是马克思现代性批判的价值旨趣的全部。事实上，以充满辩证张力的分析方法、以反思性的批判态度，将对现代性的批判与现代性的建构内在的统一起来才是马克思现代性批判的真实立场所在，也是马克思的现代性批判理论得以超越他人的根本原因所在。马克思的辩证批判表现在他对资本的意义和作用的肯定当中：资本在它不到一百年的统治中所创造的生产力，超过以往一切世代的总和；资产阶级“创造了完全不同于埃及金字塔、罗马水道和哥特式教堂的奇迹；它完成了完全不同于民族大迁徙和十字军征讨的远征”。[①]在肯定的基础上，马克思深入到资本得以发挥作用和意义的历史实践当中，从具体的社会历史基础中挖掘资本发展的历史前提和历史界限上的破绽，从而展开对资本原则之内在本质的决定性批判。如此深入到历史之本质性中的批判才足以构成真正的批判。在辩证批判的基础上，马克思对现代性采取了继承、扬弃和重建三者相结合的基本立场，对此，学者贺来指出：他（马克思）依然坚持现代性关于人和社会的价值理想，认为“现代性的危机”并不意味着现代性所承诺的关于人和社会的价值理想已经失效，更不意味着现代性已全然失去进一步发展的潜力，而只是表明人们赖以实现这一价值理想的方式和途径出了问题，通过终结资产阶级所有制的霸权地位，摧毁资本主义的整体社会架构，推翻资产阶级的生产关系，现代性所蕴含的潜能将以一种在资产阶级社会体系所不可能提供的方式得以充分的发挥，现代性所承诺的关于人和社会的价

① 《马克思恩格斯文集》第2卷，人民出版社2009年版，第34页。

值理想才能得以真正的实现。[①] 贺来的分析展现出马克思现代性批判除理论批判外的另一个重要维度，即实践维度。马克思关于现代性的理论批判使我们清楚地认识到资本主义的发展既是促进现代文明进步的积极力量，又是阻碍现代文明健康发展的消极力量。但理论批判本身不是目的，而是要在批判旧世界中发现新世界，所以“终结资产阶级所有制的霸权地位，摧毁资本主义的整体社会架构，推翻资产阶级的生产关系”就成为改变世界，建立新的人类社会的基本实践指向。由此可见，马克思的现代性批判完成了理论与实践二元关系或抽象同一关系的解构。秉承“哲学家们只是以不同的方式解释世界，而问题在于改变世界”的实践宣言，马克思将解释世界与改造世界统一于具体的历史实践，消解了理论和实践之间的二元对立和抽象同一，从而为现代性问题困境的解决提供了一个重要的方法论启示，即在实践中，在主体性和客体性的相互作用中超越理论批判本身，从现实中，而不是观念中去寻找解决现代性危机的出路。正是在这一点上，马克思超越了哈贝马斯的观念批判，并通过关于现代性建构的理论基础和实践内涵的具体分析赋予了现代性建构的更大的可行性。

二　现代性建构社会工程化思维的实质

马克思的现代性批判理论揭示了现代性建构的可行性，沿着这一批判路径，马克思逐渐由现代性批判转向关于现代性建构的理论探索和实践研究，并由此掀起了马克思哲学的一场巨大变革，作为这场变革产物的实践哲学的诞生为现代性建构的社会工程思维的出场奠定了恢宏的历史语境。

马克思的现代性批判与其哲学革命的发生二者之间存在着不可分割的内在关联。正是对现代性的实践批判要求导致马克思必须对现代性的理性根基进行批判，并由此提出以实践理性改造抽象理性的要求，进而走向其哲学革命。西方现代性发展的一个重要基石就是理性。从以理性为权威展开现代性的发展历程，到由理性悖论造成种种现代性困境，再

① 贺来：《“现代性”的反省与马克思哲学研究纵深推进的生长点》，《求是学刊》2005年第1期。

到黑格尔从理性主义体系内部所做的种种自我反思，都没能使现代性发展摆脱其危机，实现其自我救赎。对于这一点，马克思在其现代性视域的形成过程中逐渐有了清楚的认识，并将现代性问题的根源归结为：抽象主体的抽象理性对现代性本性的深度遮蔽。马克思在对资本主义社会的现实考察过程中发现，启蒙理性的根本特点就是以理性作为历史进步的标尺，期望通过“理性王国”来构建美好社会。然而事实上，“理性王国”的价值理想承诺并不像它所宣称的那样美好，而是暗含着诸多矛盾对立，如自我与非我、特殊与普遍、个人与社会、个人与国家等，体现着一种非理性的权力关系，即它往往体现着统治者的特殊意志，代表着部分人的特殊利益。所以在资本主义的压制性、排他性和垄断性的专制话语中，启蒙理想的自由、平等的价值承诺早已成为泡影。在此基础上，马克思提出应该对这种抽象主体的抽象理性加以校正。正是通过对以黑格尔为代表的“理性”现代性范式的批判，马克思开启了从实践出发考察资本现代性本质的新路径，即沿着现代性批判的实践维度，在实践基础上对抽象理性加以解构，并通过被赋予了新的内涵的实践理性实现对现代性本质和基础的重新改造，从现实中来寻求摆脱现代性危机的出路。在超越传统理性主义的现代性思维模式的基础上，马克思实现了其哲学研究主题的转换，完成了其哲学研究的实践转向，也让人们从马克思的实践哲学中看到了以实践范式重建现代性的信心。现代性建构的社会工程思维的提出恰恰就是对马克思的实践范式的延续和发展。

（一）实践范畴界定了现代性建构的社会工程的主体和改造对象

马克思的实践哲学的基本旨趣在于阐明“哲学家们只是用不同的方式解释世界，而问题在于改变世界”这个长久以来被人们忽略的问题，实践的重要性也由此浮出水面。在马克思关于作为人们解释和改造对象的“世界”的具体含义的论述中，我们发现了构成世界的两层不同领域，即自然世界和社会世界。在两者之中，马克思一直存在着这样一种研究倾向：不大关系自然，但却对社会格外注重。马克思认为社会构成了人类实践活动的基本空间，是历史运动的真正主体。如果不能清楚地认识社会，人类就无法认识自身。所以马克思以人与社会关系为线索，从发生学的角度对社会进行了如下阐释：“社会——不管其形式如何——是什么呢？是人们交互作用的产物"①；"社会不是由个人构成而是这些个人彼此发生的那些联系和关系的总和"②；"人们在自己生活的社会生产中发生一定的、必然的、不以人的意志为转移的关系，即同他们的物质生产力的一定发展阶段相适合的生产关系。这些生产关系的总和构成社会经济结构，即有法律的和政治的上层建筑竖立其上有一定的社会意识形式与之相适应的现实基础"③；"生产关系总合起来就构成所谓社会关系，构成所谓社会，并且是构成一个处于一定历史发展阶段上的社会，具有独特的特征的社会"④；"社会是什么形态，发展到什么阶段，不管其形式如何，及其本质而言，是一种'产物'"⑤。通过以上论述，我们可以对马克思眼中的"社会"做出如下三方面解读：第一，社会是在一定物质生产活动基础上形成的相互联系的人类社会共同体。社会不是从来就有的，而是自然界发展到一定阶段的产物，是物质运动的一个重要形式。第二，社会是一切社会关系的总和。人们在进行物质资料生产的过程中，在生产出人与自然的关系的同时也生产出人与人之间的关系。第三，社会有机体本身是人造物。社会是人创造出来的，是被人的实践活动不断改造着的。很显然，在马克思哲学的视野中，自然和社会是一个有机整体，人是连接二者的中介与桥梁。通过人与自然，人与社会彼此之间的相互影响、相互制约，社会世界的发展就成为自然历史过程与人的自觉创造过程的统一、合目的性与合规律性统一的过程。既然社会世界有被人控制和创造、使其合乎人类主体的目的性的一面，那么自然就存在人类如何根据自身需要对社会本身进行设计和规划，并按照一定的社会规则去协调社会关系、控制社会运行，把握社会发展等一系列如何改造社会世界的问题。社会工程概念就为解决这一问题而诞生。与自然工程关注自然世界，关注人与自然的关系不同，社会工程关注社会世界发展中的人类自觉创造过程，关注人与人的社会关系，关注人对社会的依赖、适应和改造。通过对社会世界的规划、设

① 《马克思恩格斯文集》第10卷，人民出版社2009年版，第42页。

② 《马克思恩格斯全集》第46卷，人民出版社1979年版，第220页。

③ 《马克思恩格斯文集》第2卷，人民出版社2009年版，第591页。

④ 《马克思恩格斯文集》第1卷，人民出版社2009年版，第724页。

⑤ 《马克思恩格斯选集》第4卷，人民出版社1972年版，第320页。

计、控制、调整和改造，社会工程充分诠释了马克思关于“社会是人类实践活动的产物”的重要思想。从这个意义上说，社会本身就人类工程活动的产物，人由此成为社会工程活动的主体，社会也由此成为社会工程的改造对象。

在现代性建构的社会工程思维中，作为工程活动主体的人具体为现代的人。作为现代性建构的社会工程主体的“现代的人”包括以下几方面内涵：第一，不同于以往现代性发展中强调的抽象的人，“现代的人”是感性的、实体性的、历史性的存在。“现代的人”作为有生命的、现实的个人，是处在“一定条件下进行的发展过程中的人”①。历史性成为“现代的人”的典型特征。第二，“现代的人”是自为的存在。作为物质世界发展到一定阶段的产物，人是一种自然的、自在的存在，此时的人类统一于物质世界。然而实践把人从物质世界中提升出来，成为认识世界和改造世界的主体，把整个世界变成被改造的客体，于是人类就拥有了自在性和自为性的双重属性。作为自在性存在，人类以客观世界为转移；作为自为性的存在，人类能够根据自己的意志和意识来改变世界，创造世界，使世界满足自己的目的性要求。正因为如此，“现代的人”就不再是纯粹适应自然以维持自身的存在，而是能通过改造自然和社会来创造人的理想世界。第三，“现代的人”从现实性上看主要指当代的人和当代以后的人，是现存的人与未来的人的统一体。

在现代性建构的社会工程思维中，作为工程改造对象的社会具体为现代社会。作为人类社会历史发展的一个特定阶段，现代社会以文艺复兴和宗教改革为开端，通过资本主义生产方式的生成和工业化进程实现了传统社会向现代的全面转变，由此确立了和传统社会截然不同的生产方式、社会结构、组织模式、生活方式以及人们的思考行为模式和生活态度。现代社会有三个典型特征：第一，科学技术在现代社会中的决定性地位已经确立，由此导致的技术垄断对社会结构、社会关系和社会活动产生了巨大影响。正如马克思所说：“资产阶级在它不到一百年的阶级统治中所创造的生产力，比过去一个世代所创造的生产力还要多，还

① 《马克思恩格斯文集》第1卷，人民出版社2009年版，第525页。

要大。自然力的征服，机器的采用，化学在工业和农业中的应用，轮船的行驶，铁路的通行，电报的使用，整个大陆的开垦，河川的通航……过去哪一个世纪料想到在社会劳动里蕴藏有这样的生产力呢?”[①] 相比于马克思生活的时代，当今社会科技的发展速度更是令人惊奇。可以说现代科学技术的发展已经远远超越了传统科学技术，成为社会发展的第一推动力。科学技术的强势发展使得科学技术已经成为一种新的有力的意识形态体系和手段，影响着整个社会中人的心态结构。第二，以科学技术为手段，现代社会创造出了足以让现代人自豪的物质文明、政治文明、精神文明和社会文明。除技术外，经济和文化是推动现代社会发生巨大变化的诸因素中的最具有决定意义的因素。第二次世界大战后，现代经济以前所未有的速度、效率和产量创造了辉煌的现代物质文明，此时的经济发展具有了明显的整体社会化的性质，并由此直接地改变了整个现代社会的结构和性质。经济的发展促进了政治、文化和社会领域的文明进步，形成了一个文明高度发达的新的社会共同体。第三，现代社会是一个高风险的社会。高风险已经成为现代社会的典型特征。从20世纪80年代开始，在全球化力量的推进下，现代社会面临着比以往任何时候都更多的社会风险。贫富分化差距的不断扩大、大规模失业等经济的、政治的、技术的和生态危机等风险正把现代社会变成一个世界性的风险社会。这种风险的形成是现代科学技术的垄断和现代生产方式的无限扩展共同作用的结果。用马克思唯物史观的基本观点深入分析风险社会的根源就是人与人（社会）的关系不和谐带来的必然后果。作为一个集文明、进步、动荡、风险于一身的现代社会很显然是一个充满矛盾的社会。

（二）实践理性奠定了现代性建构的社会工程的理性根基

凝聚了马克思现代性批判思想精华的实践理性的提出既是对技术理性的一种遏制，同时也是一种更深刻意义上的理性重建。在对马克思的实践哲学的深刻理解中，人们越来越坚信被马克思赋予了全新内涵的实践理性是消解现代性悖论、解决现代性危机的一条切实可行的理性之路。现代性建构的社会工程思维就是沿着这样一条理性重建之路提出了

① 《马克思恩格斯文集》第2卷，人民出版社2009年版，第36页。

以实践理性指导人们建构现代性的具体实践，并赋予建构活动以合理性的现代性拯救方案。从这个意义上说，实践理性为人类建构现代性的社会工程活动提供了理性根据。

追述实践理性的内涵及其历史发展不能跨越的两个关键人物就是康德、黑格尔。康德是将人类理性区分为理论理性和实践理性的第一人。在《实践理性批判》中康德指出了理论理性和实践理性的相区别之处："理性的理论性运用仅仅关涉认识能力的对象，而且对理性的理论性运用方面所做的批判，从严格的意义上看，它只适用于纯粹的认识能力……理性的实践性运用则是另外一回事，完全不同于它的理论性运用。理性在实践的运用过程中，它只与决定意志的原因有关，而一直作为一种能力既构造与观念相符合的对象，又决定人们去实现这些对象，并且无视机体力量的多或寡——也就是说，它决定人们的原因性。"①在康德看来，实践理性从本质上说就是一种道德实践能力，它通过意志的自我规定发出一种道德强制力量，使人们的行动能够接受理性自身的先天实践能力的检验。作为意志的自我规定能力，实践理性是一种自由的、自律的理性，这一点主要体现在人的意志自由中并通过意志的自由表现出来。实践理性反映了人的意志自由所追求的东西，通过实践理性人类就可以摆脱经验性的存在，因此它体现了人之所以为人的本质。这里需要注意的是康德的实践理性研究只是在超验的高度上进行的，目的是为了追求形而上学领域内至善的最高境界，所以他并不研究人的具体道德实践行为，也不关心人类的现实命运。从这个角度看，康德的实践理性是一种理性主义的形而上学。黑格尔批判地继承了康德的观点并对实践理性进行了新的研究，指出康德的实践理性并未超出那理论理性的最后观点——形式主义，原因就是他的划分并没有把理论理性和实践理性真正区分开来，所以黑格尔对理论理性和实践理性作了如下论述："认识的过程一方面由于接受了存在着的世界，使进入自身内，进入主观的表象和思想内，从而扬弃了理念的片面的主观性，并把这种真实有效的客观性当作它的内容，借以充实它自身的抽象确定性。另一方面，认识过程扬弃了客观世界的片面性，反过来，它又将客观世界仅当作一

① ［德］康德：《康德文集》，改革出版社 1997 年版，第 1 页。

个假象，仅当作一堆偶然的事实、虚幻的形态的聚集。它并且凭借主观的内在本性，（这本性现在被当作真实存在的客观性），以规定并改造这聚集体。前者就是认识真理的冲力，亦即认识活动本身——理念的理论活动。后者就是实现善的冲力，亦即意志或理念的实践活动。”① 黑格尔在主体和客体的统一中把实践理性理解为意志或观念的实践活动，它通过主观的内在本性可以改变客观外在世界的规定而实现自己。在理论理性和实践理性二者之中，黑格尔更强调实践理性的重要性，认为实践理性高于理论理性。无论是对康德还是黑格尔而言，实践理性在本质上都是一种精神自我意识的活动。这种唯心主义解释在马克思那里实现了突破。

马克思很少正面论述自己的实践理性思想，而是在批判黑格尔的基础上，马克思对实践理性内涵进行了更深层次上的挖掘和提升。马克思赋予了实践理性以双重内涵：一方面，理性是实践的理性。关于理性何以可能的问题，哲学史上长期存在的解答方式是把历史上的个人抽象化，进而把理性自然化、先验化和永恒化。对于此种解答方式，马克思提出了异议，并从实践角度指出，实践构成了人类自身的存在方式，所以在人类实际地处理自身与世界的关系的实践活动中，人要把自己的知识、技能物化到对象中，同时也把客体的属性，规律内化为自己的一种自主的理性能力。这种人类在长期的历史实践中逐渐形成的主体性能力就是实践理性。由此马克思推翻了理性是先验的、永恒的传统理性观，赋予了理性以社会历史性。另一方面，实践是理性的实践。实践理性的价值旨趣是直接指向人类改造世界的实践活动的，格外彰显了人的主体性，要不由自主的受到作为实践主体的人的目的、需求和价值体系的牵引，但这并不意味着人类的实践活动是可以随意而为的。马克思曾经说过：“动物只是按照它所属的那个种的尺度和需要来构造，而人懂得按照任何一个种的尺度来进行生产，并且懂得处处都把内在的尺度运用于对象……”② 文中的“按照任何一个种的尺度来进行生产”说明人的实践活动总是要按照一定尺度来进行的，这个尺度就是指某种理性规范。

① ［德］黑格尔：《小逻辑》，商务印书馆 1980 年版，第 410—411 页。

② 《马克思恩格斯文集》第 1 卷，人民出版社 2009 年版，第 162 页。

这种可以规范、引导人的实践活动的理性是在人的内在主体性欲求与外在客观尺度相统一的作用下形成的，即人将对客观的外在尺度的正确认识和理解转化为实践时自觉遵循的内在尺度，从而形成主体的理性化的欲求，即实践理性，并进一步用以指导实践。这说明人的实践活动离不开理性，正因为理性的作用，实践才能得以有效展开。这种实践理性的理论旨趣在于如何更好地改造世界。这与康德、黑格尔将实践理性归结为认识世界的精神自我运动相去甚远，而这恰恰是马克思实践理性的革新之处。

从马克思的诸多经典文献中可以看出马克思的实践理性是在批判现代资本逻辑和技术理性的基础上提出来的，其对技术理性的批判毋庸置疑，但这并不表明马克思打算消解理性，实践理性的提出恰恰说明马克思对技术理性的批判与重建是并行的：

人的主体性地位的确立根源于理性。因为人拥有理性这一本质性力量，使主客二分的对象性思维得以确立，从而使人类能够认识自身，并将其应用到对外部世界的认识和实践过程中去探寻事物的根本，在这个过程中人的权威、人的主体性地位得以确立。启蒙理性为了进一步巩固人的主体性地位，借助于科技的力量来彰显人的本质和尊严，这一价值旨趣催生出了科学之理性精神与技术相结合的产物——技术理性。然而技术理性在将这种主体性原则发挥的淋漓尽致的同时也走向极端。随着科技发展水平的不断提高，人们逐渐将自己禁锢在对象性思维之中，用技术的眼光看待一切从而导致“存在的遗忘”，人在发明使用技术的同时也在被技术控制着。马克思在劳动异化理论中对技术理性对人的本质的割裂进行了尖锐批判，指出在资本主义生产方式中，“使用机器的目的，决不是为了减轻或缩短工人每天的劳动”①，而是要把“自主活动、自由活动贬低为手段，也就把人的类生活变成维持人的肉体生存的手段”②，其结果就是“工人生产的财富越多，他的产品的力量和数量越大，他就越贫穷。工人创造的商品越多，他就越变成廉价的商品”③。

① 《马克思恩格斯文集》第8卷，人民出版社2009年版，第360页。

② 《马克思恩格斯文集》第1卷，人民出版社2009年版，第163页。

③ 同上书，第156页。

马克思在对劳动异化、技术异化进行深刻分析的基础上指出：“随着人类愈益控制自然，个人却似乎愈益成为别人的奴隶或自身的卑劣行为的奴隶。甚至科学的纯洁光辉仿佛也只能在愚昧无知的黑暗背景上闪耀。我们的一切发现和进步，似乎结果是使物质力量具有理智生命，而人的生命则化为愚钝的物质力量。”① 在以上分析中，马克思以非凡的理论气度指出了技术理性对主体性的扩张最终演变成对整个对象性世界的控制，其结果只能是人正逐渐丧失自身的本质属性，成为物性的存在，反倒失去了主体性地位。追究其根源就在于技术理性将主客二分后一方面将求真看成是理性追求的唯一目标，从而使科学世界观和思维方式不断泛化；另一方面又对人做出单维度规定，把理性看成是人的唯一的本质性存在，从而将原本丰富的、具体的、现实存在的人抽象成形而上学的、脱离现实生活的抽象的人。这必然导致以下两个结果：一是使人成为自然的冷静的旁观者，揭示自然的本真面目、强化人的主体地位以更好的征服、利用自然成为唯一目标，从而导致人和自然关系的紧张；二是使自我的存在从他人的存在中脱离出来，从而导致他人存在的被忽略，他人成为可利用的手段和中介，从而导致人与人之间的冲突和背离。因此可以说技术理性就是丢失了人的生存价值尺度的抽象主体的抽象理性。

为了适当消解技术理性、遏制技术理性的张狂，马克思以人的生存价值为尺度对技术理性进行了重建，实践理性就是理性重建的结果。其一，马克思反对将人理解为抽象的主体，主张把人理解为“感性活动”的主体，是有着社会性、历史性和个体性的现实的主体。所以就不能把现实的、具体的、历史的、存在的人的本质简单归结为纯粹理性，而应归结为实践。从某种意义上说，人类是在实践中存在的，实践就是人类的存在方式。因此，马克思把理性理解为实践主体的实践理性。实践主体的提出扭转了技术理性造成的主客二分的尖锐对立，使人不再是自然的冷静的观者，自然也不是纯粹自在自为的客体，而是人类实践活动创造的结果，人类在社会地、历史地同自然界发生关系。通过实践，主体与客体被辩证统一起来。其二，马克思认为理性不应是抽象的理性，而

① 《马克思恩格斯选集》第1卷，人民出版社1995年版，第775页。

应在人的实践活动中加以说明，所以理性是实践主体在长期的实践活动中形成的主体性能力。人类的实践活动即包括改造自然的实践，也包括改造社会的实践，正因为如此实践理性不仅是指人在实践中所形成的科学地认识自然的本质的能力，同时也指合理处理和妥善解决人与社会、人与他人交往关系的能力。所以实践理性不只追求真，同时还追求美和善，追求人与人之间关系的和谐。在这里实践理性已经超越了技术理性，包含了审美理性、意义理性的意蕴。其三，马克思的实践理性超越了人与自然之间的单纯的物质关系，以人的生存和解放为价值指向，实现了实践与理性的统一、精神与物质的统一，其本质是以人的自由存在和生存本质为目的的理性，它以实现人的生命潜能的全面发挥和人的全面发展体现了人类对自身的终极关怀。

通过以上分析可以看出，现代性建构的社会工程思维的出场语境和马克思的现代性批判及其引发的马克思的实践哲学革命密切相关。社会工程作为一种实践活动，是将马克思的“实践”范畴历史化、工程化的表现，是实践概念的延伸，是实践理性的应用和具体化。从这个意义上说，现代性建构的社会工程思维的提出就是将社会工程思想引入马克思实践唯物史观，将马克思关于现代性的实践批判进行到底。

三　现代性建构社会工程化思维的前提批判

对现代性建构的社会工程思维进行前提批判实质上就是追问现代性建构的社会工程何以可能，从而夯实以社会工程的方式建构现代性的必要性。本书提出现代性建构的社会工程思维有两个基本前提：

（一）理论前提

马克思的实践理性理论是现代性建构的社会工程思维的理论前提。现代性问题的解决始终是一个现实历史问题，光靠理论批判是不可能为现代性危机找到出路的，所以人类走出现代性的困境取决于主体性和客体性的相互作用，只有通过现实的社会改造来重新建构现代性，才能使现代社会的发展更加富于理性、主体性和创造性。马克思的实践理性理论作为主体改变人和世界的实践活动的观念性掌握，科学地回答了人类对待世界到底“应如何”和“怎么做”的问题，从而为人类消解现代性悖论、解决现代性危机提供了一个可行的路径选择，即以实践理性整合人们建构现代性的具体实践。社会工程作为实践理性的应用和具体化，自然成为人们建构现代性的活动载体。

实践理性赋予了人们以社会工程的方式建构现代性的主体性能力。以社会工程的方式建构现代性实质上是强调着力从主体方面去理解和建构现代社会，将现代性的生成看成是主体作用、创设的结果，是人们面对现代性的诘难，对现代性发展做出新的科学合理的规划和设计的过程，体现了人建构现代性的自主自觉性。缺乏了作为主体的人的主体性能力，新的现代性的生成永远都只是空想。人们以社会工程的方式建构现代性的主体性能力则来源于实践理性。马克思的实践哲学把整个世界包括自然和社会都看成是人的实践活动的结果，从这个意义上说，整个现代社会也是人类实践的产物，只不过以往的现代性实践既展示出人改造自然的强大力量，同时又带来了严重的社会异化。虽然不能说以往的现代性实践是个完全失败的案例，但它至少是有瑕疵的、有弊端的。马克思将以往现代性实践失败的原因归结为抽象的人的抽象理性对现代性本性的遮蔽，所以重构现代性的首要要求就是必须颠覆现代性赖以存在的两大根基：抽象的人和抽象的理性，于是马克思发动了颠覆旧形而上学的哲学革命。可以说实践理性的提出恰恰符合了这一历史性要求。它将抽象的主体理解为“感性活动”的主体，是有着社会性、历史性和个体性的现实的主体。作为从事实践活动的主体，人在实践活动中能合理地把握自己所处的世界并形成关于世界的基本知识，包括理念、方法、立场等，在此基础上进一步规范、引导自己的社会行为和活动，使自己的实践活动趋于合理化，抽象的理性由此转向了实践的理性。马克思的实践理性不仅是指人在实践中所形成的科学地认识改造自然的本质的能力，同时也指合理处理和妥善解决人与社会、人与他人交往关系的能力，即改造社会的能力。正是因为拥有了这种能力，人们才能获得了创造历史的现实条件和现实力量，并凭借这种现实条件和现实力量去改变自己和自己的生存环境。这种力量体现在现代性的建构过程中就是人们能够总结现代性发展的基本规律、破解现代性问题，并通过转变现代性的发展方式等一些社会工程活动来实现对现代性的新的建构。

实践理性确保了人们建构现代性的社会工程的合理性。以社会工程的方式建构现代性的过程不是单纯的遵循社会发展的客观逻辑，也不是人们的完全主观的价值预设，而是在事实与价值之间、应然与实然之间寻找合理性的过程。这个过程具体说来就是面对现代性危机所暴露出来的以往现代性发展中的诸多不合理性，在对现代社会发展历程的反思、批判的基础上，通过社会工程活动的科学规划和设计来重寻现代性发展的合规律性与合目的性的统一，以促进现代性的更好发展。这一目标的实现有赖于实践理性的指导。马克思认为实践理性具有历史性，即实践理性是人在不断的实践活动中历史地形成和历史地演化的能力，是随着实践活动和人的历史性变化而变化的。这就意味着实践理性是可变动的有限的理性，只有当人实现了某种逻辑和社会历史具体情境有机结合，以符合历史情境的那种理性或理性知识来引导实践时，这种理性才是实践理性。就其实质而言，实践理性就是一种符合一定社会历史条件要求、实现了合规律性与合目的性的统一的历史中的合理性。无论从历史的眼光来看还是从价值位序上来说，实践理性都是"最理性的"。实践理性的历史性能够确保人们建构现代性的社会工程的合理性。实践理性能够从实践、工程、改造和批判的维度去把握现代社会，通过对实践中人与自然、人与社会及人与自身关系的调整，将自然、个人、社会等各方面的需求整合起来形成新的社会合理性，并以社会工程形式作用于人们改造和建构现代社会的实践过程中，通过重构社会制度、社会秩序的合理性为建构现代性的社会工程活动提供规范性指导，从而实现现代性的价值预设和社会发展基本规律的历史性契合。

（二）事实前提

进入 20 世纪中后期以来，层出不穷的现代性问题所引发的一系列生存危机已经唤起了现代人强烈的危机意识。现代性问题是现代化的产物。随着资本主义工业社会的发展，工业文明的内在危机也进一步暴露出来并祸及全球，人类所面临的诸多社会问题、社会矛盾已经真实的摆在了人们面前。第一，工业文明时代人类特有的以大生产、高投入、高消费、高能耗、高污染为基本特征的商品经济的生产模式引发了全球性的生态环境危机。经济的迅速发展所带来的压力正在超过自然所能承载的极限，直接导致资源的匮乏和物种的减少。化学药物污染、大气污染、水污染以及臭氧空洞、温室效应、酸雨等环境污染正在破坏自然的自我净化能力，它不仅威胁着当代人的生存，更是危及后代人的可持续发展。而人口的不断膨胀更是加剧了人与资源、环境和生态之间的矛盾和危机。第二，经济霸权和科技垄断导致了南北之间巨大的贫富差距，引发了一系列新的社会矛盾和冲突，导致社会失衡。商品经济这种生存模式往往以加剧更多地方的灾难和不幸来换取部分地区的高速发展和进步。经济活动的这种利益原则正在向政治、文化领域渗透，使社会不公平现象更加突出。而发达国家的科技滥用和垄断更是不断加剧落后国家和地区与发达国家和地区间的差距，引发更大的经济发展的不平衡。于是种族歧视、民族不平等、地区冲突、国家战争就成为人们转嫁矛盾、化解冲突的常用手段，导致国际秩序的混乱和社会的不稳定。第三，受商品交换、物质利益的影响，在追求物质财富极大丰富的过程中，个人私欲和享乐主义开始恶性膨胀，最终导致了深刻的精神危机和道德危机。在市场经济条件下，受经济利益的驱使，对财富的占有成为现代人对人生意义的全部诠释，于是唯利是图、为富不仁、自私自利成为人们基本的行为准则，金钱万能、纵欲无度、极端个人主义成为人们的人生信条。然而物质上的满足并没有增加人们的幸福感，“物质第一主义的自我放纵”① 之后，人们心里感到的却是更大的无聊、空虚、孤独、焦虑和恐惧，由此导致了整个社会范围内的精神空虚和信仰危机。

随着以资本主义现代性模式为主导的全球化浪潮席卷了整个世界，不难看出以上这些问题和矛盾已经深重地影响到当代人类生存和发展的命运。从哲学的视角分析，这些问题皆根源于人与自然关系的紧张和人与人关系的不和谐，并最终要依靠人与人之间关系的重新调整和整合来解决。要完成这个任务，很显然光靠自然技术、自然工程是不行的，更大的程度上还要依靠社会技术和社会工程。比如由于自然技术的滥用所导致的生态危机等问题仅仅依靠自然技术本身是难以解决的。学者贝塔郎菲在分析现代性问题形成的原因时指出造成“物理学的成就被用来进行更加有效地破坏世界”，“战争和人类生命、文化和生存资料的滥施灭杀是摆脱无法控制的繁殖力和人口过多的唯一手段”，造成这些现

① ［美］兹比格涅夫·布热津斯基：《大失控与大混乱》，中国社会科学出版社 1994 年版，第 75 页。

象的原因就是由于缺乏“人类社会规律的知识，从而对社会学规律也掌握不够”，所以导致“我们只是对物理力量的了解和控制太多，对生物力量的了解和控制还可以，而对社会力量的了解和控制等于零”。所以，贝塔郎菲最终给出了这样的解决问题的建议：“我们如果有很发达的人类社会的科学和相应的技术，那就是避免目前世界的混乱和即将出现的毁坏的途径。”① 中国学者李培林也表达了同样的想法：“现代社会的发展，越来越成为一个系统工程，需要各种社会技术，不能只凭经验、热情和干劲。否则，很容易造成发展的后果违背我们的初衷。”② 由此可见，很多自然技术发展所带来的社会问题还要依靠社会技术来解决。社会工程作为社会技术转化成社会实践的平台自然要承担起改造现代社会、重建现代性的责任。现代性建构的社会工程思维的提出正是应这一现实需求而诞生的。

第三节　关于现代性建构的社会工程理论的分析——以波普尔为例

卡尔·波普尔（1902—1994）曾被誉为是“当代思想最深刻、治学最严谨、最富有才华和独创精神的思想家”，不仅仅因为他提出的批判理性主义和证伪主义的科学方法论在哲学领域掀起狂潮，还因其在《开放社会及其敌人》和《历史决定论的贫困》这两本代表性的社会政治哲学著作中所构建的“开放社会”的宏伟蓝图奠定了民主社会主义政治的哲学基础，而其本人也被称为是“开放社会之父”。随着他的政治哲学思想影响的不断扩大，他提出的“渐进的社会工程”理论也日渐成为人们研究的焦点。本书从现代性建构的角度，选取卡尔·波普尔的“渐进的社会工程”理论进行仔细解读，从中发掘其对于现代社会进行渐进式改造和建构的睿意之思。

---

① ［奥］路德维希·冯·贝塔郎菲：《一般系统论》，社会科学文献出版社 1987 年版，第 126 页。

② 李培林、王思斌、梁祖彬：《构建中国发展型的社会政策》，《中国社会科学》2004 年第 6 期。

一 试错法与渐进的社会工程理论的提出

波普尔是一个可错论者，他认为："一切科学理论都是猜想，即使是那些已经成功地通过了许多各种各样的严格检验的理论也是如此。"[①] 所以科学的本质就是可错的，因而任何科学理论都不是真理。可错性构成了科学理论发展的内驱力，因为"真理往往很难达致，并且一旦发现，也很容易得而复失"[②]，所以永恒的理论是不存在的，可错的理论才是理论存在的状态。恰恰是可错的理论的这种不确定性和暂时性，促进了理论的不断更新。既然一切科学理论都是可错的，可以被证伪的，为了剔除这些错误，波普尔在反对归纳法的基础上提出了试错法："我们不是被动地等待重复把规则性印在或强加在我们的头脑里，而是主动地企图把规则性强加给世界。我们企图在世界中发现相似性，并用我们发现的规律来解释世界。我们不等待前提就跳到结论。这个结论如果被观察证明是错的，以后就得放弃掉。这就是试探错误的方法—猜想与反驳的学说。"[③] 试错法的基本步骤就是先针对问题提出各种大胆的假说，然后努力寻找反例对假说进行证伪，之后对假说进行修改，在反复的证伪和修正的过程中去寻找比较接近真理的理论，即科学知识。波普尔将这种大胆尝试与清除错误的方法看成是科学的根本方法，认为试错法是解决问题的必要环节，它将使我们一步步更接近真理。

波普尔对试错法十分重视，认为它不仅仅是一种自然科学方法，还是一般的科学方法论，并萌生了将可错论和试错法运用于社会科学领域的想法。波普尔将试错法作为历史研究方法和社会政治研究方法这一大胆尝试的结果就是"渐进的社会工程"这一理论的诞生。

二 "渐进的社会工程"理论的主要内容

波普尔是在反对像历史决定论那样以浪漫主义的乌托邦社会工程的

① ［英］卡尔·波普尔：《科学知识进化论——波普尔科学哲学选集》，生活·读书·新知三联书店1987年版，第435页。

② 同上。

③ ［英］卡尔·波普尔：《猜想与反驳》，中国美术学院出版社2003年版，第65页。

方式来促进社会的进步的基础上提出“渐进的社会工程”理论的。历史决定论认为历史发展遵循着必然规律，这个规律是不以人的意志为转移的，是决定人类社会过去、现在和将来的铁的规律。依据规律，人类就可以详尽而准确地预言历史未来进程。对此，波普尔进行了严厉的批判，指出：“受人类知识增长强烈影响”，“我们无法精确而详尽地预测人类未来的全部知识”，自然也不可能详尽地预测人类历史的未来进程，所以“历史主义的学说教导说：社会科学的任务是预测历史发展，我认为这是站不住脚的”①。在反对历史决定论的基础上，波普尔对其提出的乌托邦社会工程进行了批判。乌托邦社会工程是历史决定论者依据自己所理解的历史规律而提出的一个改造社会的计划，是他们希望从历史的规律中寻找出现实的整体进步的力量的表现。历史决定论者怀揣着“迈向一个充满爱和美的世界”的梦想，主张将现行社会完全摧毁，然后再按照新的设计蓝图对社会进行整体性的重新建构。乌托邦社会工程其实就是通过激进改革，对整个社会进行大规模整体改造的计划。对于这一计划，波普尔给出了这样的评价：“即使怀抱着建立人间天堂的最美好的愿望，但它只是成功地制造了人间的地狱——人以其自身的力量为自己的同胞们准备的地狱。”② 波普尔将乌托邦社会工程必然失败的原因归结为乌托邦社会工程虽然以理性的目标和计划开始，却导致了反理性的、无计划的混乱状态。一方面，由于人类不能准确而详尽地预测历史未来，乌托邦社会工程师们提出的用以重建社会的未来理想蓝图就必然是抽象的、不确定的，他们所谓的社会建构的理性目标实则是浪漫主义的和非理性的；另一方面，乌托邦社会工程提出的全面摧毁后再整体重建的社会构想必然导致以驱逐、杀戮等手段甚至是暴力革命的方式去根除现存的各种制度和传统，并依靠少数人的强有力的集权统治才能达到对社会的整体重建，其结果只能是导致独裁。正如波普尔所说“乌托邦的理性主义是自拆台脚的理性主义。无论它的目的如何慈善，它并不给人带来幸福，而只是那种生活在专制政府之下的可诅咒的常见

① ［英］卡尔·波普尔：《猜想与反驳》，上海译文出版社 1986 年版，第 483 页。

② ［英］卡尔·波普尔：《开放社会及其敌人》第一卷，中国社会科学出版社 1999 年版，第 3 页。

的苦难”①。

受达尔文进化论思想的影响，波普尔提出了不同于乌托邦社会工程的社会改造计划，即渐进的社会工程。在波普尔看来，社会的发展就如同生物的进化，需要一个漫长的、渐进的进化过程，社会的进步只能是一种渐进的过程，因而对渐进社会的改革绝不能是激进的全面变革，而只能是逐步的、渐进的改良和修补。渐进的社会工程就是要着眼于现实问题的解决，充分运用试错的方法去完善社会。完善的具体措施就是在社会建构的过程中，采用理性的思考方式，以民主的制度为手段，采用循序渐进的谨慎的态度和合理的、自我批判的、建设性的方法避免社会动荡和暴力破坏，以“最少疾苦”作为制定公共政策的基本原则，在反复的试验中提出更精确、有效的改造社会的方案以此来促进社会的进步和发展。就其本质而言，渐进的社会工程就是一个社会建构方法，波普尔对此做了如下阐述：“这种方法确实可以称之为古典的方法，而这就是当我把技术方法归结为社会科学或归结为‘社会工程’的时候，我心中所想的方法。”② 渐进的社会工程和乌托邦社会工程的最大区别在于其社会改造手段和途径的策略性。它以试错法解决社会问题，以渐进式缓和社会冲突，力图创造一个秩序平稳的社会改革过程。这种改良主义的、和平主义的社会改革比乌托邦社会工程的暴力革命和集权专制更具可行性和进步意义。

三　“渐进的社会工程”理论对现代性建构的方法论意义

波普尔的渐进的社会工程理论之所以受到重视不在于他提出了渐进的社会改良方案，而在于其方法论上的创新性，从中也体现出该理论对现代性建构的独特的方法论意义。波普尔在阐述渐进的社会工程理论时所运用的方法论上的最大创新之处就在于他重新确立了一种新的、不同于传统的、批判的理性，并把它发展成为有自己特点的批判理性主义。波普尔将批判理性主义称之为：“既是不断批判、‘不断革命’的批判

① ［英］卡尔·波普尔：《猜想与反驳》，上海译文出版社 1986 年版，第 458 页。

② ［英］卡尔·波普尔：《历史主义的贫困》，社会科学文献出版社 1978 年版，第 46 页。

主义，又是承认客观发展规律的理性主义”[1]，其特点是对现存的假说、理论和知识进行理性的批判，即证伪、试错，并在此基础上提出更好的假说与猜测，其实质就是通过批判理性以拯救理性的解放力量，从这个意义上，波普尔是一个典型的理性主义者。在以理性批判主义作为自己的方法论旗帜去寻找改革社会的途径的过程中，波普尔摒弃了历史决定论者的乌托邦式的理想主义，又拒绝了以实证的方法去论证某种社会制度的优与劣、从归纳的实证意义上去寻找社会改革途径的机械主义倾向，最终得出了社会只有在不断排除自身的具体错误中才能前进的结论，提出了以渐进的社会工程方式对社会本身进行逐步改造的道路。

波普尔在阐述渐进的社会工程理论时所运用的以批判理性主义、证伪主义为主要特征的方法论对现代性的建构产生了独特的方法论意义。波普尔是一个典型的现代性建构主义者。对此，莱斯诺夫有过精彩论述：“在20世纪的所有政治哲学家中间，波普尔很可能是启蒙运动最忠实的儿子，是现代性——科学、理性、个人自由和代议制民主——最坚定的支持者。”[2] 所谓的渐进的社会工程其实质就是资本主义社会的逐步改良方案。波普尔在其生活的资本主义社会中深刻地感受到了资本主义制度的诸多不合理性，但同时也看到了当时资本主义国家正在推行的限制剥削、限制工时、保护劳动等一系列“干涉主义”政策所产生的促进社会发展的良好效果。鉴于资本主义社会仍在不断发展和进步的现实，他得出了“尽管事实上我们的社会（指资本主义社会）肯定不是最好的可能社会”，但它却是“至今人类历史进程中出现过的最好的世界”的结论。[3] 提出了对资本主义制度本身进行逐步改造的社会建构设想。从以上分析中，可以清楚地看到波普尔所持的现代性建构主义立场，说明现代性是可以建构的，而他提出的渐进的社会工程就是现代性建构的一个重要方法。由于波普尔为了强调其“渐进的社会工程”理论，曾对马克思的“暴力革命论”加以攻击，所以渐进的社会工程作为一个社会建构方法一直没有得到中国学者的重视和认同。其实渐进的

① 吴炜：《论波普对科学理性的拯救》，《大自然探索》1999年第4期。

② ［英］迈克尔·H. 莱斯诺夫：《二十世纪的政治哲学家》，生活·读书·新知三联书店2003年版，第5页。

③ ［英］卡尔·波普尔：《猜想与反驳》，上海译文出版社1986年版，第527页。

社会工程和马克思的暴力革命之间并不完全冲突。马克思的暴力革命是在社会形态更替的质变阶段为彻底摧毁旧的社会形态所采取的手段。事实上，一个社会形态取代另一个社会形态往往需要经历一个非常漫长的历史时期，一个社会形态在其发展过程中必然要通过不断的社会改革和修补来完善自身，促进其自身的进步。此时，渐进的社会工程就成为社会改革必不可少的重要方法，发挥着不可替代的作用。现代社会也正是通过这样的方法不断发展和成熟起来的。所以从现代性建构的角度来看，波普尔的渐进的社会工程理论实际上给我们提供了重要的方法论启示。

综上所述，现代性批判的主要任务不是在保留现代性与超越现代性之间做抉择，其更重要的意义在于既要阻止现代性自身的悖论所造成的现代性危机的继续蔓延，同时还要对现代性的某些方面的过度发展可能造成的社会畸变加以校正，预防更大的危机和伤害的出现。以社会工程的方式对现代性加以建构的思维的提出就是将现代性的产生和发展看成是一个非自然而言的过程，是一个人为建构的产物，是自启蒙运动以来人们期望建构的一个理想的社会状态，这一社会理想导致了工业社会的诞生、民族国家的形成和城市化的发展以及作为现代社会典型特征的社会组织结构、阶级结构和民主化等一系列现代特征的凸显。在由传统到现代的发展过程中，现代性的形成离不开社会工程的思维和设计。通过社会工程的精心设计、仔细规划和科学实施，现代性的价值目标被嵌入人们改造传统社会的具体实践当中，从而导致传统社会的社会结构、社会模式、社会关系的一系列变革，并最终导致现代社会的诞生。正是通过社会工程，现代性才能从传统社会机体中生长出来，也只有进一步通过社会工程才能促进其自身的发展和完善。本书提出现代性建构的社会工程思维的价值旨趣正在于此。

第五章　社会工程对中国现代性建构的方法论意义

现代社会是现代性观念与现代化运动的有机统一。中国人民在进行轰轰烈烈的现代化建设的过程中，也在不断培育着自己的现代性。在中国由传统社会向现代社会转型的历史过程中，中国现代性是在艰难中起步的，在其发展过程中又形成了一系列两难困境，如自然技术的扩展与社会技术的落后、科学精神的彰显与人文精神的淡薄，社会发展理论的统一性与社会实践多样性等。面对这些两难问题，任何以简单的线性思维去分析和探讨中国现代性的建构问题，试图解决这些问题，规避现代性危机的努力都将是徒劳无功的。从哲学的视角看，社会工程作为人类适应、改造世界的实践活动过程，是马克思实践哲学的延伸，是“综合了近 100 多年来马克思主义的社会科学发展成果，综合了近半个世纪自然科学技术发展成果”[①]，所以社会工程既是对现代社会运行特点、规律的深刻把握与提炼，又是完全现实的、可以操作的，它通过对整个社会、整个国家的系统设计、整体规划和统筹兼顾，为中国消除现代社会的矛盾，解决其现代性发展中的两难困境，进而构建一个和谐社会提供了方法论支撑。社会工程作为科学方法对中国现代性建构的现实意义也由此彰显出来。

---

① 上海交通大学编：《智慧的钥匙——钱学森论系统科学》，上海交通大学出版社 2005 年版，第 191 页。

第一节　社会工程是整合自然技术与社会技术的社会治理方式

一　自然技术的垄断与社会技术的落后

诚如美国历史学家斯塔夫里阿诺斯所说："多少世纪以来的根本问题是，技术革命一直受人欢迎，因为它促进了生产率和生活水平的进一步提高。但是，世界历史上所有的技术革命——无论是一万年以前的农业革命，还是二百年以前的第一次工业革命，抑或是今天的第二次产业革命——都导致社会分裂，这种分裂要求在制度、思维方式以及人际关系等方面施行变革。"在斯塔夫里阿诺斯看来，正是"技术变革与社会变革之间所产生的时间滞差"[①] 导致了世界发展史上的众多苦难。将斯塔夫里阿诺斯的言论放置在中国现代社会发展的历史境况中，会发现其同样具有合理性。自然技术的垄断与社会技术的落后是导致中国现代社会人与自然、人与社会关系紧张的技术根源，更是使中国社会成为一个高风险社会的主导因素。如何有效化解人与自然、人与社会的紧张关系，如何规避社会风险，成为中国现代性发展中一道必须解决的难题。以调整人与人（社会）关系为目标的社会工程的出场为解决该问题提供了全新的方法。

随着培根的"知识就是力量"的西方现代性发展范式的逐步确立，现代自然科学技术自然成为现代社会的主导力量。随着西方现代性模式在全世界范围内的不断扩展，自然技术的威力就不可避免的覆盖了全世界各个后发现代性国家和地区，中国也不例外。改革开放的现代化进程正在使中国由一个科技落后国迅速发展成为一个科技强国。在"科学技术是第一生产力"的口号响彻中国古老大地的每一个角落的同时，一切物质的、精神的和生物的存在都在以可怕的速度被技术理性所主宰，变成可计算、可复制、可交换的存在。中国社会正在变成"一个致力于最大规模的物质生产和消费的，为整个机器的由计算机所控制的

---

① ［美］斯塔夫里阿诺斯：《全球通史》，上海社会科学院出版社 1992 年版，第 905、911 页。

完全机械化的新社会"①。在这样的社会中，追求利益的最大化就成为人们的唯一梦想，为不断促进经济增长和刺激消费，人们更加迷恋自然技术的力量，其结果就是人们在不断的被自然科学技术控制的过程中，一方面，自然成为人们征服的战场，导致生态危机、环境恶化、资源匮乏等问题；另一方面，一切精神的、道德的、宗教信仰的价值和意义正在失去色彩，并最终被技术理性所取代。中国社会中目前存在着的拜金主义、信仰危机、道德滑坡、诚信缺失等诸多社会问题无不是这一倾向的具体表现。面对自然技术的垄断及其所带来的社会问题，以调整人与人、人与社会之间关系为己任的社会技术在中国现代社会的发展过程中却已处于落后或不在场的状态。正如爱因斯坦所说："我想得比较多的还不是技术进步使人类所面临的危险，而是'务实'的思想习惯所造成的人类互相体谅的窒息，这种思想好像致命的严霜一样压在人类的关系之上。"② 由此可见，正是社会技术没有根据自然技术开发和使用的方向及时调整社会关系，导致自然技术的滥用和社会问题的频发。1978年之后，中国社会体制的改革才被提上日程，其改革进程是谨慎而缓慢的。关于"中国特色社会主义道路的创建和选择"的社会技术研究从那时才真正开始。相比于自然技术的飞速发展，社会技术明显呈现出滞后状态。于是就出现了不是通过社会技术对社会关系的及时调整来规避自然技术的垄断和滥用的后果的出现，而是在自然技术的垄断和滥用的后果在中国社会已经既成事实之后再手忙脚乱地寻求解决对策。事实上，目前我国社会中存在的人口、资源、环境之间的紧张关系、地区发展的不均衡、社会阶层的分裂以及城乡对比度的持续增高和社会利益分化加剧等问题都是社会技术在和自然技术的制衡中处于落后状态，无法通过协调社会利益分配关系、健全利益分配机制来理顺社会关系、平衡社会结构所造成的，由此才引发一系列社会冲突和社会动荡。

二 人与自然、人与人之间的矛盾的激化

自然技术的垄断和社会技术的落后所造成的直接后果就是中国现代

---

① Erich Fromm, *The Revolution of Hope: Toward a Humanized Technology*, New York: Harper and Row, 1968, p. 1.

② 《爱因斯坦文集》第3卷，商务印书馆1988年版，第293页。

化进程中，人与自然、人与人之间矛盾的不断激化。

在人类社会出现以前，自然界是按照自然法则自然的演化和发展着的。但是人类社会出现以后，自然发展的自在状态就开始被人类的干预所改变。在经历了渔猎文明时代人对自然怀揣着的敬畏之心到农业文明时代人对自然的模仿和有限伤害再到工业文明阶段人对自然的肆无忌惮的征服和破坏，自然的古来神性正在自然科技面前逐步退却，在技术的框架中，自然被纳入人类的技术生产系统变成了巨大的资源库、能源库，自然的自然性、复杂性和丰富性没有了，成为一种非自然的存在。在自然由自然状态到非自然状态的转变过程中，人与自然的关系也日趋紧张。面对人类永无止境的欲望，自然在以自己的方式对人类的践踏实施反抗，生态危机就成为自然攻击人类的武器。在中国现代化进程中，人与自然关系的这种演化历程被浓缩在短短的几十年间。在由传统农业社会向工业社会转化的过程中，我们付出的自然代价是惨重的。目前我国面临的生态危机从其空间尺度来看横跨陆海空，从时间尺度来看将影响数十代。在追求以资源的高消耗、高污染为基础的工业化进程中，资源短缺、环境污染、人口过密、物种灭绝等诸多生态恶果将我国的生态系统推到几近崩溃的边缘。人与自然关系的紧张程度由此可见一斑。

仅从人与自然的关系去寻找造成人与自然之间紧张和对立的根源实际上并没有触及问题的根本。马克思唯物史观指出，"人和人之间的直接的、自然的、必然的关系，也就是男女之间关系。在这种自然的、类的关系中，人同自然的关系直接就是人和人之间的关系，而人和人之间的关系直接就是人同自然的关系，就是他自己的自然的规定"。[①] 正是通过人与人之间的这种男女关系，人和自然关系与人和人的关系连接起来，人与自然的关系包含在人与人（社会）的关系之中。所以自然界和人类历史并不是对立的，因而也无法把人和自然界的关系从历史中排除出去。但是在人与自然、人与社会的关系中，马克思认为人与社会的关系是更根本的关系："人们在生产中不仅影响自然界，而且也相互影响。他们只有以一定的方式共同活动和互相交换与其活动，才能进行生产。为了进行生产，人们相互之间便发生一定的联系和关系；只有在这

① 《马克思恩格斯全集》第42卷，人民出版社1979年版，第119页。

些社会联系和社会关系的范围内，才会有他们对自然界的影响，才会有生产。”[①] 所以，人与社会的关系是构造人与自然关系的基础。从这个意义上说，造成人与自然关系紧张的问题根源就在于人与社会关系的不和谐。人与自然的关系归根到底反映的是人与社会的关系。正所谓人与自然的紧张对抗是由人类活动造成的，解决人与自然之间的矛盾也只能从不断反思人类自身行为的合理性中寻找出路。英国学者拉尔夫·达尔道夫曾经指出“现代的社会冲突是一种应得权利和供给、政治与经济、公民权利和经济增长的对抗”。[②] 这种对抗如果不能得到有效协调和控制，必然导致国家、社会发展的不平衡，从而导致人与自然之间关系的不平衡化。对于正处在社会转型关键期的中国而言，这种风险尤为突出。自然科技的高速发展促进了我国社会生产力的不断增长，导致传统的生产、消费结构和关系的巨大变化，消费成为主导，以消费来推动生产的经济结构加剧了人对自然资源的无限制的开发和利用，导致人和自然的关系危机频发。然而，我国目前尚在进行中的社会制度的转型和不断调整使我国目前还缺乏成熟、合理的利益分配与协调机制，从而无法实现对人与自然关系的有效的协调和控制，也导致目前我国社会发展中的各种社会矛盾和问题的接踵而至，出现了诸如社会利益分化加剧、社会阶层分裂、贫富差距拉大、就业压力不断增加等人与社会关系的不和谐表现。

三　以社会工程整合自然技术与社会技术

事实表明，经过几十年的现代化建设，中国社会已经不再是传统的常态社会。面对由于自然技术的垄断和社会技术的落后所引发的人与自然、人与社会关系的紧张与不和谐，传统的社会治理手段很显然无法整合中国社会发展的全部矛盾和问题。寻求新的现代性建构的方法和手段已经成为中国现代社会发展的必然要求，同时也为中国培育自己的现代性提供了一个重要契机。社会工程通过对自然技术和社会技术的有效整

---

① 《马克思恩格斯文集》第 1 卷，人民出版社 2009 年版，第 724 页。

② ［英］拉尔夫·达尔道夫：《现代社会冲突》，中国社会科学出版社 2000 年版，第 3 页。

合成为重塑我国社会人与自然、人与社会的和谐关系的重要手段和载体。

爱因斯坦在充分肯定自然技术给人类带来的福祉的同时指出："技术——或者应用科学——确已使人类面临着十分严重的问题。人类的继续生存有赖于这些问题的妥善解决。这是创立一种社会制度和社会传统的问题，要是没有这种制度和传统，新的工具就无可避免地要带来最不幸的灾难。"[①] 从爱因斯坦的分析中可以得出这样的结论：没有自然技术的发展就没有人类社会的进步，但没有社会制度、政策、管理、道德等方面对自然技术发展的有效引导和规范，自然技术给人类带来的很可能就是灾难。这主要是由于自然技术作为人类干预自然的一种手段，在其发生作用的过程中考虑的更多的是程序上、手段上的合理性，而不会考虑其目的的合理性，因此不会考量其开发和使用后所带来的社会后果，更不会根据预期的社会后果来调整自身，由此造成了自然技术自身发展的盲目性。能够消解自然技术发展的盲目性、根绝自然技术产生负面影响的土壤的有效手段就是社会技术。社会技术在应用的时候不仅要追求"合理"，同时还要追求"合情"，即社会公正性，通过对整个技术行为发生过程的全面、综合考量，权衡利弊后再决定具体的实施细节，以取得良好的社会综合效益。所以，社会技术既能通过改造人们现有的自然观念来重新规范人与自然之间的行为边界，又能通过制定正确的政策来完善现有的科技管理社会机制，来规避自然技术发展中的误区，从而实现自然技术与社会发展的协调，实现人与自然环境的协调。从这个意义上说，通过社会技术调整人与人、人与社会的关系实际上是构成了通过自然技术调整人与自然关系的逻辑和事实的前提。要想消解自然技术垄断和社会技术的落后给中国社会发展带来的负面影响，必须从整个社会生活的角度出发，通过有效的社会管理来实现，即通过发展社会技术、加强社会技术对自然技术的校正和引导来划定人类社会行为的边界，重新规范人与自然、人与社会之间的关系，实现中国社会的协调、科学和可持续发展。社会工程作为社会技术的实践载体自然要承担起这一历史任务。通过整合自然技术和社会技术，社会工程将以化解人

---

① 《爱因斯坦文集》第3卷，商务印书馆1979年版，第135—136页。

与自然、人与社会的矛盾为己任，以追求科学发展和社会和谐为目标，通过建构完备的社会制度和体制来设定人与自然、人与人关系的新标准，进而重新规范在中国现代性的发展过程中人们的具体行为。社会工程由此将给中国现代性的建构提供一种新的社会治理方式。

第二节　社会工程是整合科学精神与人文精神的全新组织形式

一　科学精神与人文精神的割裂

技术理性的过度彰显使现代化进程必然造成科学精神与人文精神的割裂，这是现代性发展过程中的诸多矛盾、问题和危机形成的一个重要根源。在工业文明高举着科学主义的大旗，一步步将自然科学看成是唯一有意义的真理体系，并将科学技术逐步推向人类思维的中心之后，就开始了自然对人文科学的驱逐和改造。在这个过程中，科学理性逐渐入侵人文领域，并开始试图控制文化、社会和历史以及人本身。在自然科学与人文科学的角逐过程中，一方面，自然科学以人文科学不具备科学性为由将其直接驱逐出科学的领地，并以科学理性对其进行全面再造，这个过程实质上也排除或否认了自然科学的人文意义和人文价值。另一方面，人文科学则以人为尺度来审视自然科学，得出自然科学是同人、自然和社会相对立的结论，因而反对理性和科学进步。自然科学和人文科学的重大分歧由此形成。英国学者查里斯·帕希·斯诺曾经以敏锐的观察力洞察到科技和人文之间的分歧，指出："非科学家有一种根深蒂固的印象，认为科学家抱有一种浅薄的乐观主义，没有意识到人的处境。而科学家则认为，文学知识分子都缺乏远见，特别不关心自己的同胞，深层意义上的反知识，热衷于把艺术和思想局限在存在的瞬间。"在此基础上，斯诺进一步指出当今社会存在着两种相互对立的文化，一种是人文文化，一种是科学文化，并认为两种文化之间存在着一个互不理解的鸿沟。[①] 现实生活中科技文化与人文文化的分化与对立造成了精

① ［英］查里斯·帕希·斯诺：《两种文化》，生活·读书·新知三联书店 1994 年版，第 4—6 页。

神层面上作为人类精神必不可少的两个重要组成部分的科学精神与人文精神在现代化进程中的分道扬镳，甚至走向对立。科学精神以物为尺度，是关于“事实的知识”，追求真实，因而客观性、真理性和合理性就成为其主要特征；人文精神则以人为中心，是关于“价值的知识”，追求善良与美好，因而以人为本、肯定人的价值和关注人类的前途和命运就成为其典型特征。于是在进入现代社会之后，在科学精神和人文精神之间，人们被迫进行着非此即彼的艰难选择。事实上，在现代社会的发展过程中，由于科技发展的强势地位的日渐巩固，科技被推崇备至，在科学精神和人文精神的对决中，最终以科学精神的日渐高昂和人文精神的日渐颓废而告终，科学精神曾一度压制了人文精神，二者的分离和对立的格局也就一直延续到今天。

由于科学主义与人文主义在当今中国都还未形成气候，处于现代性建构过程中的中国实际上还没有形成像西方社会那样界限清晰的科学精神与人文精神的对立格局。但这并不意味着中国的现代性建构就不存在人性隐忧。事实上，当西方的科学主义和人文主义以外来文化的身份进入中国的过程中，一直受到中国传统文化及其思维方式的影响，由此带来了诸多新的矛盾和问题，形成了更加复杂的局面和态势：一方面，由于我国传统文化向来重人文精神而轻科学精神，理性精神的缺乏使我们一度对西方的科学技术采取了盲目抵制和排斥的态度与行为。所以在中国现代化建设过程中，不得不在“科学技术是第一生产力”、“科教兴国战略”等外力的推动下，靠自上而下的社会改革来发展科技，宣扬科学精神。这种充满实用主义和功利主义色彩的发展科技的行为直接导致人们对科技的理解越来越工具化、对科学精神的理解也越来越纯粹化，出现了片面追求工具理性的倾向，导致科学主义的泛滥和蔓延，在我国社会中制造出诸如生态危机、环境问题、阶层矛盾、贫富悬殊、物质主义、道德滑坡、信仰危机等典型的现代性问题，从而加剧了我国社会中人与自然、人与社会、物质生活与精神生活之间的分化与对立，导致人的价值性的失落和主体性的丧失。另一方面，在经过长达两千多年儒家人文思想的熏陶后，注重伦理的中国传统文化早已深入民心，它以其特有的思维方式对西方的人文精神加以吸收和整合后，对科学主义的泛滥和科学异化的蔓延进行深刻抨击，因而提出了用人文涵盖科学、取代科学的主张，试图从理性之外的地方去寻找人生的生存意义，结果就容易滑向非理性的另一个极端。由此可见，在西方引起了巨大人文危机的科学精神与人文精神的碰撞在中国现代性的现实境遇中因为中国传统文化的影响而产生了更大的反弹，科学精神和人文精神的两极分化趋势随着中国现代化进程的不断深入将更加凸显出来，成为制约中国现代化进程和现代性发展的一个瓶颈。

二　科学精神与人文精神的融合

科学精神和人文精神的割裂导致了中国社会中诸多现代性问题的滋生，既让我们看到了失去了价值导引的技术理性的过度膨胀对现代人的奴役，从而导致对人文价值的忽视，使中国现代性发展背负着巨大的人性隐忧；同时也让我们感受到了脱离理性基础的传统人文关怀的过度泛滥所导致的非理性陷阱，会让人们淹没在神秘主义和信仰主义之中。科学精神和人文精神的分离和对立给中国社会发展所带来的消极后果，必然要求在中国现代性的建构过程中实现二者之间的有机融合。科学精神与人文精神相互融合的条件和基础主要体现在以下几方面：第一，历史上科学精神和人文精神的统一说明二者之间并非必然分离。在古希腊时期，刚刚萌芽的科学精神和人文精神是交织在一起、兼容并包的。古希腊人把自然科学和人文科学通通看成是探求未知事物、认识和把握世界的手段和方法，既追求科学也痴迷于人文。正如柏拉图在引导雅典年轻人追求科学时，就强调科学和人类价值是不可分离的，通过科学知识，人们不仅可以理解自然界而且可以理解善和美的含义，从而学会如何在生活中正确行动。于是科学精神和人文精神就成为古希腊人对自然、社会、人的思考的混合产物而交织在一起，成为统一的、不可分割的一体。直到近代，科学精神和人文精神之间的这种交织状态才被打破，但二者曾经的统一已经成为二者之间重新融合的历史前提。第二，科学和人文之间有着密切的相互促进的关系。科学作为人类认识世界的产物，很显然是人创造出来的文化现象之一，它将随着人类认识实践的发展而不断进步；与此同时，科学又赋予了人类不同于动物的主体性能力，从而使人类成为主体性的存在。二者间的密切关系为科学精神与人文精神相互融合提供了内在根据。第三，人的实践活动构成了科学精神和人文精神融合统一的基础。马克思曾经指出："自然科学往后将包括关于人的科学，正像关于人的科学包括自然科学一样。"① 马克思旨在强调自然科学与人文科学虽然在研究对象上存在差异，但都是人类实践活动的认识成果。所以科学精神与人文精神就其本质而言就是渗透于人类作用于自然、社会和人类自身的不同的实践活动中的文化意识和观念。人的实践活动构成了科学精神与人文精神得以存在和发展的共同基础。这充分表明科学精神和人文精神作为人类精神的两翼是相互统一的，在人的实践中是可以相互渗透和融合的。

三　以社会工程整合科学精神与人文精神

学者龚育之针对科学精神和人文精神的割裂提出两种解决问题的态度："一种是向前看，一种是向后看。向后看就是对科技和工业的发展作消极评价，持否定态度，似乎只有科技和工业发展之前的人类状态才是值得怀念的黄金时代；向前看就是清醒地研究文明面对的问题，相信这些问题是能在科技的进一步发展中，在人类生活的进一步成熟中，在以人为本的、全面协调的、可持续发展的发展观的进一步确立和贯彻中得到解决……不是回到人和自然关系的蒙昧状态，而是要开辟人和自然的更加自觉的新状态，依托于科学和工业的更加健康、更加符合科学态度和人文精神的新发展状态。"② 很显然，只有从"向前看"的态度中，才能找到整合科学精神和人文精神割裂现状的可能性。秉承这种态度，在中国现代性建构过程中，我们面临的更大的难题是寻找和选择科学精神和人文精神相互融通和共建的恰当方式和途径。在人类历史上，许多学者曾做过这方面的尝试和探索，如科学家普利高津创立了耗散结构理论，打破了各学科之间的界限，并提出"新自然主义"，试图实现自然科学和人文科学的有机结合。此外，科学史学家萨顿还提出了"新人文主义"，主张通过科学人文主义化来保障科学的健康发展，让科学重新为人类谋幸福。以上诸多探索给我们打破科学精神和人文精神之间的断裂局面提供了有益的启示，但这些建议更多局限于学理层面的探讨，

① 《十二大以来重要文献选编（下）》，中央文献出版社 1988 年版，第 1126 页。

② 龚育之：《科学与人文》，《毛泽东、邓小平理论研究》2004 年第 1 期。

缺乏实践维度。回到现实生活本身，在中国现代性的建构过程中，我们更需要的是关于如何实现科学精神和人文精神相互有机融合的具体的操作方法和实践方式，能承担起这一重任的非社会工程莫属。从工程的视角探寻科学精神和人文精神相互融合的有效方式就是从我国传统与现实条件出发，把科学精神与人文精神的这种融通共建看成是一项系统社会工程，通过社会工程的规划、设计和控制来促进二者的融合，从而达到促进科技与人文、人类与社会的良性运作与发展的良好效果。

社会工程之所以能起到有效整合科学精神和人文精神的作用，关键在于社会工程实现了“社会”与“工程”的统一，从而为实现“科学”与“人文”的融合提供了恰当的实践平台。一方面，“工程”的本意为造物活动，主要指人类在依靠自然、适应自然，逐渐认识自然、适度改造自然的过程中人与自然界之间的物质交换过程，是人“再生产整个自然界”的过程。在这个过程中，科学及其应用的成果技术是人类认识自然与改造自然的最有效的手段，换个角度来说，工程就是多种科学知识和技术的集成与构建，所以弘扬科学精神必然是工程的应有之义。另一方面，在马克思看来，“社会”是人类历史活动的产物，人是一切社会关系的唯一物质承担者，是社会构建的唯一主体，所以人的意识的强化，人文精神的彰显就必然成为社会的应有之义。社会工程把“社会”与“工程”融合在一起，旨在把人类社会的发展与人类的能动性工程实践活动结合起来，将人类社会的演进看成是人“再生产整个社会”的过程，即人类根据自身的需求通过制定新的社会制度模式、法律、法规、政策规范打破旧的社会结构和社会秩序，并通过社会改革、社会管理等社会技术促进人类社会的不断发展的过程。在这个过程中，人类构建人类社会的工程活动既要反映人类的基本需求、人类的社会理想、人的价值等人文精神追求，同时还必须满足合规律性、合理性等科学精神的基本要求。通过社会工程，科学精神和人文精神被有机的融合到人类改造和建构社会的伟大实践活动中。

从整合科学精神和人文精神这个意义上说，社会工程为中国现代性建构提供了一种新的组织形式。在整合科学精神和人文精神的社会工程活动中，科学精神和人文精神都被赋予了新的内涵：科学精神不再是从功利的意义上理解的工具理性，而是充满着对理想的、真正的人的关心的人文意蕴和人文关怀的科学精神；人文精神也不再是脱离具体的日常生活而独立存在的非理性的伦理精神，而是具有现代科学意识的、与科学理性相适应的人文精神。整合这两种精神的核心就在于在中国现代性建构的社会工程活动中：第一，要在高科技的社会背景下强化人文精神，对高新科学技术的作用方向和发展道路进行有效的社会调节、控制和管理，使其在人文精神的指导下，向着最有利于中国社会良好发展的方向前进。第二，在对中国传统人文精神和西方人文精神的改造过程中以现代科学技术为支撑，通过人文精神的科学化来打造中国的新人文精神，以应对高科技工作与生活环境中人们对人文精神的新需求。这种新的人文精神应该集理性意识和非理性体验、知识形态和价值指向于一身。第三，立足于中国正处于现代化转型时期的社会现实，打破科学精神与人文精神两极对立的传统思维模式，通过既按科学技术理性办事，又遵循科技的严格法则；既肯定人在现代社会世界中的主体地位，又强调人的自主性和终极价值的合理、合情的社会工程设计和规划打破以往科学精神的强势地位，将符合中国社会现实需要的新人文精神渗透到现代性建构的社会工程的每个环节当中，通过对真理的无私追求推动中国社会向着真善美的最高境界前进，这是中国现代性建构过程中一个不可或缺的重要维度。

第三节　社会工程是整合理论探索与社会实践的有效控制手段

中国现代化进程的发展，中国现代性的培育是我们正在面临着的一个现实历史问题。这个问题的解决仅仅通过哲学的理性批判不行，仅仅通过盲目的、随意的现代化建设实践更是不行。在此前的现代化建设过程中，我们曾满足于不切实际的、形而上的现代性“宏大叙事”的膨胀，我们也有过“摸着石头过河”的谨慎小心的现代化建设的实践探索。历史的经验告诉我们今天中国现代性的建构只能是在科学理论指导下的理性实践的基础上，通过社会工程这种有效的控制手段才能实现。

一　理论探索与社会实践的分离

近百年的现代化进程使中国社会并不缺乏关于中国现代性建构的理论探索与具体实践。作为学理和事实两个不同层面的现代性建构的尝试，二者对中国现代性的发展起着至关重要的作用，其中理论探索是现代性建构的理论指导思想的来源，实践探索是现代性建构的具体行为表现，二者间的良性互动是实现中国现代性顺利发展的主要保证。然而，纵观新中国成立后几十年间的中国现代化建设历程，中国现代性建构的理论探索与社会实践之间出现了明显的分离趋势，成为困扰中国现代性良性发展的一个问题症结所在。

目前有关中国现代性的诸多理论研究中存在着这样一种现象：一些理论研究受西方现代性批判模式影响深刻，仅仅满足于对中国现代性进行哲学式的理性批判，通过抽象的“宏大叙事”、形而上的论争试图解决中国现代性发展中的所有问题。于是在研究中国现代性建构的问题时，这些理论仅把“中国现代性”视为一种抽象的概念，只满足于得出一些抽象的结论和解决问题的方案，而这些方案是否能实施、是否对现实有意义则不在这种抽象的概念研究所考虑的范畴之内。于是，在现有的关于中国现代性的理论研究中就出现了完全套用西方现代性的话语结构和思维方式，却根本不考虑中国现代性在中国自己的不同于西方的政治、经济、文化、制度等先在的经验支撑的基础上产生和发展起来的独特性的现象。不可否认，这种关于中国现代性的形而上的理性批判是中国现代性理论探索中不可或缺的重要部分，是从“本体论”层面上把握中国现代性的必然要求。但问题是，中国现代性的理论探索不仅仅需要形而上这一个维度，同时我们更需要形而下的感性维度，才能对中国的现代化实践发挥其该有的指引作用。法国自由主义大师贡斯当曾指出如果把一个同所有中介原则脱离关系的原则放入人类社会中，就会造成极大的混乱。因为是这些中介原则把那一原则带给了我们，并使它适用于我们的环境，所以当那一原则断绝了同其他事物之间的一切关系后就会失去了所有的支持，那时它就要起破坏和颠覆的作用了。但贡斯当认为错不是出在最高原则上，而是出在我们忽视了中介原则。贡斯当揭示了理论能够指导现实的必然条件就是理论符合现实问题发生的具体语境。所以这种形而上维度上的有关中国现代性的理论探索由于缺乏中国现代性的具体问题意识，在中国现代性建构的真实语境中就无法起到直接指导实践的作用，只能被看成是一种具有衡量作用的观念体系而已，或者说这些理论由于缺乏实践维度，空有宏大的理论设计，却难以实施和操作。从这个意义上说，从形而下的感性维度上，在事实层面上全面分析中国的现代化进程的性质、规律，特点，深入挖掘中国现代性形成的精神历史渊源，翔实论证中国现代性所要建立的现代社会从观念形态、制度层面到行为方式等方面的本质特征，准确定位中国现代化的目标和步骤、实现方式、发展模式等，从而找到一种更契合中国现代性发展需求的、健全的现代性方案，才能够为中国的现代性建构提供有益的思想资源，这不仅具有理论意义，更具有重要的实践价值。

脱离了中国现代化进程这一客观历史条件和现实基础的纯粹形而上的理论探索不可能为中国现代性的建构提供有意义的理论资源，而脱离了科学理论指导的盲目的现代化实践也只能使中国现代性的建构走向歧途。以中国现代化建设的具体经验为例：在新中国成立初期，毛泽东曾经一度忽视经济发展的客观规律，在中国现代化建设中采取赶超型发展战略，导致了“大跃进”人民公社化运动和“文化大革命”这两次在现代化道路、模式选择上的重大失误，将国民经济拖到了崩溃的边缘，使中国的现代化发展受到巨大损失，尤其是“文化大革命”这场浩劫不仅造成了中国现代化进程的中断，甚至使中国的现代化建设出现了逆转和倒退。造成这两次现代化建设实践上的重大失误的原因就在于毛泽东在理论上没有对中国社会主义现代化建设进行全面分析和准确定位，而是对马克思主义创始人关于社会主义社会的基本理论进行教条化的解释，在没有搞清楚什么是社会主义、社会主义与资本主义的关系如何，中国自己的社会主义现代化建设的基本思路是什么等中国现代化建设的基本理论问题时，就以空想式的革命热情忽略了现代化的长期性和艰巨性，导致了中国现代化建设实践上的重大失误。由此也说明脱离科学理论指导的盲目的实践活动只能以失败收场。邓小平对于这一点有着非常清醒的认识。在拨乱反正之后，邓小平先先是围绕着“什么是社会主义、怎样建设社会主义”这个中心议题展开了关于系统的、完整的社会主义改革理论的研究，将马克思主义基本原理同当代中国实际相结合，积极探索中国社会主义现代化建设的发展目标、模式、路径、动力机制等基本问题，从而形成了中国特色社会主义建设的基本理论。正是在这一科学理论的指导下，本着“摸着石头过河”的谨慎态度，中国的现代化进程才能在实践中不断向前发展。

二　以社会工程整合理论探索与社会实践

中国现代性的建构始终是一个中国语境下的、有着其独特问题视域的现实历史问题。科学理论的指导是中国现代性建构的必然前提条件，而理性的实践方式则是中国现代性建构的现实基础。整合我国关于中国现代性的理论探索与社会实践相分离的困境需要依靠社会工程这种有效的控制手段来完成。

第一，以社会科学为理论基础的社会工程为整合中国现代性的理论探索与社会实践相分离的困境提供了前提条件。社会工程以社会科学的基本思想和理论作为自己的理论基础。社会科学作为关于人类社会的知识体系，其核心在于探究世界运行的特点和规律，重点发掘社会运行中决定人们普遍行为方式的基本要素及诸要素相互作用的规律和趋势。社会既要对现实的社会进行科学的说明、批判和审视，还要对理想的认识、实践和社会制度进行追问和构建，从而使人们在批判旧世界中创造新世界。与此同时社会科学既体现着社会现有精神文明的发展水平，又以对社会现象的规律性认识丰富着社会的精神文化成果。因此，社会科学所具有的改造世界、服务社会和传承文明的功能能够为社会工程的规划与设计提供很好的思想保障和智力支持。以社会科学为指导，社会工程作为一种实践活动就摆脱了其随意性、偶然性和盲目性。社会科学通过对社会活动规律的科学揭示，帮助人们达到对社会现象的全面完整的理解，从而赋予了人们改造社会活动的理性自觉，大大降低了人们实践行为的主观随意性。以社会科学作为理论基础，社会工程活动就成为科学理论指导下的一种理性的社会实践。它能根据对中国现代社会的应然化的认识和对未来形成的社会状态、社会结构或社会活动的理性认识与把握，通过深思熟虑的社会设计对中国社会的结构、程序、发展目标等进行系统的规划和安排以推动中国现代社会的顺利转型，使中国现代性的发展更加富于科学性和合理性。以社会科学为指导必然要求建构中国现代性的社会工程活动从众多理论探索中努力寻找出反映社会发展规律、符合中国社会发展现实的科学的理论和思想，发掘出其中的精华用以指导自己的工程实践，实现二者之间的有机结合。

第二，以彰显社会主体本质力量为核心理念的社会工程为整合中国现代性的理论探索与社会实践相分离的困境提供了能力保证。马克思很久以前就已经认识到了人的本质力量的存在，即“最蹩脚的建筑师从一开始就比最灵巧的蜜蜂高明的地方，是他在建筑蜂房以前，已经在自己的头脑中把它建成了”[①]。这充分说明人作为一种理性的存在，能够在不断的实践活动中超越传统的经验主义和自然主义的活动方式，以自己的能动性和创造性将人类自身由自在存在提升成自为存在。在人获得主体性地位的过程中，人类在改造自然的同时也在改造人类自己的主观世界，使人自身的能力素质得到不断提高。所以，人的本质力量不仅能够认识世界，更能创造一个新世界（包括自然和人类社会两部分）。社会工程就是以提升人的本质力量为核心，通过人的本质力量的发挥实现人对社会世界的改造和创造。正是依靠人的这种理性力量，社会工程将中国现代性的建构视为一项可规划、可设计、可调整的社会实践活动，具体来说就是中国人民构成了这项社会工程活动的主体、成为中国现代性建构的组织者、设计者和管理者。通过社会设计、规划、管理、评估等一系列社会技术手段，作为社会工程主体的中国人民能够对中国现代性的整个建构过程加以有效控制，使我国社会的发展的结果和人民的现实需要越来越靠近。中国现代性建构的社会工程的终极价值追求就是调动起所有人的力量和智慧促进中国社会的发展和进步，让未来的现代社会能为每个人提供良好的生活条件，并让每个人都获得幸福，以此来满足人民自身的各种需要。借助人的本质力量，社会工程就成为中国现代性建构的一种有效控制手段，它既能摆脱传统形而上学的“宏大叙事”，又能以中国具体的社会历史现实条件为基础，改进和完善中国现有的各项社会体制和社会规则，对中国社会运行加以设计、组织和管理，使中国现代社会的可控性明显增强。在这个过程中，曾经出现的中国现代性的理论研究和实践相分离的困境也将得到解决。

---

① 《马克思恩格斯文集》第5卷，人民出版社2009年版，第207页。

第六章　以社会工程促进中国现代性建构的良性发展

在中国现代性的建构过程中，如何规避现代性问题可能引发的更大的社会危机，如何将已经在中国社会中出现的危机的损害最小化，降到最低一直是一个威胁中国现代性发展的悬而未决的问题。西方现代性发展的前车之鉴充分说明走西方的老路、采取西方的现代性模式和现代性路径已经行不通了。现实要求我们必须用社会工程的思维和范式去促进中国现代性的创新发展，探寻我们自己的现代性路径和发展模式，通过有中国特色的现代性的建构来消解现代性悖论、化解现代性危机。在中国几十年的现代化建设历程中，在中国探索能够超越西方的、具有创新性的现代性发展路径的过程中，中国人民以“什么是社会主义、怎样建设社会主义”为起点曾经做过很多尝试，有过成功的案例，也有过失败的教训，目的在于找到一条真正适合中国自己的现代性发展道路。正是在这种不断追求、创新的过程中，中国社会在不断突破中逐步向前发展。在众多创新中，“建设有中国特色的社会主义”可谓是中国现代性建构工程创新的最显著成果。“建设有中国特色社会主义”不仅是现代性理论的创新，更是现代性实践的创新。它不仅指明了中国现代性发展的方向、社会主义的制度基础和社会主义的建设模式，更以其“中国特色”实现了对传统现代性的全新再造，赋予了中国现代性以真正的独立性和存在的根基。事实证明，中国现代性建构工程在实施过程中，必须以非凡的超越、进取精神，在不断创新的过程中完善自己的现代性设计，才能确证自身存在的价值，才能彰显自己的特色。

正如中国工程院院长徐匡迪所说：“工程需要有哲学支撑，工程师需要有哲学思维。”从社会工程哲学的视角对中国现代性工程加以设计、规划、管理和创新既是挥之不去的“现代性续写”情结在中国的延伸，更是建设有中国特色社会主义事业发展的客观需求。从社会工程的视角对中国现代性的建构进行全面的设计和规划就是要通过对中国现代性的发展现状做详细的考察，从中探寻出中国现代性发展的价值诉求、抓住中国现代性建构的重点，辨明中国现代性的发展方向，据此来确定中国现代性的建构这项社会工程设计活动的价值目标和核心内容，从而提升中国现代性建构的科学性，避免盲目性和偶然性，促进中国现代性的健康发展。围绕我国现代性生成过程中的四个核心问题，即我国现代性的价值抉择问题、我国社会制度的正当性问题、我国社会结构的合理性问题以及我国社会个体的主体性问题，本书分别从社会工程理念、社会工程设计、社会工程创新、社会工程管理的角度加以研究和探讨，尝试性地提出了关于中国现代性建构的具体方略，以期为中国现代性的发展提供一条创新之路。

第一节　社会工程理念与中国现代性建构的价值旨趣

从社会工程的视角来看，明确中国现代性建构的价值诉求，并据此确立中国现代性建构工程的基本理念，是关乎中国现代性发展方向的重要问题。中国现代性工程的建构过程中需要解决的一个最关键的问题就是自在的社会运动过程与自觉的社会工程设计之间的融合。一方面，中国现代性工程的建构必须遵循社会发展的基本规律，避免因人的主观随意性带来的失误。另一方面，也是更为重要的一方面就是中国现代性工程的建构必须要有明确的工程理念，以工程理念的指导来保证中国现代性发展的正确方向。这一工程理念能对中国现代性的发展进行准确定位，能够明确地反映中国现代性建构的价值诉求，能够清楚地彰显中国现代性的“中国特色”。通过这一工程理念的贯彻与落实，能够保证中国现代性发展理想目标的最终实现。

一　社会工程理念及其作用

任何社会工程活动都是在一定的工程理念的指导下进行的。社会工程理念是人们在现实社会工程实践的基础上形成的关于社会工程发展方向、发展规律和理想目标的思想观念，它从根本上回答了社会工程活动的目标、依据、方法以及评估标准等工程活动的基本问题，具体说来就是人类在变革社会结构、驾驭现实生活的过程中形成的关于以往社会发展经验的总结、社会发展规律的高度概括和对未来社会的理想追求。就其本质而言，社会工程理念就是哲学思想回归现实、作用于现实的一种表现，它源于客观世界但却表现在人的主观意识当中。社会工程理念是把“理念”和“社会工程”相嫁接形成的一个新概念。理念是一个基本的哲学概念，社会工程则是人类现实的、生动的实践样态，所以社会工程理念就是关于人类应该怎样改造社会的理念。一方面，社会工程理念是在社会工程实践的基础上产生的，是对以往社会发展经验加以理性反思、审视和提升的结果。随着人类社会工程实践的不断发展进步，社会工程理念也在不断的变化更新。另一方面，社会工程理念是人类自觉性的最集中体现。工程活动是充分彰显出人类主观性和创造性的实践活动。人类从事工程活动之前在头脑中就已经形成了关于工程的基本理念，体现在人类对工程活动进行的预先的安排、计划和组织当中，它既包含了对以往工程实践的经验总结，也体现出对新的工程活动的理想追求，是现实和理想的辩证统一。社会工程理念作为社会主体关于改造社会活动的理性认识和总体性观念既包含了人类对未来社会的追求、对促进社会进步的希望，也凝聚了人类对超越自我的渴望。

在社会工程活动中，社会工程理念有着特殊的重要性。正如恩格斯所说：“一个民族要想站在科学的最高峰，就一刻也不能没有理论思维。”社会工程理念作为工程的核心和灵魂所在，在社会工程活动中发挥着根本性的、指导性的作用。具体的社会工程实践活动的每个环节，从工程战略决策到工程设计规划，从工程构建运行到工程管理评价都要接受社会工程理念的指导。此外，社会工程理念的优与劣还是影响社会工程活动效果的最核心因素。先进的社会工程理念能够造就出优秀的社会工程，而工程理念的错误或落后将直接导致工程活动为人类社会带来难以挽回的灾难和损失。对于正处于现代化建设快速发展的关键时期的中国来说，先进的社会工程理念的树立尤为重要。随着大量社会工程实践活动的不断实施，社会工程活动对我国自然、生态、社会、文化、公众的深刻影响也日渐凸显。任何一项社会工程活动实施之前，如果工程实施者不能以哲学的眼光去综合考察社会、自然、经济、技术、文化传统、人的需求等各种因素的关系，从而树立起正确的工程理念，那么该项工程的实施必将给国家和社会发展带来影响，甚至是无法挽回的巨大损失。尤其在我国的现代化建设舍弃西方传统的工业化道路决定另辟蹊径的时候，在并无太多可以借鉴的现成经验的前提下，树立正确的社会工程理念就更为重要。在中国现代性的建构过程中，只有在实施每一个社会工程前都谨慎地选择和树立正确的工程理念来统筹整个工程活动，正确处理好工程与社会发展的关系才能使我们在现代化建设实践中，少走弯路，开辟出一条符合我国国情的新型工业化道路，才能确保我国经济、社会的高效、快速、持续和健康发展。

二　中国现代性的价值旨趣及其建构理念

（一）中国现代性的价值诉求

对于身处社会转型关键阶段的中国社会来说，加快现代化建设、培育现代性是中国的必然选择。但这并不意味着我们必须走西方国家走过的老路。事实证明，现代性不止一种、现代化模式不止一个，中国现代性要想获得其独立性必须实现对西方国家现代性建构之路的扬弃和超越。要想实现这一要求，中国现代性建构的第一步就是必须立足于中国现实去寻找和确立自己的价值目标，并将其贯穿于中国现代性发展的全过程，以指引中国现代性的发展方向。从社会工程哲学的视角来看，明确中国现代性建构的价值诉求，是关乎中国现代性发展方向的重要问题。

经过了近30年的现代化建设，中国的现代性已经初具雏形，但并没有真正生成，相比于高度发达的西方国家，我国社会的发展还要明显落后一个层次。所以进行现代化建设、建构中国的现代性应当成为当代中国共同的价值取向和诉求。这是毋庸置疑的。但问题的关键在于我们到底要建构一个什么样的现代性？在中国现代性的建构过程中，我们的基本价值诉求到底是什么？这是首先必须予以解决的问题，只有清楚地理解自己的价值需求，我们才能进一步明确中国现代性建构工程的目标。一方面，从社会历史发展的角度来看，现代性的产生和发展是人类历史的进步，标志着人类文明发展到了一个新的历史高度。它所倡导的主体性、自由、民主、平等、理性化、社会正义、法制化等西方社会在几百年现代化过程中构建起来的价值追求已经成为现代性的精神内涵和支柱，成为人类文明进步的构成要素，在相当广泛的地域和范围内得到了人们的普遍认可，其普遍性奠定了其普世性，不同的国家都在尝试接受这些价值并以此来改造自身的文明，使其成为具有普世性的价值。对于这样一些普世价值，很显然身处现代化进程中的中国也需要，如中国社会发展对科学技术的依赖，对社会公正的追求等。所以作为现代性的一种，中国现代性于西方现代性的传统价值目标是不可能完全无涉的。但是，中国现代性毕竟是在中国文化土壤中生长出来的、在中国社会历史条件下发展起来的，文化和环境的特殊性赋予了中国现代性不同于西方现代性的特殊性。如果只是简单地照搬西方现代性的价值追求，不仅会导致西方的普世价值移植到中国后的水土不服，更会加剧中国现代性发展的茫然和困惑，造成社会思想上、认识上的混乱。只有在参照西方现代性的普世价值的同时，从自身的特殊性出发，中国现代性才能真正理解自己的需要，才能明确自己的价值诉求。另一方面，在我们研究现代性的过程中，不仅要对西方传统现代性做出客观公正的评价，更要警惕现代性问题、现代性危机的负面影响，并以此为鉴重新规划和设计中国自己的现代性的发展方向。面对已经成为西方社会深刻社会现实的现代性危机，我们必须由对现代性的事实分析转向价值评判，评判的最终目的不在于批判或消解现代性，而在于如何更好的建构中国自己的现代性。所以，摆在中国人面前的最紧要的一道难题就是如何规避现代性危机，作为现代化一部分的系统性地生产出来的危机和危害怎样才能被避免、最小化或得到有效引导。诚如后现代主义者大卫·格里芬所建议的："我的出发点是，中国可以通过了解西方世界所做的错事，避免现代化带来的破坏性影响。这样做的话，中国实际是'后现代化了'。"①面对西方现代性危机的前车之鉴，中国现代性的建构很显然不能再简单地模仿或照搬西方模式。对于中国现代化建设而言，实现工业化仍然是中国面临的最主要的历史任务。问题的关键在于我们需要探索一个新

① ［美］大卫·格里芬：《后现代科学》，中央编译出版社1998年版，第13页。

的、适合中国国情的、能够最大化规避现代性危机的发展思路和模式。这才是中国现代性建构中要解决的主要问题。

（二）中国现代性工程的建构理念

中国现代性工程的建构理念要能从指导原则和基本方向上——而不是具体答案含义上——解答中国现代性的建构目标、建构依据、如何建构等基本问题。面对我们既要借鉴西方经验发展现代性、又要超越传统西方现代性模式规避现代性危机的价值诉求，在选择和确立中国现代性工程的建构理念时，应该着重考虑以下三个维度：

第一，实现人的自由全面发展的价值理想的选择。

对人的主体性地位的确认和高扬是现代性的典型特征。马克思认为人的发展将经历三个历史阶段：第一阶段是前现代社会时期人的依赖性。在这种生存状态下，人的生产能力只是在狭隘的范围内和孤立的地点上发展着。第二阶段是现代社会时期以物的依存关系为基础的人的独立性，此时现代性赋予了人作为主体的独立、自由与解放。第三阶段是建立在个人全面发展和他们共同的社会生产能力成为他们的社会财富这一基础上的自由个性。这是未来共产主义社会时期人的生存状态。[①] 在三个阶段中，第二阶段中人的主体性的觉醒是人性发展史的一次重要飞跃，它将人从前现代的人性束缚中真正解放出来，从此以后追求自由、人性解放就成为现代性的价值旨趣和基本精神。然而现代性自身的发展悖论却使这种主体性原则中包含着难以克服的内在矛盾，即人的主体意识的高扬不仅造成了人与自然关系的紧张，引发生态危机威胁人类的生存和发展，同时激化了人与社会、人与自我的矛盾冲突，导致个人主义的膨胀，对现代社会的人际关系和社会秩序造成困扰。主体性原则的内在矛盾最终使现代性的自由追求和个性解放陷入启蒙与禁锢、自由与压制、解放与异化的困境中无法自拔。

对于中国现代性的建构而言，保守批判主体性原则仍然有其存在的价值。从历史发展来看，中国的现代化其实是一个主体生成的历史运动。与西方现代化以个体主体的积极参与作为社会发展主导力量的情况不同，中国的现代化是以励志图强、改变国家落后面貌为目标的一场整

---

① 《马克思恩格斯全集》第 46 卷，人民出版社 1979 年版，第 10 页。

体性运动，个体主体虽然是这场运动的主体，但却不是运动发展的目标，所以在中国现代化建设过程中、忽视个人利益、抹杀个体存在的价值的现象一直存在着。中国现代性之中还远没有形成现代意义上的真正的主体。张扬主体性原则、强化自由意识自然成为中国现代性建构的主要内容。但是这种张扬和强化并不是原封不动的照搬，必须要有扬弃、要有超越才能化解主体性原则的内在矛盾及其危害。马克思的“人的自由全面发展”的思想为我们超越主体性原则提供了理论资源。马克思将现代性视为人性发展过程中通向第三个阶段的必然过渡，肯定了现代性在赋予人的主体独立性方面的巨大作用。与此同时，马克思又通过对抽象的人的深刻批判，揭露了主体性原则的实质以及现代性自由的历史局限性，并在此基础上提出了人性发展的更高级的存在样态，即第三个阶段的自由个性。那时的社会是“自由人的联合体”，那时的人是实现了自由全面发展的人。马克思为共产主义理想设定的“人的自由全面发展”的价值目标既充分体现了现代性的主体性原则和自由精神，又实现了扬弃和超越。对于正处在社会主义建设初期的中国来说，还远远谈不上实现人的自由全面发展，但追求人的自由全面发展却应该成为中国现代性建构的终极理想。只有以这一理想作为中国现代性建构的终极价值目标，在社会生活的各个领域不断促进人的解放和发展，灌注自由精神，才能充分挖掘每个社会主体的潜能，聚集所有的力量推动中国现代性的发展，实现社会发展与人的发展相契合、相辉映的理想社会。

第二，中国社会理性的重新定位。

理性化是现代性的最根本的质的规定。以启蒙理性为基础，理性化是西方国家走向现代化的共同选择。在技术理性思维方式的引导下，通过对科学的崇尚，西方国家成功地征服了自然，创造了巨大的物质财富，提高了人们的生活水平；通过对法制的信赖、对各种制度的自觉遵守，西方国家大大提高了社会的组织化、有序化程度，使西方社会日趋高效和有序。利用技术理性，西方国家成功地实现了本国的现代化，创造了高度发达的经济文明和政治文明。然而在西方国家现代性基本生成之时，技术理性的造成的危机亦已显现出来，技术理性的支配和控制的霸权倾向对人与自然关系的破坏、对价值理性的侵蚀和挤压，对人的精神意义、世界的遮蔽等使人们不得不对技术理性进行重新审视和定位。

这一任务对于作为后发现代性的中国而言尤为重要。对于属于先发现代性的各西方国家而言，在其现代性发展的初期是没有能力认识技术理性制造的危机和风险的。但对于属于后发现代性的中国来说，即便是中国的现代性刚刚生成，西方的前车之鉴已经为我们审视技术理性提供了可能性，再加上我国在当前现代性发展过程中已经切身遭遇到的技术理性垄断所引发的种种危机为我们审视技术理性提供的事实前提，重新审视技术理性、探究技术理性悖论及其带来的危机和伤害已经成为中国现代性建构过程中规避现代性危机的必要要求。从中国社会发展的现实状况来看，技术理性所引发的社会危机并没有构成我们全面否定技术理性的原因。对于生产力水平还比较落后、社会民主化、法制化程度仍急需不断提高的中国而言，理性的培育远比理性的消解意义重大。一方面，我们应合理利用技术理性提高科技发展水平，促进经济发展，建立社会基本规范，完善各项政治民主制度，提高社会的组织化程度。另一方面，校正技术理性的霸权倾向，通过价值理性的构建去规避和疏导技术理性膨胀引发的社会危机。

重新定位社会理性的目的在于为中国现代性的建构提供根据。由于后现代对理性的严厉批判和解构使得理性在中国也一度成为了被质疑的对象。事实上理性作为现代性的本质因素是启蒙以来人类社会发展和进步的最主要的推动力量，现代文明的形成都受益于理性的发展。所以理性作为现代性本质因素的地位与作用在现代性的发展进程中是不容否定的。西方之所以出现了反理性的后现代主义思潮是因为西方现代社会在经历了发展的高峰阶段后已经开始逐渐步入后现代社会，而我国的现代化进程无疑和西方社会之间存在一个不小的时间差，我国还处在现代化建设的进程当中。到目前为止，我国现代的社会秩序、规范还没有完全建立、现代的价值观念还没有形成、个人和社会行为当中还存在诸多的非理性因素。身处如此阶段的中国现代性相对于西方的理性批判和解构来说更需要的是理性的建构，但这种理性建构不是西方普世价值的简单照搬，而要结合中国具体国情以后现代的批判眼光进行理性重建。

中国作为一个诱发型外源性后发现代化国家的特殊性质决定了其社会理性重建过程中应该以全球化为目标努力实现传统和现代的对接、东方和西方的互动与平衡。中国是在资本主义的冲击下被迫走上现代化道路的，中国人对西方现代性理念的接受一开始就伴随着中国传统理念对现代性的审视和批判。这种审视和批判固然有因为传统理念自身的保守性而导致的对现代性的愚昧的排斥，但也有从中国的传统文化中为现代性寻求根据，并对这种根据进行解释的努力，恰恰就是这种努力使西方现代性得以在传统中国的土壤中生根发芽，再加上对西方后现代性批判的借鉴，使西方现代性在中国的发展逐渐摆脱了西方的范式而最终拥有了中国的特性，孕育出了中国的现代性。所以在中国现代性工程的建构过程中，传统与现代、东方与西方不应该是对立的两极，传统性、现代性和后现代性三种文明范型的碰撞也不能成为制约中国现代性发展的瓶颈。相反，传统的审视、现代的引进、后现代的批判都是促进中国现代性内生的动因。在中国现代性工程的建构中，既要以西方现代性为背景批判传统社会的黑暗，又要以后现代的批判眼光对西方现代性进行反思、批判和创新，中国的现代性才能摆脱移植性质，实现现代性的内在超越，培育出真正自己的现代性。中国发展现实要求所建构的社会理性既要能体现自由、正义的理性精神又要能反映中国现代性要实现国力壮大和民族复兴的特殊价值追求，同时还能最大限度地促进人的真正解放与自我实现。这种社会理性构成了中国现代性社会工程的基本依据。科学发展观和构建社会主义和谐社会的理论的提出就是我国重建社会理性的尝试和结果。这些理念中蕴含着中国当前社会发展的新的模式、新的方向以及当代中国人的新的生存样态。但这种社会发展理论的探索在我国还仅仅是刚刚开始远没有结束，它必须随着现代化进程的发展不断丰富和完善。

第三，我国现代性建构基本理念的确立。

我国现代性建构的基本理念至少应包含以下五个体现中国特色的社会主义建设的基本观念：

1. 物质文明观

物质文明是人类社会生存和发展的前提和物质基础，因而也成为我国现代性建构过程中的首要建设目标。长达十年的“文化大革命”结束后，面对国内经济萧条、生产力水平低下、人民群众生活贫苦的现状，邓小平毅然决然地停止了“以阶级斗争为纲”的“左”倾错误，提出“发展才是硬道理”的思想主张，并果断地将经济建设确立为一切工作的中心，明确了“三步走”的发展战略，从而掀开了中国改革开放的新时代，标志着物质文明建设真正被提上中国现代化建设的日程。此后，随着改革的深入，社会主义和市场经济之间的对立被邓小平关于“计划经济不等于社会主义，资本主义也有计划；市场经济不等于资本主义，社会主义也有市场”[①]的南方讲话彻底打破，为我国的经济体制改革扫除了思想障碍。社会主义市场经济体制作为改革的重要成果开始在中国建立并迅速发展。以江泽民为核心的领导集体继承了邓小平的建设理念，围绕社会主义市场经济提出了新的主张。江泽民指出：“大量事实表明，市场是配置资源和提供激励的有效方式，它通过竞争和价格杠杆把稀缺物资配置到能创造最好效益的环节中去，并给企业带来压力和动力。”[②] 根据这一认识，党的十四大明确提出建设社会主义市场经济体制的目标。社会主义市场经济体制的建立为中国经济发展注入了新鲜活力，促进了我国生产力水平的快速提高，使我国的综合国力和人民生活水平提升到前所未有的高度，但这远未达到国富民强的建设要求。进入21世纪后，中国社会发展的国际环境和国内条件都发生了显著变化。国际上霸权主义、恐怖主义等的存在成为制约中国发展的现实威胁，让中国感受到了前所未有的巨大的国际压力。国内资源短缺、环境危机、人口增长等客观因素又成为制约中国社会发展的瓶颈。中国社会发展所面临的诸多社会现实难题让“如何发展”、“如何更好的发展”成为我国亟须解决的重大理论问题和实践难题。所以以胡锦涛同志为代表的领导集体依然重视物质文明建设。党的十八大报告指出：以经济建设为中心是兴国之要，发展仍是解决我国所有问题的关键。只有推动经济持续健康发展，才能筑牢国家繁荣富强、人民幸福安康、社会和谐稳定的物质基础。必须坚持发展是硬道理的战略思想，决不能有丝毫动摇。报告还提出了精确的、量化的经济发展目标，即提出居民的收入要在十年的时间里实现倍增，到2020年，实现国内生产总值和城乡居民人均收入比2010年翻一番。

---

① 《江泽民文选》第1卷，人民出版社2006年版，第225页。

② 同上书，第200页。

改革开放至今，我国的物质文明建设取得了丰硕的成果，国民经济的持续、健康、快速发展使我国的经济实力、经济结构优化程度、市场经济体制的发展程度、对外开放程度以及人民群众的生活水平都获得长足发展和巨大提升，实现了历史性的飞跃。来自国家统计局的数据显示：从规模上看，GDP 总量到 2011 年达到 43.7 万亿元，比改革开放初期提高 20 多倍（按不变价计），年均增长率达到 9.9%，折算成美元已成为居美国之后的世界第二大经济体；人均 GDP 达到 3 万多元，较改革开放初期增长 16 倍左右（按不变价计），年均增长率达到 9%，折算成美元已超过 5000 美元，高于当代中等收入发展中国家的平均水平（4400 美元），实现了从低收入的穷国向中等收入发展阶段的穿越。从结构上看，三大产业的产业结构高度显著上升，尤其是农业劳动力就业比重从开始的 75% 左右下降至目前的 36.7%，实现了从贫困型经济结构（当代低收入穷国农业劳动力就业比重平均为 72% 左右）向小康型经济结构（中等收入发展中国家农业劳动力就业比重平均为 30% 略多）的转变；城镇化率取得跨越性进展，到 2011 年首次超过 50%，达到 51.3%，从初期的 20% 以下，进入到城镇化加速期（30%—70%）；居民消费结构呈现良性变化趋向，恩格尔系数从初期的 60% 以上（贫困状态），降至目前的 40% 以下（小康向全面小康过渡状态），等等。[①] 以上数据表明我国的物质文明建设不仅维持了数量上的快速增长，同时也取得了实质性的成果，标志着我国的社会主义物质文明建设到已经上升到一个全新的台阶。

我国多年来取得物质文明建设成果显而易见，但存在的问题也不容忽视，主要包括以下三方面：一是经济发展区域不平衡。一方面，东部地区经济优势明显，西部地区相对落后；另一方面，城市经济发展很快，但广大农村经济发展却普遍滞后，“三农”问题突出。二是经济结构不合理，工业和农业结构不合理，第三产业明显落后。三是经济发展方式落后。随着人口红利和土地红利的不断减弱，粗放型经济增长方式的发展困境日益明显，难以为继。

① 刘伟：《在社会主义市场经济伟大实践的基础上树立中国经济理论的自信》，《政治经济学评论》2013 年第 1 期。

审视我国经济建设面临的实现问题，我国现代性的构建过程中应该确立如下的物质文明观念：第一，物质文明是我国现代性建构的重要目标。解放和发展生产力是解决中国社会一切问题的关键所在，也是全面建设小康社会的根本。能否创造出比其他制度更高的劳动生产率即物质文明成果也是衡量社会主义制度优越性的直接标准。因此肯定物质文明的地位，重视物质文明的问题，加强物质文明的建设，充分发挥物质文明的作用是未来相当长一段时期内我国社会主义建设的首要任务。正如胡锦涛同志所说，“集中力量发展经济，使我国形成发达的生产力，这是中国特色社会主义事业兴旺发达的物质基础，是我们在日益激烈的国际竞争中掌握主动的物质基础，也是国家繁荣富强、人民安居乐业和社会长治久安的物质基础”①。第二，追求速度和质量、产值和效益相统一的物质文明。多年来我国的经济建设一直保持高速增长，但对速度的追求并不是社会主义物质文明的全部要义。光有速度和产值，没有质量和效益，最终我们的经济发展只能徒有虚表，而无法形成真正的竞争力和经济实力。因此如何更好地实现速度和质量、产值和效益的有机结合才是未来物质文明建设的方向。为此，加大先进科学技术的应用、科学规划经济发展的规模和区域、合理安排经济的基本结构、转变生产方式和管理方式，节约资源和成本都将是我国经济建设调整的方向。第三，构建科学发展的物质文明。科学发展观是党的新一届领导集体在中国现有的发展基础之上，对经济社会发展规律认识深化的理论结果。它既是对以往社会发展观念的传承和发展，更是对马克思主义的社会发展理论的深化和丰富。作为马克思主义社会发展理论的新发展，科学发展观对以往诸多社会发展观念形成了一种超越。科学发展观抓住了社会发展的两大核心：一是人与自然之间关系的协同进化；二是人与人之间关系的和谐发展。通过两大关系的和谐共建，科学发展观既批判了传统经济发展观中单纯追求经济增长的发展目标，又充分吸收了可持续发展观中的合理因素，确立了实现人的全面、协调发展的价值旨趣，通过对现有社会、经济与生态环境之间整体协调关系的平衡再造，力图构建一个人自

---

① 胡锦涛：《用“三个代表”重要思想武装头脑指导实践推动工作》，《求是》2004 年第 1 期。

然、经济与政治和文化、物质与精神和谐统一的社会系统。科学发展观以自然、人、经济和社会为基本构成要素，以全面、协调、可持续发展作为内在的发展逻辑，从而形成了一个内涵丰富、理论基础坚实的、科学的发展观念。作为一个从中国实际出发但又具有普遍意义的社会发展观念，科学发展观的理论创新意蕴不言而喻，正如著名学者雷默（Joshua Cooper Ramo）在《北京共识》一文所说："中国发生的事情正在改变国际发展、经济、社会，以及——广而言之——政治的整个图景。"① 这充分表明科学发展观正在对中国以外的世界产生巨大影响。这种新的发展理念不仅适合中国，也是适于追求经济增长和改善人民生活的发展中国家效仿的榜样。所以雷默得出这样的结论：中国的发展观正在全世界产生涟漪效应。由此可见，科学发展观是中国在新的历史阶段为破解发展难题、创新发展观念而提出来的，体现了中国社会的发展理念由"发展是硬道理"到"全面、协调、可持续发展"的历史性转变。这种转变不仅仅是社会发展观念上的转变，它最终要体现在现实的社会经济实践当中，这使得科学发展观必须由发展观念转化为发展实践，通过其全面、协调、可持续发展的现代发展范式的广泛确立，从而构建起一个真正实现以人为本、促进人与自然协调共生、经济社会全面进步的和谐社会。

2. 政治文明观

政治文明是社会文明中不可或缺的重要组成部分，体现了人们对于理想的社会制度和美好的社会关系的追求与向往。中国在进行经济体制改革的同时也在思考社会主义政治文明的发展，积极推进政治体制改革。党的十五大报告首次打破物质文明和精神文明的双文明理论框架，提出了建设有中国特色社会主义的经济、政治和文化的基本要求，并把依法治国、建设社会主义法治国家作为国家政治建设的方向。这是"社会主义政治文明"第一次进入到人类文明的范畴中，这既是我国早期政治文明建设取得的重大成果，也标志着中国特色社会主义政治文明进入一个新的发展阶段。此后，党的十六大报告又明确指出："发展社

① 刘桂山：《"北京共识"为世界带来希望——西方学者谈中国经济发展模式的理论实践》，《参考消息》2004 年 6 月 3 日第 15 版。

会主义民主政治，建设社会主义政治文明，是全面建设小康社会的重要目标。”① 建设有中国特色的社会主义政治文明正式获得了和物质文明建设同样重要的地位，成为中国特色社会主义的内涵之一。随着思想认识的深入，我国的政治文明建设取得了显著成果，围绕着政治制度、民主制度和法律制度建设，设计和制定了大量方针政策和规章，各项制度的不断完善有效地加快了我国民主法治建设的步伐；政治道德得以弘扬，政治领导者表现出良好的政治品德；社会法制在不断健全，民众的民主、自由、平等权利实现的程度大大提高，能够保证公民的政治参与度和有效性；社会各领域实现了平稳发展。与此同时，不能忽略的是我国的社会主义政治文明建设还存在着一些亟待解决的现实问题，比如现行的民主政治制度不够完善，缺乏有效的实施机制，导致制度有效性大打折扣；公民的政治意识薄弱、政治素质存在明显的差异性。在这两方面因素的共同作用下，我国有相当一部分政治参与者的行为缺乏规范性，包括部分领导者贪污腐败、滥用职权，也包括部分民众以非法手段维护自己的合法权益等。

随着我国社会改革进程的不断推进，社会主义建设对我国的政治文明水平提出了更高的要求。胡锦涛在党的十八大报告中就指出：中国特色社会主义政治发展道路是团结亿万人民共同奋斗的正确道路。我们一定要坚定不移沿着这条道路前进，使我国社会主义民主政治展现出更加旺盛的生命力。足可见我国的政治文明建设依然任重道远。我们应该秉承的政治文明观念应包括如下三方面内容：第一，相信改革、深化改革。政治体制改革是我国全面改革的一个重要组成部分。深化政治体制改革是健全人民民主、更好的维护和实现广大人民群众根本利益的根本途径。应该按照党的十八大的要求，积极深化对改革的思想认识，按照十八大报告中所提的政治体制改革的主线，将改革深化到各个具体领域，提高制度运行的效率，推动社会主义民主与法治建设的全面发展。第二，实现和保障人民当家做主。社会主义政治文明是一种更高级别的现代文明，其高级之处就在于它打破了传统政治文明中少数人统治多数人的统治方式，力求实现广大人民当家做主的意愿，这也恰恰是其中国

① 《十六大以来重要文献选编》（中），中央文献出版社2006年版，第387页。

特色所在。因此如何更好的实现和保障人民当家做主理应成为社会主义政治文明建设和发展的主导理念。根据这一要求，我国的政治文明建设应以马克思主义政治学说为指导，尽快建立和完善能充分体现人民群众利益的民主政治模式，设计和制定科学、高效的政治法律制度和机制。第三，积极促进传统政治文化的现代性转型。政治文明与一个国家的社会意识形态关系非常密切，这是文化对政治文明的最主要的影响。我国是一个有着悠久历史的大国，传统文化根深蒂固、影响深远，构成了我国政治文明的思想之源和历史基础。能否妥善处理好传统文化尤其是传统政治文化的现代性转型将直接影响我国社会主义政治文明建设的发展。因此，努力实现传统政治文化和现代文明的有效对接，促进传统文化的现代性转型，为政治文明建设注入活力，将是今后我国政治文明建设的重要内容之一。

3. 文化发展观

关于人类的精神生产和文化活动的本质，马克思和恩格斯做过这样的解释：“我们的出发点是从事实际活动的人，而且从他们的现实生活过程中还可以描绘出这一生活过程在意识形态上的反射和反响的发展。甚至人们头脑中的模糊幻象也是他们的可以通过经验来确认的、与物质前提相联系的物质生活过程的必然升华物。因此，道德、宗教、形而上学和其他意识形态，以及与它们相适应的意识形式便不再保留独立性的外观了。它们没有历史，没有发展，而发展着自己的物质生产和物质交往的人们，在改变自己的这个现实的同时也改变着自己的思维和思维的产物。不是意识决定生活，而是生活决定意识。”① 物质生产决定着精神生产，一句话充分表明了物质文明和精神文明的关系。因此两个文明共同进步一直是我国社会主义建设的重要任务。邓小平指出精神文明是社会主义的重要特征，是坚持社会主义道路的四项保证之一，是社会主义制度优越性的重要表现。江泽民从文化建设的角度思考社会主义精神文明建设问题，提出建设中国特色的社会主义先进文化的要求。胡锦涛将文化建设与其他四个建设纳入五位一体的中国特色社会主义的总体布局来凸显精神文明为我国建设提供思想文化保障的重要作用。

① 《马克思恩格斯文集》第1卷，人民出版社2009年版，第525页。

全球化的时代背景早已将各个传统文化形态的边界模糊化，文化间的交流与沟通日渐频繁，各国文化间的竞争也因此日渐激烈，从而使文化实力在各国综合国力中所占的比重不断上升。民族精神、科技、教育等文化因素对各国发展的影响力正在不断增强，主要表现为：一方面，文化产业展现的硬实力日渐强盛。作为高新技术和文化相结合的产物，文化产业引领了世界的产业发展潮流，正在成为众多发达国家的支柱产业，在国民经济中所占比重逐年增加。另一方面，文化及其影响力所展现的软实力不容忽视。优秀的文化具有强大的文化感召力和凝聚力，能够丰富人们的精神世界，成为联系民众的强力纽带，同时还能赋予国家以文化魅力，增加该国的感召力。所以钱穆先生将文化看作是一个“国家民族的生命”，强调“如果一个国家没有了文化，那就等于没有了生命”①。基于这一认知，我国社会主义精神文明建设应以如何培育中国特色社会主义的文化发展观为目标，充分发挥文化对国家民族发展的强大动力。中国特色社会主义文化发展观应该包括以下几方面内涵：（1）民族性；中华民族的传统文华是支撑中华民族跨越几千年文明史的精神支柱，具有极强的稳定性，是中华民族凝聚力和向心力的源泉所在。因此，不管世界如何发展变化，保持我国传统民族文化的独立性都是第一位的，不容置疑的。但是保持民族文化的独立性并不意味着僵化和封闭，而是要在对优秀文化传统的弘扬和对文化糟粕的扬弃并行中充分发挥传统文化的精髓和魅力，实现民族文化从传统到现代的华丽转身。在这里文化上的复古主义和历史虚无主义都是错误的，必须加以警惕。（2）世界性。在全球化的背景下，中国的文化发展必须带有世界意识，体现世界性。马克思对于这一点作过专门阐述：“资产阶级，由于开拓了世界市场，使一切国家的生产和消费都成为世界性的了。过去那种地方的民族的自给自足和闭关自守状态，被各民族的各方面的互相往来和各方面的互相依赖所代替了。物质的生产是如此，精神的生产也是如此。各民族的精神产品成了公共财产。民族的片面性和局限性日益成为不可能，于是由许多民族的和地方的文学形成了一种世界的文

① 姜义华：《港台及海外学者论中国文化》，上海人民出版社1988年版，第1页。

学。"[①] 文化发展的世界性要求我们以开放、包容的姿态去对待世界各种文化形态，借鉴和吸收其他文化中的精华，尤其要理性、妥善处理西方文化和中国文化的关系。（3）创新性。中国特色社会主义文化是一种新兴文化，是我国多年来社会主义文化建设取得的优秀成果。中国特色社会主义文化本身就是文化创新的产物，更要通过不断的创新来凝练和形成自己的中国特色，所以创新性是我国文化发展的必然要求，只有在不断创新中，我国文化才能不断地保持活力。

4. 和谐社会观

进入新世纪后，随着我国改革的全方位推进，被触及的领域、被涉及的利益日渐增多，由此引发的社会矛盾也不断增加，改革也由此进入矛盾凸显期。为维护社会稳定，社会建设开始提上我国社会主义建设的日程。党的十六届四中全会正式提出构建社会主义和谐社会的目标，指出："要适应我国社会的深刻变化，把和谐社会建设摆在重要位置，注重激发社会活力，促进社会公平和正义，增强全社会的法律意识和诚信意识，维护社会安定团结进一步将不断提高构建社会主义和谐社会的能力作为党的执政能力建设的主要任务。"[②]党的十六届六中全会又进一步明确了和谐社会建设在中国特色社会主义事业总体布局中的地位。构建和谐社会是我国正在进行的一项重大战略任务，关乎社会的稳定和国家的长久发展。

我们所要建设的社会主义和谐社会是一个充满民主法治、公平正义、诚信友爱、充满活力、安定有序、人与自然和谐相处的社会。由此可见，和谐社会观的内涵十分丰富。首先，是人自身的和谐。人是社会发展的主体，人的个性和谐是社会和谐的根本前提，同时，人的个体和谐又是自然与社会和谐的产物。所以，从根本上说，人自身的和谐，就是要实现人的自由全面发展；人自身的和谐，就是要有健全的人格，有正确的世界观、人生观和价值观，能正确处理个人与自然、个人与社会的关系，真正融入自然、融入社会、融入集体。其次，是人与自然的和谐。自然环境是人类生存的必备前提和条件。但自然界向人类提供的资

---

① 《马克思恩格斯文集》第2卷，人民出版社2009年版，第35页。

② 《十六大以来重要文献选编》（中），中央文献出版社2006年版，第286页。

源是不可再生的，人类需求的增长与自然界所能提供的各类资源必须相适应。我们在追求发展进步的过程中出现了人与自然不和谐的现象，生死存亡环境的破坏制约了经济社会的发展，也影响了人民生活水平和生活质量的提高。因此，走人与自然和谐发展之路，保护和改善生态环境，发展循环经济，提高资源利用效率，是我们重新审视人与自然关系后作出的理性抉择。再次，是人与人及人与社会的和谐。这既包括个人与个人、群体与群体之间的关系，也包括个人与群体之间的关系。“利之所在，天下趋之。”人与人之间的关系，本质上是一种利益关系。所以妥善协调和处理人们之间的各种利益关系，是实现人与人和谐的关键。同时，人与人之间关系是人与社会之间关系的具体体现。人是社会的主体，各种社会关系是人与人在其社会实践过程中发生和建立起来的。但是，社会关系一旦被建立起来并被固定化、制度化后，就会规范和影响人与人之间的关系。因此，人的发展与社会的发展总是相互作用、相互制约的。而人和社会的和谐发展也就成为人们追求的理想和目标。最后，是国家内部系统诸要素的和谐。国家是涵盖经济、政治、文化等许多相互联系、相互依赖、相互影响、相互制约的要素的有机整体。和谐社会必须是经济、政治、文化等各要素之间和谐、协调发展的社会，是经济关系、政治关系和思想关系之间的和谐，即要通过生产关系适应生产力，政治和观念的上层建筑适应经济基础的发展要求和需要，实现全社会的经济、政治和思想的协调发展，物质文明、政治文明和精神文明的共同进步。同时，国内各地区、各行业、各阶层之间的和谐，也属于国家内部系统诸要素之间和谐的范畴。

5. 生态文明观

创造一个最适合于人类本性的良好的生态环境，保证人们的生态需求得到应有满足，提高生态环境的供给能力已经成为现代人类社会生活的一项重要内容。目前我国正在经历着各种生态问题的困扰，这不仅需要我们从全方位的视角对我国的生态文明建设进行理性的思考，更要加强对社会主义生态文明观的系统建构。协调人与自然的关系，建设生态文明并不是一个简单的环境问题，而是社会主义发展的内在要求，也是中国特色社会主义建设的目标之一。十八大报告将生态文明建设列入“五位一体”的总体布局，提出“建设美丽中国”的目标，表明我国已经把生态文明建设放在了突出地位。然而，面对以资本主义为主导的工业文明在解决生态问题上的无力状态，我们迫切需要对人与自然、人与社会、经济与生态、社会与环境的关系问题给出社会主义的回答，需要确立中国特色社会主义生态文明观来阐释社会主义生态文明建设的新命题、新理论，通过生态问题的中国式解答、生态文明建设的中国特色来彰显出中国特色社会主义在建设社会主义生态文明方面的巨大优越性。

中国特色社会主义生态文明观是在总结人与自然、人与社会辩证发展的人类文明史的基础之上，基于人类社会发展规律的高度提出的解决生态问题的新理论和新主张。从人类文明发展史来看，原始文明、农耕文明和工业文明在创造越来越多的社会物质财富的同时也将人类推入了生态危机的边缘，由此证明单一的物质文明并不是人类文明发展的美好范型，人类社会的进步必须依赖新的能够超越传统单一物质文明的生态文明。这种新的文明形态能够从“人、社会、自然”复合系统的整体性出发，以人类与其生存生态环境的协同进化与协调发展为价值取向，提供出实现人与自然和谐发展的新模式和新途径，从而将人类文明体系由原来的“社会世界”扩展到“自然世界”，实现人类社会在更高的基础上的文明和进步。中国特色社会主义生态文明观正是着眼于中国社会主义现代文明建设的基本实践，在总结人类生态环境建设的历史经验基础之上对如何建设生态文明所作出的社会主义的回答。中国特色社会主义生态文明观是由多个相互联系、相互支撑的生态价值观念构成的理论体系，主要涵盖四大核心理念：生态价值观、生态经济观、生态政治观、生态科技观。生态价值观继承了中国传统的“天人合一”的朴素的和谐自然观念，肯定自然的内在价值和自然权利不依赖于人的独立性和客观性，承认人与自然的相互依存关系，强调敬畏自然，尊重自然。生态经济观主张经济发展与生态平衡的相互协调，在揭示传统经济发展方式弊端的基础上强调保护环境生态与社会经济发展和科技进步同等重要，其追求的最终目标就是实现经济运行生态化与生态环境经济化。生态政治观视环境问题为社会问题，强调解决生态问题不仅要调节人与自然的关系，更主要的是调节人与人、人与社会之间的关系，借助社会结构、制度、规范、管理等社会手段解决生态问题，促进生态的健康与可持续发展。生态科技观是在反思及批判技术理性垄断基础之上提出的新的科技发展理念，坚持科技为人类服务的宗旨，主张科技的应用应以能促进生态系统的良性循环为前提，反对滥用科技，肯定科技自身发展的盲目性，倡导建立科技评价体系，监督和引导科技发展。

中国特色社会主义生态文明观重新定位了人与自然、人与社会的关系，理性审视了经济与社会、社会与环境的内在冲突，厘清了生态与科技的关系。作为一个正在发展和不断创新的理念，中国特色社会主义生态文明观把人类文明发展的共性和中国社会主义文明的个性紧密结合起来，运用中国特色的学术话语体系去阐释生态问题，既是对马克思主义生态理论的丰富和发展，更代表着社会主义现代文明观的一次重大转折。因此可以说，中国特色社会主义生态文明观内含着生态文明观的一般性质，又凝聚着我国生态文明发展的特殊要求和气质。从实践的角度看，中国特色社会主义的生态文明建设实践需要有中国特色社会主义生态文明理论的指导。中国特色社会主义生态文明观所研究的是我国生态文明建设中的前瞻性、全局性、战略性的核心理论问题和重大实践问题，因此相关理论研究就能够为审视和处理我国现代文明建设的各种问题，提供完备、科学的坐标体系，其关于我国生态文明的发展理念、发展的基本态势和建设思路的相关理论研究成果能够有效推动我国从不可持续发展经济时代向可持续发展时代的重大转变，促进我国社会主义生态文明的发展和进步。以中国特色社会主义生态文明观为理念指导我国生态文明建设实践，能够使我们更加理性地认清我国生态问题的现实困境，提出更加科学理性的解决方案，促进生态文明的发展和进步。

五位一体的发展规划既要凸显出发展是当前中国的第一要务，又要兼顾政治建设、文化建设和社会建设的多方协调和整体推进；既要促进社会生产发展、人民生活水平提高，又要兼顾生态文明、人口资源环境相协调；既要重视物质文明建设，又要构建社会主义核心价值体系；既要追求社会发展的速度，又要兼顾结构质量效益相统一，最终通过中国社会的物质文明、政治文明、精神文明、社会文明和生态文明的全面协调发展来弘扬传统现代性中有利于中国社会发展的价值因素，同时又达到规避现代性危机，把现代性的消极后果降低到最低的社会效果。

第二节　社会工程设计与中国现代性的制度完善

毋庸置疑，现代性开辟了人类社会发展的全新时代，对人类发展有着积极的意义和价值，这是中国选择现代化进程、培育现代性的原因所在。但是面对现代性的负面效应，我们也必须清醒地认识到只有在追求现代性的过程中规避其负面效应，找出原因、降低风险，中国的现代性才有其存在的可能性，才能不断发展。因此，探寻一条新的现代性发展路径、挖掘一种新的现代性发展模式就成为中国追求现代性过程中的核心问题。当马克思把对现代性的批判变成了追求社会主义理想的必然性论证的时候，就已经昭示了中国现代性发展的必然路径那就是将现代性和社会主义结合在一起，通过换一种社会制度给现代性发展提供一个全新的不同于资本主义的社会环境，从而达到消解其各种弊端和负面危机的效果。由此可见，如何实现现代性和社会主义制度的有机结合就成为关乎中国现代性能否生成的关键所在。以制度设计为核心的社会工程设计对解决该问题起着重要作用。通过对中国现代性建构这项社会工程的科学设计，将主体性、社会理性、人文性、技术性等设计理念嵌入到中国现代性的发展规划当中，通过社会制度的完善对现代性危机加以规避、对现代性的诸多矛盾和问题加以化解将使我国在培育中国现代性的进程中少走弯路，提高效率和效益。

一　社会工程设计解读

在社会工程活动中，设计具有特殊的重要性，是社会工程的核心环节。社会工程作为有目的、有组织、有计划的人类活动，其设计过程是人的主观能动性得以集中突出表现的关键环节。所以成功的设计是社会工程顺利建设和成功运行的前提、基础和重要保证，而拙劣的设计则必然会为整个社会工程活动埋下失败的隐患。

（一）社会工程设计的内涵

从字面上看，“设计”有“设想”和“计划”之意。在《现代汉语词典》中，“设计”一词主要指“根据一定的目的要求预先制定方法、程序、图样等的活动”。从广义的角度来看，设计几乎可以涵盖人类有史以来的一切文明创造活动，包括一切图示化的意念、事物筹划和空间的处理与安排等；从狭义的角度来看，设计主要指人们凭借才能技巧、行为操作去运用、制作一定的物质媒介，创造出一个新的物质实体的过程，如家具设计、建筑设计等。从本质上看，设计其实就是一种带有目的性的人类思维活动，是人类对自己所从事的实践活动的预期目的与结果的认识和假想。马克思将思维的逻辑运动划分为两个阶段，即“完整的表象蒸发为抽象的规定”和“抽象的规定在思维行程中导致具体的再现”。[①] 设计正处于马克思所说的第二个阶段。作为思维的具体，设计在人的认识过程中处于重要位置。设计这种思维活动是发生在具体实践之前的一个超前的认知活动，是设计者在头脑中形成的关于某事物的思想形式，根据这一思想形式，才能产生后来的具体的实践活动。所以在从设计思想的产生到设计方案的完成的整个过程中，构思和创造性贯穿始终，成为设计的灵魂所在。从产生的历史来看，设计是伴随着人类的出现而产生的。在劳动的过程中，人的创造性思维得到了充分发展，石器工具的发明和使用是人类有目的、有意识的设计活动的开始。此后，随着人类社会的发展和进步，人们对设计的要求也在不断提高，从最初对实用功能的满足，到审美要求的提出，再到经济价值的重视，设计的内涵也在不断扩大，成为一个完整的从思维操作到行为再到实现其价值的创造性的过程。作为一种精神性的物质活动，在设计过程中，要研制和创造出现实中尚不存在的新的事物，并赋予其以物质和精神的双重功能和意义，从而不断丰富着现实世界中人工自然的内容。

在社会工程活动中，设计是一个起始性、指导性和贯穿性的重要环节。社会工程设计主要指社会主体对社会工程的整体筹划，即社会工程主体对社会工程的程序、细节、趋向、目标以及达到某种新境界的规划过程，包括社会改造的思维、计划、方案和具体活动安排等。社会工程活动实施的最终目的就是通过建构出一个新的社会模式、制度、体制和社会运行机制来实现对现有社会的改造。新的社会模式、制度、体制和社会运行机制作为社会工程活动的创造物是被工程设计者“设计”出来的、“构思”出来的，它们首先是以观念的形式存在于工程设计者的

① 《马克思恩格斯文集》第 8 卷，人民出版社 2009 年版，第 25 页。

头脑当中。从这一意义上说，社会工程设计的本质就是一种创造性思维活动，是社会主体对现存社会的应然化认识，是对未来社会的超前认知和把握，是社会主体的观念、意志在“思维具体”中的再现。在社会工程设计中，设计者要以具体的社会历史条件为基础，为重新规范人与人之间的社会关系，维系一定的社会秩序，创造出一种新的社会结构模式和新的行为规范、准则体系，协调社会诸要素之间的关系，稳定社会秩序，从而促进社会的发展和进步。通过社会工程设计实现了社会主体对社会世界的观念上的建构，也为社会工程活动的具体实现和展开提供了前提、奠定了基础。

（二）社会工程设计的逻辑前提

卡尔·波普尔曾就制度设计的重要性做过如下论述：“人们需要的与其说是好人，还不如说是好的制度。我们渴望得到好的统治者，但历史的经验向我们表明，我们不可能找到这样的人。正因为这样，设计使甚至坏的统治者也不会造成太大损害的制度是十分重要的。”① 话语之间，卡尔·波普尔表达出了他对于制度设计可能性的既不盲目乐观又不盲目悲观的科学态度。事实上，在科技水平高度发展的现代社会，人类是有能力对社会工程进行合理的设计的。与历史决定论者的观点相反，在现代社会发展的高度复杂性和多样性日益加剧的今天，人们想绝对地把握全部社会事实、高度精确地预测现代社会发展的未来进程已经成为不可能。人类理性能力的局限在无法完全把握社会历史发展的基本规律的过程中被展露无遗。但这并不意味着人类理性在社会发展规律面前就是无能为力的。人类凭借理性摆脱了对物的依赖，在不断发明创造出新的技术的过程中促进了人类自身的解放和进步，实现了人的独立性，从而完成了人的主体性地位的建构。在人类提升为主体的过程中，理性作为人的本质性力量在科学技术的不断发展过程中赋予了人类越来越强的认识世界和改造世界的能力。一方面，自然科学技术让人类得以窥视越来越多的自然奥秘，大大强化了人类改造自然的力度、深度和广度；另一方面，社会科学技术基本控制了社会政治、经济和生活的各个领域，使人类以科技的思维和方式实现了对社会结构和组织形式上的重新架

① ［英］卡尔·波普尔：《猜想与反驳》，上海译文出版社1986年版，第491页。

构。在现代科学技术统治整个世界的过程中，社会发展规律自然也成为人类探寻、利用的对象之一。社会科学就是人类探寻社会发展规律的认识成果，社会工程则是人类利用社会发展规律改造社会的实践过程。所以人类的理性虽然无法实现对社会发展规律的绝对把握，但却完全有能力做到利用规律来改造社会，正如卡尔·波普尔所说："规范与规范性法则却可以由人来改定或改变。特别是由遵守它们或者改变它们的某项决定或社会约定来制定或改变。"① 同样的道理，人类的理性虽然无法实现对社会工程的完全绝对科学的设计，但却有能力认识和掌握社会工程发展的规律，从而完全有能力设计出比较科学的社会工程。这既是人的主体性能力的鉴证，更是人的本质和尊严的彰显，由此也构成了我们追问社会工程设计何以可能的逻辑前提。

（三）社会工程设计的核心内容

制度设计是社会工程设计的核心内容。在人类社会历史发展的过程中，制度的创建和设计一直是人类的基本政治实践之一，是人类追求秩序的必由之路。无论人们关于制度设计是否可能的问题进行过怎样激烈的争论，一个不容否认的历史事实就是从柏拉图在其《理想国》一书中首开人类社会制度设计的先河开始，人类社会的众多社会制度都是人类进行制度设计的重要成果。正如经济学家道格拉斯·C. 斯诺所言："制度是为人类设计的、构造的政治、经济和社会相互关系的一系列约束，是人类设计出来的形塑人们互相行动的一系列约束。"② 任何社会制度都是人主观建构的产物，制度的人为性、设计性被表露无遗。所谓制度设计就是社会主体依据一定的社会目标和社会历史条件，依照一定的历史经验，建构一种新的、统一的行为规范和准则体系，协调社会群体的行为、规范社会关系的活动。对于制度设计的概念我们可以从以下几个方面加以解读：第一，制度设计的基本前提是人拥有理性的选择能力。人以合理的制度设计的方式摒弃了丛林法则，实现了政治生活的制度化与规范化，从而不断地改变着、创造着人类历史。道格拉斯·C.

① ［英］卡尔·波普尔：《猜想与反驳》，上海译文出版社 1986 年版，第 549 页。

② ［美］道格拉斯·C. 诺斯：《制度、制度变迁与经济绩效》，上海三联书店、上海人民出版社 1994 年版，第 64 页。

诺斯指出："制度构造了人们在政治、社会或经济方面发生交换的激励机构、制度变迁则决定了社会演进的方式，因此，它是理解历史变迁的关键。"① 从这个意义上说，社会的演变，政治的发展，制度的变迁，都是人类以其理性能力设计和参与历史的结果。第二，制度设计的核心问题是解决自由与秩序的矛盾。现代社会的核心价值就是追求个人自由，认为人的自由是社会发展的条件。但这里忽视了自由主体之间会相互冲突所导致的自由与秩序之间的矛盾，即一个人的自由与其他人的不自由、个人受益和他人及社会受损、个人的自由与社会的无序等冲突。解决这一矛盾的主要途径就是通过制度设计和建设来构建有秩序的自由，即在充分肯定自由的前提下，通过制度设计和建设来形成社会秩序，以社会秩序保证自由的充分实现。所以如何将个人自由形成社会秩序就成为社会制度设计所要解决的核心问题。第三，制度设计的目的旨在通过形成相对稳定有效的制度机制来重塑人与人之间的关系，从而化解不同社会行为主体间的矛盾和冲突、维护社会稳定。古罗马思想家波里比阿曾经发出过这样的追问："罗马人怎样和借助于什么特殊的政治制度，在短短不到53年的时间里，几乎征服和统治了全世界?"在波里比阿的追问中，制度设计和建设的重要性浮出水面。制度设计是社会改革与变迁的理性前提，只有进行审慎的制度设计，并对制度进行理性的比较选择，才能避免人类政治的无序。

二 以社会工程设计完善中国社会制度

亨廷顿曾经指出：社会的现代性是一个有机的整体，包括城市化、工业化、世俗化、民主化、普及教育和新闻媒体参与等相互关联的多个层面，但制度的现代化才是其最核心的层面。② 由此可见，现代性危机的频频爆发是和作为制度的现代性的不完善密不可分的，从制度入手完善现代性才是规避现代性危机的根本途径。在中国的现代社会转型过程中，这一要求就转化为如何将现代性注入中国社会主义的发展当中去，

---

① ［美］道格拉斯·C. 诺斯：《制度、制度变迁与经济绩效》，上海三联书店、上海人民出版社1994年版，第3页。

② ［美］塞缪尔·P. 亨廷顿：《变化社会中的政治秩序》，生活·读书·新知三联书店1989年版，第31页。

以实现中国特色的社会主义现代化。所以，全面推进和加强社会主义制度建设，根据中国国情设计出中国现代社会发展所需的理想的制度模式，进行制度建设和创新，实现现代性和社会主义制度的完美结合，这已经成为关系我国社会发展和社会稳定的核心问题。对于制度建设的重要作用，学者林尚立指出："中国社会发展的现实以及现代国家成长的逻辑，决定了制度建设将是现在以及未来中国国家成长的重要内容，同时也是国家成长的重要推进力量。"① 他把中国改革开放的历史看作是以现代制度为核心的现代国家建设的过程，揭示出中国社会转型的实质就是制度转型。中国社会制度的现代化绝对不可能是一个自然而然的自发过程，必须依靠社会主体的自觉的设计和建构，通过对中国社会理想的制度模式、有效的制度体系建设等问题进行科学的规划和设计来实现，这已经成为中国现代性建构工程发展的迫切需要。对于身处现代化建设关键阶段的中国来说，目前我国社会制度设计的任务主要包括以下三个方面：

（一）重视中国现代性制度设计的起点，探寻反映中国现代性发展需求的理想的社会制度模式

新制度学派的代表人物诺斯曾经指出：制度的发展有其自身运行的惯性，即制度运行时各种相关因素都会向着有利于这种制度选择的方向发展，所以人们一旦选择了某种制度形式，尤其是基础性制度，就会逐渐对这种制度产生依赖，从而使这种制度的作用不断得到强化。诺斯的观点启示我们一定要重视制度设计的起点，谨慎确定制度的初始选择。将这一要求落实到中国现代性的制度建设中就是要努力探寻反映中国现代性发展需求的理想的社会制度模式，利用制度选择的惯性使这种制度模式不断得到强化发展，从而为中国现代性的发展提供强有力的制度支撑。回顾中国社会制度建设的历史可以看出，近代以来，中国社会逐渐确立了以社会主义为制度选择建设现代化的发展目标。之所以选择这一目标是由近代中国的特殊历史条件决定的。近代资本主义对中国的经济侵略使中国人在为救亡图存而逐渐确立了现代性的追求的同时也开始了对西方现代性理念的批判和价值判断，其结果就是肯定了现代性文明对

① 刘建军：《制度建设与国家成长》，上海辞书出版社2003年版，编前语，第3页。

中国社会发展的积极意义，选择了发展现代性的目标，但否定了西方现代性的资本主义发展模式，对现代性的发展道路进行了新的选择，即以社会主义为制度选择确立了中国自己的现代化道路。建设社会主义现代化的目的就是为了使现代性成长成为中国特色社会主义发展的内在要求，并努力实现对现代性分裂的抑制，规避现代性的负面危机。由此可见，中国的社会主义制度选择是有其历史必然性的，对于这一选择我们必须坚定信念、绝不动摇。但与此同时，关于如何建设社会主义现代化、如何实现现代性和社会主义的完美结合也是摆在我们面前的现实问题。从社会制度设计的角度来看，这就要求我们首先要从理论上搞清楚中国现代性的建构需要什么样的社会制度支撑，才能为我们的具体制度的建设提供蓝图和方向。新中国成立后我国一直在探索、尝试解决这个问题，其中有收获也有经验教训。新中国成立初期，虽然我国就已经形成了以公有制为基础的社会主义国家制度，但此时的中国还称不上是一个真正意义上的现代国家。因为当时所采取的高度集中的计划经济体制使国家公共权力牢牢控制着整个社会，导致个人和社会基本失去了自主的权利。十一届三中全会之后，在邓小平的带领下，我国开启了新一轮建立现代国家的探索，相继开展了经济体制改革和政治体制改革。这场围绕着制度而展开的社会改革对我国社会原有的制度体系进行了深入的反思，在充分肯定了以公有制为基础的国家基本制度的基础上，提出了变革计划经济体制建立社会主义市场经济体制和民主制度的改革要求。以社会主义市场经济为核心，中国社会将逐渐实现由封闭向开放的转变、由农业国向工业国的转变、由政治伦理向民主法制的转变，最终实现由传统到现代的伟大跨越。更重要的是，通过社会主义市场经济的洗礼，要促进中国社会个体主体性、独立性和自主性的全面提升，真正实现人的现代化。社会主义市场经济体制的建立使中国的社会主义现代化进入了一个新的历史阶段，标志着我国不再照搬外国模式，开始走自己的路。社会主义市场经济既是对资本主义的批判，也是对社会主义的重新构建。以市场经济为基础，现代性和社会主义在中国找到了结合的新契机。由此可见，当中国社会历史的选择了社会主义制度之后，建立社会主义市场经济体制、民主制度和相应的配套制度就成为我国现代性制度设计的根本点所在。只有以社会主义市场经济为起点，努力探寻反映中国现代性发展需求的理想的社会制度模式，我国才能最终建立起一个全新的现代文明秩序。

由于社会主义市场经济体制的建立和完善并不是一蹴而就的，以社会主义市场经济为核心的中国现代文明范型的创建更是任重而道远，决定了我国的制度建设也将是长期的、艰巨的。诚如温家宝总理所言："社会主义制度，从理论到实践，从不成熟到成熟，需要经历一个相当长的历史进程。"① 这说明在我国基本制度建立以后，还存在着一个完善和发展的基本过程。回顾中国社会制度发展的基本现状，可以总结出其中主要存在着以下几个问题：一是以道德和乡规民约为代表的传统的人格化制度和以追求公共、客观的非人格化的制度在社会生活的各个层面相互对抗着、冲突着；二是由于民主制度的不完善导致的个人民主权利的不充分发挥和对个人自由意识的束缚；三是历史形成的"人治"的社会管理方式对社会制度实施和遵守过程的干扰和妨碍。面对中国社会转型的复杂状况，在以社会主义市场经济为核心的理想制度模式的设计过程中有这样几个必须加以把握的关键词：一是法制化。以理性为基础，强调平等的对待每个个体，并对社会成员的做事原则和行动规则加以明确规定，主张法律规则必须得到平等的适用和遵守，以此来彰显人的主体地位和尊严。二是民主化。强调保障全体社会利益主体的利益，保证人民当家做主的社会主义原则的实现。三是程序化。强调制度必须有科学的运行程序，要保证制度实施过程中能始终体现公平和正义。法制化、民主化和程序化共同构成了现代社会制度的基本特征，也是身处现代化建设进程中的中国在设计未来社会制度的过程中应该着重予以把握的中国社会制度模式的基本特征。

（二）抓住中国现代性制度设计的重点，完善中国社会制度运行的基本机制

由于制度运行的社会环境总是在不停地发生着变化，再加上任何制度设计都不可能是十全十美的，总会存在着某些漏洞，所以对制度的更新和调整就成为延长制度生命力的必然选择。邓小平在评价我国的基本

① 温家宝：《关于社会主义初级阶段的历史任务和我国对外政策的几个问题》，《人民日报》2007 年 2 月 27 日第 2 版。

政治制度时就曾经指出社会主义的基本政治制度是好的，具有资本主义政治制度所无法比拟的优越性，我们必须始终坚持这些基本的政治制度。与此同时，"党和国家现行的一些具体制度中，还存在不少弊端，妨碍甚至严重妨碍社会主义优越性的发挥"。[①] 邓小平一针见血地提出了制度的有效性问题。目前我国正处于社会转型的关键时期，政治、经济形势的巨大变革要求我国的制度无论从内容和形式都必须根据国家建设的任务的变化而不断丰富和发展。提出这一问题的实质在于解决中国现有社会制度中存在的制度虚设和制度失效问题。就中国社会发展的基本现状而言，中国现代社会制度的建设还处于起步阶段，一些制度还仅仅停留在理念层面上，具有强烈的理想色彩；一些制度因为刚刚建立还没有建立起相应的操作规程，难以付诸实践。提高社会制度的有效性已经成为中国社会制度建设的关键问题。从制度设计的角度来看，就要求在构思出一个新的社会制度的同时要设计出与该项制度相适应的各项具体制度运转的操作规程与运行机制，并在制度运行的过程中，根据实际情况对这些操作规程和运行机制不断地加以更新和完善。在中国社会基本制度已经确立的前提下，这一设计要求的实质就是从中国社会发展的实际状况和客观要求出发，探寻社会主义基本制度与市场经济、民主法制、竞争观念等运行机制之间的相容性，通过具体制度的运行机制的设计和规划为社会主义社会的运行和发展提供法定规范，为实现决策的科学化和社会生活的有序化提供充分保证。

我国的现代化建设是一项前无古人的伟大创举，中国现代性要在这场现代化运动中逐渐生成，面对这样一项艰巨的历史使命，没有一个开放统一的制度体系作为支撑是根本不可能实现的。尤其在建立社会主义市场经济的经济体制改革过程中，市场化使利与义、情与法、公平与效率密集地交织在一起，深刻的影响着社会成员的思想意识和行为方式。在市场经济逐利的本能驱动下，机会主义、寻租冲动自然成为普遍现象。此时如果没有明确的制度规范和强制约束来规范社会成员的行为方式，就会造成弱势群体的大量出现，引发社会不公，进而导致社会矛盾和问题的滋生。这就要求在我国现代性的建构过程中，不仅要设计出体

① 《邓小平文选》第2卷，人民出版社1994年版，第327页。

现公平公正的制度规范，同时还要在制度设计中，反复研究制度在执行过程中可能会碰到的各种问题，并根据制度设计的目标和基本理念设计出科学的制度执行程序，以程序公平保证社会公平的实现。就我国社会目前的发展状况而言，我国目前大部分的制度安排实体都体现了公平、公正的要求，但在制度执行过程中却缺乏科学的执行程序，结果导致社会不公平的出现。因为制度本身就是一种分配程序，通过公平的分配来合理配置社会资源保证社会的正义的实现，比如市场制度就是一种通过市场交易程序来配置资源的程序性机制，而民主制度则是通过人们参与权力资源竞争的程序实现对权力资源的公平分配。缺乏科学的制度执行机制，制度执行的结果就不可能是公平的，市场公平和民主都无法实现。所以，通过完善我国社会制度运行的基本机制，建立科学的制度执行程序来维持社会公平就成为我国现代性发展过程中制度设计的重点，这是调和各种社会问题、解决社会矛盾，实现社会和谐发展目标的必然要求。科学的制度执行程序应该平等的对待每一位社会成员，能为社会成员提供一整套意义明确的制度规范，在制度执行中注重政府行政过程的形式正义，即以程序的不可逾越来保证制度的执行力，通过制度执行机制的技术化将各种宗教的、伦理的、经济的、政治的因素都排除在外，从而确保社会体系按照制度安排顺利运行。与此同时这种追求程序公平的制度运行机制必须能够在制度上最大限度地维护所有社会成员的尊严和自由权利。因为一个真正的现代社会是一个追求自由的社会，这是现代性的基本价值目标。但这种自由本质上是“有秩序的自由”，即通过社会制度形成社会秩序来保证个体自由的实现。因此，科学的制度执行程序必须通过最小的强制实现社会个体最大的自由，将现代性对自由和秩序的双重追求整合起来。

（三）把握中国现代性制度设计的原则，确保社会制度设计的科学性与合理性

人类可以对社会制度加以设计，但并不是随心所欲的设计。在社会工程设计中有一些必须遵循的基本要求，它们构成了确保社会制度设计的科学性与合理性的基本前提。

第一，社会制度设计应以社会科学理论为指导。社会科学理论从不同的视角和层面上揭示了社会现象的本质、结构、特点和发展的基本规

律，从本质上而言就是社会思想家们认识和把握社会规律的思想成果。通过构建这些社会科学理论体系，不同历史时期的社会思想家们充分反映了他们对自己所处时代的社会问题的敏锐洞察力以及解决社会问题的创造力，并以非凡的理论勇气引导人们批判现实、唤起人们对未来美好的社会生活的憧憬。恰恰是在这个过程中，社会科学理论所具有的科学性、批判性、规范性和创新性得到了充分诠释和展现。强调社会制度设计以社会科学理论为指导，就是要将社会科学理论的上述特质贯穿到社会制度设计的全部过程中，为其提供思想保障，同时还要使社会科学理论的基本理念、思维方式和科学方法成为社会制度设计的构成要件，为人们更好地认知社会世界，把握社会规律提供智力支持。

第二，社会制度设计应符合社会规则。社会规则不是社会规律，它既不是自然事物发展的客观必然性，也不是人们思维过程的逻辑必然性，而是社会规律与社会选择的辩证统一。人作为社会制度设计的主体具有明显的主观目的性和价值取向。在解决各种社会矛盾、平衡各种社会关系的过程中，不可避免地会出现人的主观意愿与社会发展规律相背离的冲突。诚然，人类认识世界、改造世界的活动必须尊重客观规律，按规律办事，这是人类实践的基本前提，社会制度设计这项活动也不能例外。但这并不意味着人类就必须放弃自己的主观能动性，放弃自己的主观意愿。事实上，人作为理性的存在，不仅影响着人类社会历史的整个进程，更是历史的设计者和创造者。社会规则就是人类平衡人的主观意愿与社会规律之间矛盾冲突的产物。究其本质，社会规则是在人的主观期望与社会客观发展规律相结合的动态过程中被人为构建出来的，用以调整人在某种社会条件下应该怎样做和如何做的社会规范。它既受社会规律的制约，同时又满足了人的主观需要，是合规律性与合目的性的统一。所以，在人类社会的发展过程中，社会规则不是用来解答关于社会世界的是与非的问题，而是用来评价人们社会行为对与错、好与坏的标准。对于社会制度设计而言，社会规则将人的活动的规律性和选择性有机结合起来，构成了设计的具体理由和基本依据。社会制度设计必须以社会规则为指导，使其设计的社会制度与社会规则相协调，才能保证社会系统的良性运行和稳定发展。所以社会制度设计不仅要遵循社会发展的基本规律，还要从社会规则中寻找其自身的规定性。

第三，社会制度设计应具有可操作性。一个好的设计不仅要为没有解决的问题设定解析框架，更重要的是能提供解决问题的方案。设计存在的价值正在于此。设计不仅要在人的头脑中形成解决问题的方案，更重要的是这个方案必须是具体的，可以操作的，通过方案的实行能导致问题的解决。因此，社会制度设计必须凸显设计的工具性、可操作性和可实现性。只有将设计者头脑中的关于改造社会关系、社会组织、社会结构的形象构思转化为具体的社会现实，发挥出调整社会关系、解决社会矛盾的功效，一项社会制度设计的价值才能彰显出来。如果一项社会制度设计不具备可操作性，没有自我实现的能力，无论这项设计在理论上有多完美，也只能是一项“乌托邦”工程。这种设计只能是人力、物力和资源的浪费。社会制度设计的可操作性的强化有赖于人的技术理性能力的发挥。作为一种思维方式，技术理性的最主要特征就是把世界理解为工具，注重其功能和操作。从一定意义上说，社会制度设计就是社会技术与自然技术综合的运用和系统的提升，技术理性由此成为社会制度设计的最主要的支配力量。在技术理性的支配下，通过对技术工具和手段的合理运用，社会制度设计的工具性和实用性得与有效提升。所以，在社会制度设计中，不是要弱化而是要强化技术理性的作用。

第四，社会制度设计应具有可调节性。设计者在设计过程中遇到的最主要的挑战包括创造性、复杂性、选择与折中。所谓创造性是指设计者需要创造出一个从来没有过的、全新的东西；所谓复杂性是指设计者需要从数量很多的参数与变量中做出决策；所谓选择是指设计者需要在多种可能的各种层次，从基本概念到具体细节的设计方案中做出选择。所谓折中是指设计者必须能够有效协调设计需求中的各种冲突。创造性、复杂性、选择与折中这四项挑战决定了任何一项成功的设计都不可能是一锤定音，而是需要在实践中通过不断地自我调整逐步达到最佳的设计效果。社会制度设计因其设计对象的特殊性使其对自我调节能力的要求更高。人类社会结构的复杂性、社会系统的多层次性、社会关系的烦琐性、社会事件的不可重复性使由人构成的社会本身就具有很强的不确定性和不稳定性。这就给社会制度设计造成了很大的困难，使社会制度设计变成了一项非常复杂的活动。它对社会的设计和规划并不是一个完全从无到有的过程，而是要对充满着诸多矛盾、问题和冲突的现有社会进行重新改造和规划。在这个过程中，设计者不仅要对社会活动中能够预料到的细节进行设计，还要为应付社会发展中突然发生的或者事先根本无法预料的问题和情况做好准备。可调节性由此成为社会制度设计有序进行、取得预期效果的必然要求。

第三节　社会工程创新与中国现代性的结构重塑

自从中国社会进入现代化的世界历史进程之后，摆在中国人们面前的不是抽象的谈论和简单的解构、取消现代性的问题，而是如何建构、发展现代性的全新任务。面对西方社会丰富的现代化实践和生动的现代性生成历史，我们清楚地认识到由于中西方的文化传统和社会环境等各方面的现实差异决定了西方现代性并不适合于中国的问题情境，其基本理念、原则和价值预设对中国来说必然要起到参照系的作用，但却并不能够解决中国的所有现实问题。我们要建构自己的现代性，这是在对中国现代化实践进行反思的基础上萌发的现代性诉求。然而中国的现代性之所以被称之为“中国现代性”的独特性到底何在？中国现代性何以确认自身存在的价值？解答这一问题，需要我们从中国现代性建构的创新发展中寻找答案。

一　社会工程创新的内涵

（一）社会工程创新的基本内涵

“创新”是一个内涵丰富的概念，通常人们主要从创造学、经济学等角度对其加以界定，如创新作为创造学的一个基本概念，等同于创造，意为创造出具有新意的东西；从经济学角度看，美国哈佛大学教授熊彼特首次将创新引入经济领域，在《经济发展理论》一书中对“创新”概念进行了经济学的系统阐述，认为创新就是建立一种生产函数以实现生产要素从未有过的组合，所以创新就是发明的第一次商业化应用，是创造与创效的统一。熊彼特对创新的经济学解释一度主宰了人们的视线。然而随着创新理论研究的不断发展，人们对于创新的认识已经超越经济学范畴，向社会学、哲学领域延伸和发展：德国社会学家沃尔夫冈·查普夫就从社会学的角度认为创新包括三层含义：一是指实行一些新的事物；二是指一种对于现有组织来说是全新的技术；三是指被个人或其他相关采用机构认为是一种新的思想、做法或一种事物。[①] 沃尔夫冈·查普夫的创新理论开辟了创新研究的一个新的维度，即社会创新研究。他对社会创新做了如下界定："社会创新是达到目标的新的途径，特别是那些改变社会变迁方向的新的组织形式、新的控制方法和新的生活方式，它们比以往的实践能更好地解决问题，因此值得模仿、值得制度化。"[②] 与沃尔夫冈·查普夫不同，马克思对创新进行了哲学层面的诠释，把创新解释为认识和实践的一种形式、阶段或者过程。马克思认为实践要随时代条件的变化不断被赋予新的内容并增添新的形式，于是就出现了重复性实践和创造性实践之分。重复性实践以模仿和复制为特征，促成了人类的继承和延续，而创造性实践则以探索和创新为目标，促进了社会的不断进步和发展，因而成为实践的最高形式。综合以上分析，我们可以对创新概念的内涵和外延做如下界定：创新的内涵指创新作为人类实践的一种特殊形式，就过程来说，创新是变革旧事物、创造新事物的创造性过程；就结果来说，创新就是创造出从未有过的事物；从外延上创新可以划分为理论创新、制度创新、科技创新、文化创新和其他创新等。

社会工程创新与自然工程创新共同属于工程创新的范畴。所谓工程创新就是指发生在工程活动中的技术创新、组织管理创新等创新活动，正是通过这些创新，一项工程才获得了不同于其他工程的独特性。根据工程的不同类别，我们可以把发生在自然工程活动中的创新活动称之为自然工程创新，发生在社会工程活动中的创新活动称之为社会工程创新。就社会工程创新的具体内涵而言，主要指生活在特定历史条件下的人们，秉承一定的创新理念，在把握现有社会发展状况基础上，不断谋求对社会结构中各主要构成要素进行结构性重组或创新，以提升其功能性，实现社会的总体发展和不断进步的实践活动。社会工程创新中包括社会理论创新、社会制度创新、社会结构创新、社会机制创新等具体内

① ［德］沃尔夫冈·查普夫：《现代化与社会转型》，社会科学文献出版社 2000 年版，第 17—22 页。

② 同上。

容，是诸多社会创新的集合，从这个意义上说，社会工程创新是社会创新得以实现的具体手段和基本平台。从哲学视角审视社会工程创新可以得出这样的结论，即创新性是社会工程的本质属性。通过社会工程活动，人类改变了自身生存的社会环境，调整了不合理的社会关系，建立了更加适合人类发展的社会秩序。正是通过这种持续不断的具有创新性的社会工程活动，人类社会才实现了社会形态的更迭、社会结构的演变和社会制度的变革，从根本上避免了人类社会的简单的复制的命运，实现了社会的不断进步和发展。所以从人类社会持续发展的意义上看，人类社会进步的历史就是社会工程创新的历史，社会工程创新构成了社会发展和历史进步的动力和基础。

（二）社会工程创新的特性

社会工程创新具有前瞻性、超越性、选择性和复杂性。前瞻性强调社会工程创新的超前意识，即社会工程创新活动的目标指向是未来，要对未来社会发展前景进行超前规划。当然这种超前规划并不是人们的完全的主观臆想，而是要立足当今社会发展现实，对现有社会的结构和功能进行深入研究，对现有社会问题和矛盾进行深入分析，在此基础上，提出新的社会要素组合方式以调整或变更现有社会结构，提升社会的应变功能和自我协调功能，使社会更好地适应现实和未来的发展需要。超越性强调社会工程创新作为推动社会进步和发展的实践活动敢于对原有社会结构和社会体制进行否定和批判而后再加以超越性重建。进行社会工程创新活动的目的不是为了维持社会现状，而是要根据变化了的客观历史现实条件对现有社会加以改造、重组和更新。在这个过程中，对现有社会结构、制度、关系进行部分修改、调整甚至全盘否定的情况会随时发生。而被改造、重组和更新过的社会各要素的结构将更加合理，并被赋予了新的功能。正是在这种打破重建的过程中，社会工程创新实现了对原有社会的超越，赋予了原有社会以新的结构、新的功能和新的发展活力。选择性强调社会工程创新活动与作为创新主体的人的目的性和价值性密切相关。社会工程创新活动是具体的、现实的。人们要创新哪些社会结构和要素，要选择什么样的创新手段和方法，要采取哪些创新途径都依赖于人的主观需要和价值判断。从这个意义上说，人对社会发展规律的科学认识、对现有社会结构和问题的分析、对更有创新价值的社会要素的确定构成了社会工程创新选择性的基本前提。复杂性强调社会工程创新本身是由复杂因素构成的实践系统。人类社会生活的丰富性和人类社会实践的多样性使社会工程创新作为人类社会实践的重要形式也表现出复杂性。具体的社会工程创新活动往往随着社会历史条件的变化而呈现出不同的发生形态、发展过程和运行机制。这种多样性和特殊性在当今社会条件下表现得更为明显。高科技的快速发展、知识经济的增长、世界范围内文化的整合和冲突、国家、社会组织与个人结成的新的社会创新共同体的出现使得社会工程创新活动表现出更多的新的实现形式，呈现出更多新的特征。

二　以社会工程创新重塑中国社会结构

中国社会要想实现由传统到现代的巨大飞跃必须进行整体结构性的社会变革，对中国社会结构进行主动调整既是中国摆脱现代性危机的重要途径，也是中国现代性生成的必然要求。社会工程创新作为社会发展和历史进步的动力和基础，是社会结构变迁的物质承担者和动力机制。中国现代性获取其独立性的重要方式和载体就是通过社会工程创新去促进中国现有社会结构的整合，通过建构新的社会结构模式去促进中国社会的成功转型。中国现代性的建构必须既要站在未来看现在，对中国社会结构做未雨绸缪的超前规划，又站在现在看未来，以超越和创新的勇气直面中国社会现实，解决社会问题。

（一）更新社会结构是中国现代性获取其独立性的必然要求

从不同的角度出发可以对社会结构的概念进行不同的界定。马克思的社会结构理论对社会结构作出了如下解释：马克思在《1844 年经济学哲学手稿》中指出："社会是人同自然界的完成了的本质的统一"，强调社会不仅是人与人之间的关系，而是应该包括人从自然当中分离出来，又反作用于自然，并通过将自然纳入人的控制之下实现了人与自然界的统一的整个人类社会产生和发展的全过程。所以社会应包含人与自然、人与社会的双重关系。从这个角度出发，马克思认为所谓社会结构就是"人们在自己生活的社会生产中发生一定的、必然的、不以他们的意志为转移的关系，即同他们的物质生产力的一定发展阶段相适合的生产关系。这些生产力的总和构成社会的经济结构，即有法律的和政治的上层建筑竖立其上并有一定的社会意识形式与之相适应的现实基础”。简单地理解社会结构就是指人与自然、人与人之间在相互作用过程中形成的关系模式，往往表现为比较稳定的、制度化的社会关系。这是从关系网络层面对社会结构的界定。马克思认为社会结构由经济结构、政治结构和文化结构三个层级组成。其中，经济结构是其他两个结构的基础。社会结构是社会的一种相对稳定状态，但并不是一成不变的静态结构，而是随着生产力的发展而处于不断变化和更新的动态发展之中。正是社会结构的不断更新和调整才形成了社会的变迁和发展。社会结构的变化也由此成为社会进步的重要标志。当一个社会由一种社会结构向另一种社会结构转变时就进入了社会转型期。社会转型是社会发展过程中发生的一种整体的全面的结构过渡状态。

目前中国正处于由传统社会向现代社会转型的关键时期，正经历着从农业社会到工业社会，从工业社会到信息社会，从计划经济社会到市场经济社会等一系列根本性改变。这一时期的社会结构调整不仅决定着中国未来的社会结构如何，更是关乎中国现代性的命运和发展方向。哈贝马斯在其现代性批判曾清楚地洞察到现代性危机和问题并不源自现代性理念本身，而是现代化进程跻身的社会环境，主要是社会结构造成的。他指出：现代性是“一个未完成的方案”，对待现代性的正确态度应该是继续完善它，而不是加以抛弃。因为造成现代性危机的根源不在于现代性本身，而是由于现代性一直都是在资本主义社会结构下发展的，正是资本主义条件下的交往理性和工具理性的不平衡关系造成了现代性危机频发。由于资本主义这种社会结构限制了现代性理性潜能的完全发挥，那么消解现代性危机、拯救现代性的必然出路就是变更资本主义的社会结构。对于该问题，马克思以历史的、唯物的、辩证的态度在对现代性促进人类社会发展的积极作用加以肯定的同时也严厉地批判了资本主义制度及与之相联系的腐朽意识形态所造成的人的异化和对社会发展的禁锢，并在此基本上指出了资本主义从肯定走向否定的历史必然性。哈贝马斯让我们看到了资本主义社会结构的弊端，马克思则使我们更加清楚地认识到推翻资本主义制度，使现代性在社会主义社会结构下充分展现其积极意义的可能性和必然性。我国今天的现代化建设正是在为实现这一理想而努力。在中国由传统社会向现代社会转型的过程中，我国正在经历着的一系列重大社会结构调整的最终目标一方面要在中国传统社会土壤中培育现代化的基本要素和结构，实现中国由传统到现代的转变；另一方面在借鉴西方现代性发展经验的基础上，创新现代性发展模式，在尽可能消除现代性的负面效应的同时加快中国现代化进程，从而孕育出超越西方现代性的中国现代性。中国社会转型期的结构调整既是现代性发展的必然要求，同时也为中国现代性的发展提供了不同于西方现代性的社会环境和发展路径，恰恰是这一点赋予了中国现代性以独特本质。

（二）社会工程创新是优化社会结构，构建和谐社会的重要路径

经过几十年来的现代化建设，我们的社会发展总体呈现出和谐态势，但影响社会发展的社会矛盾和问题也依然存在着，构成了阻碍中国社会发展的潜在威胁和巨大挑战。这些矛盾和问题可以归结为两个方面：一是人与自然的矛盾，表现为我国现阶段生产力发展仍处于较低水平，高能耗导致能源资源的供给严重不足，环境污染和生态危机导致自然环境的日趋恶化。二是人与社会的矛盾，表现为社会转型带来的社会结构的不断变化、社会关系的不断调整和组织形式、就业方式、分配方式、人们的思想观念和行为方式等的日益多元化，使社会利益关系更趋复杂，统筹兼顾各方面利益关系的难度明显增大，导致了经济社会发展不平衡、就业压力增大、社会保障体系不健全、收入分配不均、城乡差距扩大等矛盾众多的社会状况。面对异常复杂的社会环境和纷繁多变的时代图景，中国社会结构的调整势在必行，其调整的目的就是要构建一个和谐社会。构建和谐社会是中国现代性建构过程中正在实施的一项重大社会工程实践，其实质就是要构建中国特色的现代性社会。构建和谐社会的构想可以说就是中国应对几十年现代化建设积累起来的社会矛盾和问题的现代性发展方案。

社会工程创新是优化社会结构，构建和谐社会的重要路径。优化社会结构，构建和谐社会就是要在理性分析社会矛盾产生原因的基础上，在积极努力地不断化解社会矛盾的过程中，最大限度地减少社会不和谐因素，促进社会的和谐发展和进步。这是中国人民不断反思现代社会生活，寻找中国现代社会新的发展方向、新的发展策略和新的发展模式的探索结果。创新性由此成为优化社会结构，构建和谐社会的必然要求。

根据中国社会发展面临的现实困境，构建和谐社会试图在中国目前这个急剧变化、秩序与冲突共存的社会里重塑社会结构、重建社会秩序、重整社会关系来化解社会矛盾和冲突，实现社会转型的平稳过渡和社会系统的良性运行。无论是社会结构的重塑、社会秩序的重建还是社会关系的重整都意味着对原有社会状态的打破、重组甚至是更新，是对中国现行社会进行渐进式改造的社会实践活动。从本质上而言，这其实就是一项具体的社会工程创新活动。所以社会工程创新是优化社会结构、构建和谐社会的主要平台和载体。通过社会工程创新，中国人民一方面可以以客观的态度对现代性中包含的各种制度、体制、机制和规则进行分析和反思，批判性地加以吸收和扬弃；另一方面可以按照和谐发展的社会理念统筹我国社会生活的各个方面，通过建立高效稳定的社会秩序、有效的利益协调制度、具有利益聚合功能的政治制度、改革成果共享机制、有效的社会协调机制，最终建立一个科技进步、经济结构合理、利益格局相对均衡、政治民主、人与自然和谐共生、充满诚信公平正义、安定有序的和谐社会。

从社会工程创新的视角看，目前中国社会转型期构建一个和谐有序的新的社会结构所要面临的两大任务，一是重塑人与自然之间的关系模式；二是重整人与社会之间的关系模式。这两大任务能否顺利解决直接影响到我国和谐社会的发展进程。

一方面，重塑人与自然的关系模式，使自然界与社会保持正常的物质、能量和信息的交换，这是实现社会结构有序发展的必要前提。人类是以破坏自然的原始平衡为代价脱离自然界取得其主体性的。人类在实践中将自然界从自然物升华为符合人类生存、发展需要的属人之物这一过程是不可逆转的，比如人类利用大量的不可再生资源创造出了一系列工业合成制品，这些制品一旦生产出来就再也无法被还原为不可再生的资源。在这个过程中，现代科技承担着重要角色。现代科技的发展早已经超越了对自然进行简单的加工改造阶段，而是越来越多地创造出自然界不曾有过的新物质、新物种。当这些人工合成物越来越多的被填充进自然界当中后，自然界的原始平衡就被打破了，于是人类不得不面对这样的窘境：人类对自然的每一次胜利都将遭遇到自然的报复和惩罚。因此可以说正是技术理性的这种不断膨胀和泛滥，导致现代人的生存危机。于是改变技术的滥用就成为消解现代性危机的重要途径。如何改变技术的滥用呢?以培根的“知识就是力量”的哲学命题为基本范式的西方现代性模式曾经寄希望用技术来解决技术引发的社会问题,认为凭借技术发展,人类在21世纪可以在各个领域都坐享其成。然而事实却是“2000年可能并不是一个人类追求自由与幸福时代的完成与终结,相反却是一个人类不再作为人类、而转变为没有思想的和没有感觉的机器时代的开始”①。终结培根的“知识就是力量”的哲学命题并没有赋予西方现代性解决其悖论的能力。消解现代性悖论,化解其危机要求我们从哲学理念上、从社会生产生活中实现由自然领域向社会领域的转向。在人类利用自然技术改造自然的过程中,对改造程度的把握、对改造范围的控制不仅仅是技术的责任,更重要的是社会的责任。从社会结构角度来看,人都是在社会结构中生存的,社会结构对社会行为主体具有支配与约束作用,即社会结构为了维持其自身的相对稳定性必然要求作为社会成员的每个人都要按照社会制度所要求的方式行动。所以人与自然的关系模式如何将直接决定人对待自然的态度、决定人作用于自然的行为方式。西方工业社会中以人类征服自然、统治自然为主要特征的人与自然的关系模式不仅没有对自然技术的发展加以校正和调节,反而从一定程度上助长了自然技术的滥用。历史的经验教训提醒我们技术滥用引发的问题应该从社会层面加以解决。同时我们也应该看到西方社会结构中的人与自然的关系模式并不是我们效仿的典范。中国在转型期的社会结构调整过程中,必须通过社会工程创新,创造性的探索人与自然的新的关系模式。基于中国近几十年来粗放型经济发展给生态环境造成的伤害和未来社会发展对自然资源需求形成的巨大压力,人与自然的新的关系模式的创新应该一方面形成自然是人类赖以生存的环境,人类认识改造自然的目的在于使自然更加适合于人类的生存和发展,人类应该协调、保护自然的思想共识,树立和谐的自然观,减少资源的浪费,合理地利用有限资源。另一方面建立各种促进科技发展的相关机制和完善各种科技应用监督机制,树立可持续发展的技术实践观念,实现技术实

① Erich Fromm, *The Revolution of Hope*: *Toward a Humanized Technology*, New York: Harper and Row, 1968, p. 28.

践活动与自然资源、生态环境的协调发展。最后要加快技术法制化进程，建立合理的技术制度，形成健全的技术市场的法律法规体系，加强政府对技术的宏观引导。目前我国正在贯彻落实的科学发展观就是中国社会探索人与自然新的关系模式的一个重大尝试。对于正在探寻自己的现代性路径和发展模式的我国来说，这种尝试仅仅是个开始。中国现代性的发展需要更多的创造性思维。

另一方面，重整人与人之间的关系模式，使经济、政治、文化领域在相对分离基础上实现互补，充分发挥市场、国家和社会这三种不同力量的作用，这是实现社会结构和谐稳定发展的必然要求。社会结构中的经济、政治、文化三大领域中蕴含的经济关系、政治关系和文化关系就是人与人关系的体现。在中国社会结构转型过程中重新整合人与人之间的关系模式只能从这三大领域入手。从现代性发展的历史来看，社会结构分化是现代社会区别于传统社会的主要特征。经济、政治、文化领域的相对分离是实现社会结构现代化的必由之路。经济、政治、文化领域在社会结构的运行过程中分别承担着不同的角色，发挥着不同的功能，三者的相对分离能够使人们对市场与国家、社会的关系加以正确审视和定位，促进社会分化和发展。近代以来西方各国在其现代化过程中逐渐实现了经济、政治、文化领域的相对分离，建立了以市场经济、民主政治和公民社会为三大支柱的现代社会结构。市场、国家、公民社会的三分结构由此成为现代社会发展的基本逻辑。对于身处由传统到现代转型中的中国来说，现代社会结构的建构成为其现代性发展过程中一项重大任务。西方社会的现代转型为中国的社会结构调整提供了可资借鉴的经验。但由于中国社会自身发展的特殊性及其担负的特殊历史使命使中国现代社会结构的确立又不能完全依赖西方模式。一方面，我国传统社会拥有着超高稳定的社会结构，使我国社会的现代转型压力重重。以封闭为主要特征的自给自足的农业经济、以权力为中心的强大的专制制度以及严密的宗教理法制度和丰富的人伦文化形成了中国传统社会结构的超高稳定性，马克思曾经用“保存在密闭棺材里的木乃伊”来形容这一时期的中国。高度稳定的社会结构使中国社会由传统向现代的转型遭遇了前所未有的巨大压力。另一方面，超越资本主义的迫切心态使计划经济体制下的中国社会对社会主义进行了错误的历史定位，使我国社会结构转型的难度大增。新中国成立后，由于对马克思主义的错误理解，我国在追求社会主义理想的过程中出现了严重失误，试图超越社会主义的初级阶段，建立了直接实现全体社会成员共同占有生产资料的、直接社会化生产基础上的计划经济体制。这种计划经济体制和一元的政治体制结合在一起之后就形成了一个典型的经济依附于政治，个人依附于单位、公共领域和私人领域不分的高度一体化状态下的社会构架，导致经济政治化、社会国家化。这一时期我国社会在人与人的关系方面出现的高度集权的等级制特征为我国现代民主社会的建立设置了障碍，增加了难度。中国社会的历史现实决定了在我国现代性的培育过程中，不仅要实现社会结构由传统到现代的成功转型，还要在现代社会基本架构的基础上，创造出更高民主的、社会主义性质的社会体制和机制以超越资本主义社会。为完成这一任务，我国在借鉴西方社会结构现代化的基本经验之外，更重要的是必须坚持创新精神，努力探索社会主义中国实现社会结构现代转型的模式、方法和途径，尝试走自己的路，才能完成社会主义的历史使命。针对目前我国社会转型期社会结构的基本现状，在重整人与人之间的关系模式的过程中，应着加强以下三方面创新：第一，培育市场经济，形成社会平等竞争关系。1978 年改革开放以后，我国首先从经济领域入手逐步开始了由经济领域到政治领域、文化领域的体制变革，这种变革标志着我国社会结构分化和转型的开始。为了打破历史的坚冰，我国首先推进经济领域和政治领域的分离，即通过从计划经济到市场经济的改革使经济领域摆脱政治领域的束缚，打破计划经济时代形成的经济依附于政治的高度一体化状态，重新获得自由发展的空间。这一尝试随着社会主义市场经济的建立已经初见成效，但培育与社会主义制度相适应的市场经济的任务却远没有结束。在未来的发展过程中，应着重创新市场经济和公有制的结合途径和形式，培育市场型公有制作为社会主义经济制度的主体，发挥市场的公平竞争力量，进一步分化各种社会利益、阶层和资源，在竞争的多元主体的基础上，打造独立、平等的契约型社会关系。第二，推进政治体制改革，打造公共服务型政府。我国的政治体制改革主要表现为政府“放权”,即通过政府自觉将一部分权力让渡给市场和社会，使三者都能按照各自的规则运行。“放权”后政府的身份要实现由管制型政府向公共服务型政府的转变。

在这一过程中，面对目前存在着的政府权力过大、政府职能缺位、背离公共利益等问题，需要着重加强政治、行政和司法组织结构和功能体制的创新，理顺三者之间的权限和责任关系，为社会提供更好的公共服务，加强和改善宏观调控，促进社会稳定、健康发展。第三，打造公民社会，实现政府、市场和社会的三方力量关系的制衡。伴随着我国社会主义市场经济与民主、法治的不断成长进步，作为独立于国家和市场之外的公民社会在我国也逐渐生成。相比于西方成熟的公民社会而言，我国的公民社会建设刚刚起步，其建设的重点应放在实现公民社会与国家和市场之间的良性互动，打破市场垄断和国家垄断，使公民社会能够发挥制衡政府权力与市场权力的作用。为此必须加强观念创新，改变过去重国家轻社会、重秩序轻人权、重权力轻体制等传统观念，不断扩大社会的自身领域，提高社会的自组织程度，增强社会的自治力与平衡能力，从而更好的发挥其促进市场经济发展、推动国家的有效治理、维持社会平衡、稳定的作用。第四，创建民主化的社会条件，发展社会主义民主。没有民主就没有社会主义，这是社会主义本质的基本逻辑。我国现代性发展的理想目标是建立具有更高形式民主之上的社会主义。但是学者任继愈在《对忠孝传统应给予新评价》一文中也指出：由于中国传统社会从意识形态到社会风俗，都没有个人的地位，个人的自由、权利都被忽视了，所以中国进入民主、自由、现代化的道路，要比西方资本主义社会艰难很多。历史现实条件决定了我国在现代化的过程中，必须要充分吸收人权、民权和民主发展的积极成果，加强民主建设。其间，尤其要注重创新民主化的社会条件，在商品经济的基础上完善民主形式，培育社会成员的民主意识，努力建设以公有制为基础的、社会主义民主为主导的广泛的人民民主。

第四节　社会工程管理与中国现代性的个体主体生成

个体主体的生成是现代性的重要标志。曾如毛泽东所言：“人民群众是历史的伟大创造者”，中国现代性的个体主体生成问题是一个直接关乎中国现代性建构成败的关键问题。现代性是人类以自身为主体进行的一项由人类自己设计、规划和实施的伟大的社会工程活动。这一工程活动的最终理想就是实现人类的自我解放和永远的幸福。从这个角度看，人的现代化即培养现代化主体是现代化的根本所在，个体的主体地位的确立即培养现代主体性，理应成为中国现代性发展的根本要求。此外，个人地位的变化与提升也是传统社会和现代社会的重要区别之一。确立个体的主体地位，实现个体主体性的解放由此成为中国社会由传统向现代跨越过程中的一项重要任务。

如何打破中国两千多年传统社会中逐渐积淀形成的传统个人观念并加以改造是中国现代性个体主体生成过程中面临的主要问题。中国传统的个人观念是建立在自然经济和血缘文化基础之上的，形成的是以家国天下为尊的富有浓厚情感意识、缺乏理性的传统宗法观念，其结果就是在中国传统社会中，群体高于个体，个体则深深地依附于群体，以群体作为个人存在和发展的基础。在这种没有个体自主性的个人观中，人的个性完全被群体的共性所取代，个性在共性的束缚下失去呼吸空间。诚如梁漱溟先生所言："中国文化之最大偏失，就在于个人永不被发现这一点上。一个人简直没有站在自己立场说话的机会，多少感情要求被压抑，被抹杀。"① 不同于中国的传统个人观，现代个人观以追求个人的独立和自主为己任、以实现个性解放和自由为宗旨，二者之间的冲突既明显又强烈。中国现代性要想发展则必须消除二者间的隔阂，并通过个体主体性的培育实现传统个人观向现代个人观的转变，以此来完成传统社会向现代社会的真正转型。在对中国传统个人观改造的过程中，中国现代性的个体培育主要需要解决以下三个问题：

一是缺乏独立的主体身份和主体意识。一直以来，现代性都以高扬人的主体性来肯定人存在的价值，这意味着现代人必须从传统中解放出来以肯定自我，获取自由生活的自主性。因此，与传统社会相区别，现代社会要求公民必须具有以下三种特性：自主的意志、自立的能力和自律的素质。概括来说就是现代公民应既具有权利意识、国家意识，又具有民主意识、法制意识等现代意识；既能以独立的身份广泛参与社会交往与公共活动，又是具有法律地位和意义的权利义务承担者。为了培育

① 梁漱溟：《中国文化要义》，学林出版社 1987 年版，第 259 页。

出真正的现代公民，我国现代性转型中面临的最大难题就是如何打破传统社会中形成的公民对单位组织的高度依赖性。中国传统社会是建立在血缘关系基础之上、宗法制度支配下的以家国天下为价值指向的封建社会。在这样的社会中，公与私、整体与个体、礼法与人欲在对峙时，被吞没的、妥协的、屈从的永远是个体。梁漱溟曾经这样描述这种状态："在以个人为本位之西洋社会，到处活跃着权利观念。反之，到处活跃着义务观念之中国，其个人几乎没有地位。此时个人失没于伦理之中，殆将永不被发现。"① 可见中国传统社会强调的是个人对社会的依附、群体性对个体性的消融、个人利益对群体利益的屈从。两千年传统延续的结果就是使中国人成为没有独立人格和主体意识的黑格尔眼中的"空心人"。面对延续了两千年的强大传统，短短几十年的中国现代性培育进程可谓是举步维艰。尽管改革开放给我国社会成员提供了前所未有的个性解放空间，但个体并未从对政府、单位、组织和各种关系的依附与依赖中真正解脱出来，个体对群体的依附程度依然严重，思想意识上的僵化和保守使个体没有形成对自身作为社会主体的身份认同，民主意识的缺乏和淡漠甚至使社会个体并不能以自信的状态参与社会活动和竞争，主体意识和个人利益并没有得到充分彰显。

二是个人的自由和权利实现的程度不够。现代性的价值预设中包含着强烈的对人类命运的深切关怀，其所追求的价值旨趣主要在于自由，即实现人的自由全面发展。洛克提出人是生而平等自由的；卢梭提出人所共有的自由乃是人性的产物；康德认为自由是每个人与生俱来的权利，人的意志是绝对自由的；黑格尔更是把自由抬高到前所未有的程度，把自由视为绝对精神的本质，同时指出自由是推动历史前进的动力，整个世界的最后目的就是要实现自由。可以说现代性过程已经成功地将人从神的束缚和权威中彻底解放了出来，确立了人的主体性地位，人对神的自由的目标可以说已经实现；但是在中国现代性发展过程中，实现人的自由全面发展这一价值目标却远远没有实现，甚至走向其反面。现代性要求将自由精神灌注到社会的各个层面、社会生活的各个领域，需要使社会中公民个人的自由和权利的实现得到有效的制度保障和

① 梁漱溟：《中国文化要义》，学林出版社 1987 年版，第 260 页。

畅通的表达民意的渠道。但由于我国已经延续了两千多年的封建专制主义社会缺乏自由、民主传统，再加上传统宗法伦理文化观念和思维方式早已深植于国人心中，民主意识和自由精神在中国人身上鲜有体现，反倒是奴性思想充斥社会。梁启超曾说过："中国数千年之腐败，其祸极于今日，推其大原，皆必自奴隶性来；不除此性，中国万不能立于世界万国之间。而自由云者，正使人自知其本性，而不受钳制于他人，今日非施此药，万不能愈此病。"① 看来只有一场真正意义上的、彻底的个性解放运动才能重塑中国社会个体的自由人格。改革开放以后，我国就保障社会个体的自由和权利方面进行了一系列的改革，从法律上、制度上、管理上各方面力求促进我国社会个体主体的生成。但毕竟我国还处在建设的初期，社会转型在一定程度上又造成了社会的失序与不和谐，与社会主义市场经济体制相匹配的一系列政治法律制度和道德规范尚未真正建立起来，其结果就是刚刚获得一定个性解放空间的中国社会成员再次身坠迷雾当中，一定程度上阻碍了中国社会个体主体的生成。

三是社会生活中的个人主义倾向开始凸显。我国社会转型过程中出现的个人主义倾向对中国现代性的个体主体培育造成了直接的负面影响。以个人主义谋划个性的解放和自由是现代性的基本理念，其最终目标是要构建一个个人主义社会，但在追求个性自由解放的过程中，个人主义却使人性局限于个体性，引发了人与社会的矛盾和冲突。启蒙思想家为克服人的依赖性实现人的独立性高举起个人主义的大旗，将个人看成是最高的价值，追求所谓自我价值的实现。于是个人以外的一切存在都成了实现个人价值的手段和中介，其结果就是理性沦落为工具理性成为保全生命的手段，国家和社会作为个人的联合体也以保全生命为己任。国家社会存在的手段化使社会的公共生活和个人生活发生分离，于是国家和个人就产生了各自不同的利益追求。国家追求权利最大化的运作逻辑必然要求对个人进行规范、压制以保证公共生活和社会秩序。正如马克思所批判的："由于共同活动本身不是自愿而是自发地形成的，因此这种社会力量在这些个人看来就不是他们自身的联合力量，而是某种异己的、在他们之外的权力。关于这种权力的起源和发展趋向，他们

---

① 《梁启超文集》，北京燕山出版社 1997 年版，第 689 页。

一点也不了解，因而他们就不再能驾驭这种力量，相反地这种力量现在却经历着一系列独特的、不仅不以人们的意志和行为为转移，反而支配着人们的意志和行为的发展阶段。”① 通过以上分析可以看出：以个人主义的张扬来追求个性解放和自由的价值目标在现代性发展过程中并没有实现。因为这种个人主义张扬的结果一方面导致了自我中心主义甚至是极端利己主义的滋生和横行，另一方面是使人与人之间为追求一己私利而不择手段，这既造成人际关系的紧张、冲突和不和谐，又使公共利益和集体事业遭到忽视，使人类共同体趋于瓦解，所谓的追求自由的现代民主制度安排也形同虚设，潜藏着沦为集体暴政的危险。借用马克思的观点说就是当发展人的本质能力表现为实现获得物这一目的的手段而不是表现为活动的目的的时候，人的个性能力是不能得到自由全面发展的。现代性的这一悖论在中国社会现代化进程中经过发酵酝酿，已经浮出水面，成为阻碍中国社会个体主体生成的一道难题。当作为西方文明核心价值的个人主义与中国传统文明中集体主义相碰撞后，直接造成了对集体主义精神的质疑和瓦解，最终给中国社会成员带来了巨大的价值冲突和道德困惑。于是，社会成员的利益追求日益多元化，各种以自我为中心的、缺乏责任感甚至没有道德自律的追求物欲、自私自利、腐化堕落等不良现象开始凸显。

一 社会工程管理的内涵及基本要素

（一）社会工程管理的内涵

所谓管理就是通过计划、组织、控制和领导等各项工作，尽可能合理而有效地利用组织所拥有的资源，以实现组织目标的过程。管理是人类社会实践活动的重要方面，对于任何社会都具有普遍意义，因为人类一切有组织的活动都离不开管理，没有对组织的管理，或者说不去组织、协调、管理和控制组织系统，必然导致无序。从这个意义上说管理就是对组织的组织。工程管理是在20世纪五六十年代随着现代工程活动的日益复杂化而诞生的一门新的管理技术，主要指工程活动的管理者为了达到工程活动的目标，包括所规定的时限、所要求的功能和质量

① 《马克思恩格斯文集》第1卷，人民出版社2009年版，第537页。

等，用系统的观念、理论和方法对整个工程活动进行有序、全面、科学、目标明确的管理，充分发挥其计划职能、组织职能、控制职能、协调职能、监督职能，保证工程活动的成功实现的过程。工程管理包括自然工程管理和社会工程管理。社会工程管理作为工程管理中的一个新成员是随着社会工程活动的发展而逐渐产生的。它有着明显不同于自然工程管理的管理对象和权力主体。社会工程管理是以人类社会系统作为管理对象的管理活动。从这个意义上说，社会工程管理就是社会管理的一种有效形式和手段。人类社会是一个复杂而巨大的系统，是由多种相互联系、相互制约的要素构成的一个复合体。人是构成社会的基本要素，没有人也就无所谓社会，所以从这个意义上说，社会就是人类生活共同体。社会系统中的人是具有社会属性的人。人作为个体在社会中生活，往往以自己独有的思想观念、素质能力、兴趣爱好区别于社会中的其他个体，而且还通过自己参与社会活动的不同目的，以自己特有的行为影响着社会发展。与此同时，人与人之间通过不同的形式结成一定的关系，其最基本的形式就是组织。社会工程管理就是对社会系统中的人及其思想和行为进行组合、协调以达到社会组织目标的过程，它是一个有意识、有目的的行为过程。管理活动通常都是由少数人进行的。以各种形式和方式被授予了管理权力的人或组织就成为社会工程管理的权力主体。在现代社会中，社会工程管理的权力主体包括国家、政党、经济文化组织、群众团体等。管理的权力主体作用于管理对象的过程就是社会工程管理实施的过程。因此，所谓社会工程管理就是国家、政党、群众团体、经济文化组织等管理的权力主体以维护社会公平与公正为首要目标，运用各种社会调控机制和管理手段，对社会组织进行规范和管理，将整个社会成员的行为尽可能纳入社会直接需要的秩序范围之内，以保证整个社会系统的良性运行、促进社会发展的过程。

（二）社会工程管理的基本要素

社会工程管理包含三个基本要素：第一，管理科学理论是社会工程管理的理论基础。在社会工程管理过程中，包含着许多客观的、不因社会制度和社会文化的不同而变化的规律，管理理论揭示了这些规律，并创造了与之相适应的管理规则、程序等，只有遵循这些规律，利用这些规则才能保证组织活动的顺利进行。第二，社会管理技术是社会工程管理实施的中介。社会管理技术是社会技术的一种具体形式。社会管理技术是以社会管理科学理论为基础，并在它所揭示的客观规律的指导下，不断吸收和借鉴有关学科的方法论而发展起来的一种重要的社会技术。社会管理技术是社会管理科学转化为管理实践的手段和中介。在社会管理实践中，社会管理技术是维系组织存在和发展的纽带和物质基础，也是组织得以存在和发展的终极原因。要维护社会系统的正常运行，就需要通过社会管理技术把人的行为规范起来，从根本上把人组织起来，以保证整个社会系统处于有序的状态。因此社会管理技术就其本质而言就是人类在劳动实践过程中为了对社会进行有效组织和控制而建构的社会规范体系。第三，社会合理性是社会工程管理实施的基本依据。现代社会的发展是一个不断合理化的过程，合理性构成了现代社会发展的内在根据。马克斯·韦伯把合理性划分为两种：工具合理性和价值合理性，并认为工具合理性行动和价值合理性行动都是合理性的行动。合理性其实是支配人们社会行动的理性，是行动者在互动过程中所建构起来的必然性，它涉及目的、手段、价值、认知、主观与客观的统一等多重因素。在现代社会的生成过程中，合理性一方面带来了高度的物质繁荣，促进了现代社会的飞速发展；另一方面又带来了现代社会的制度繁荣，使现代社会日益科层制化，促进了现代社会的高效率和有效运转。蕴含在社会发展过程中，促进现代社会的制度繁荣生成的必然性就是社会合理性。社会合理性既不是社会发展的基本规律，也不是人类思维主观建构的产物，而是二者的统一。社会工程管理的基本职能就是要通过对社会系统的组织、控制、协调和监督解决社会矛盾、理顺社会关系、促进社会发展日渐趋向合理化。从这个意义上说，合理性就成为社会工程管理实施的基本依据。社会工程管理必须以在社会结构和社会发展过程中蕴含着的合理性为依据，确立管理模式、选择管理手段，进而实现对社会的科学的有效的管理。

（三）社会管理对于中国现代性个体主体生成的意义

社会管理以整个社会系统作为管理对象。社会个体作为构成社会组织的最基本单位，自然成为社会管理活动的最终承载者，各种社会管理活动和措施都会对社会个体的成长和发展产生重要影响。正如霍金森所言："当今的社会生活，被如此多的组织所统辖，正式性的组织或非正式性的组织，在后工业化社会，以至于我们生活的质量全部都依赖于管理者的管理意识和管理水平。管理是最能影响人们生活质量的行为和事业。”① 社会管理对于中国现代性个体主体生成的意义恰恰在这里凸显出来。

首先，社会管理的价值目标就在于全面实现人的价值，这是社会管理系统中一个最根本的问题。因此对社会个体成员的关注程度，对成员利益的满足程度就成为社会管理活动效用的评价标准。社会管理的价值目标与我国社会个人观转型的目标不谋而合。我国努力推动个人观从传统向现代转型的目的就在于通过培育现代社会的个体主体来实现对传统中国社会秩序、组织结构和社会生活模式的现代性重塑。为了实现人的价值的最大化，社会管理活动的实施者必然要尽可能尊重社会个体的意志和各种个性化主张，努力拓宽社会个体成长的发展空间，为其创造服务社会、实现自身价值的机会。从这个意义说，社会管理价值的实现过程就是社会个体主体地位的确立和主体意识的形成过程，也是社会个体存在的价值得以彰显并获得肯定的过程。

其次，社会管理能够确保社会个体主体地位和权益的实现。任何社会管理活动都具有明确的利益指向，和一定的主体利益紧密相关。为了追求社会管理效果的最大化，管理者必须确保社会成员的主体地位，并尽可能创造有益于社会主体充分发挥其主动性、积极性和创造性的社会条件。与此同时，社会管理活动能够有效地把社会成员组织起来，把成员的个体行为纳入到社会规范当中以形成秩序的前提就是社会成员权利和义务的明确。只有社会个体的合理需求和权益得到尊重和保障，社会个体才能参与和接受社会管理，并发挥其主体性。

最后，社会管理能为社会个体的全面发展创造良好的社会条件。中国社会个人观的转型同时伴随着复杂的社会转型。社会结构的整合、社会体制的变迁、社会阶层的分化、利益格局的调整都在不同程度上增加了我国社会个人观转型社会环境的复杂性。社会转型的平稳过渡需要借助多元化的社会管理手段和机制来化解社会矛盾和冲突，维护社会秩序，推动社会协调发展。从西方国家的现代性发展历史可以看出西方国

① ［加］克里斯托费·霍金森：《领导哲学》，云南人民出版社 1987 年版，第 10 页。

家正是通过有效的社会管理实现了社会的成功转型。

二　以社会工程管理促进中国社会个体主体的生成

社会工程管理通过对个人行为的规范和群体行为的调节对我国现代公民人格的塑造产生了积极的推动作用。要维护社会系统的正常运行，就需要通过管理把人的行为规范起来，从根本上把人组织起来，以保证整个社会体统处于有序的状态。社会工程管理的本质就是通过社会秩序的建构，将整个社会成员的行为尽可能纳入社会直接需要的秩序范围之内，以保证社会生活各个领域的正常运转，所以在社会工程实践中，有效的管理就成为维系社会组织存在和发展的纽带与物质基础，也是社会组织得以存在和发展的终极原因。在中国现代性建构工程的管理过程中，为推动现代化建设进程、加快经济发展，必然要求在价值取向上要反映社会主导价值观念，在功能上要能规定个人和集团的义务和责任以指导社会成员的行为和生活，在效用上要能保证社会公平、稳定，防止社会分化。这就要求社会管理必须满足合理性、人文性、动态性、综合性等诸多要求。西方国家在这方面有着成功的经验。从西方国家的现代性发展历史可以看出西方国家的现代化过程和其社会的管理、监控是同步进行的。现代化进程促进西方社会旧有结构的瓦解，导致传统和现代相交织的多种社会矛盾的频发。为解决社会矛盾和冲突，西方各国纷纷通过新的管理模式和手段来调整社会利益结构、化解社会冲突，以推动社会的协调发展，维护社会稳定，从而实现社会结构由旧结构向新结构的转变，实现现代社会的成功转型。中国目前已进入改革发展的重要时期，社会结构的变迁，经济体制的大变革，利益格局的不断调整，使我国正身处社会转型的关键阶段。在这种社会背景下，如何为我国现代性个体主体的生成创设良好的社会环境就成为我国社会管理的首要问题。为解决这一问题，应着重从以下三个方面加强社会工程管理工作：

（一）明确社会工程管理的基本目标，构建社会和谐

随着中国现代化建设的不断发展，现代社会的复杂性、异质性和离散性特征也会随着中国现代性的逐渐生成而在中国社会中不断凸显出来。中国现代性建构工程的管理对象是身处现代化转型关键阶段的整个中国社会系统。社会作为一个系统，从空间角度来看表现为一定的组织

结构，从时间角度来看表现为社会的平衡、演化和发展。只有社会组织结构和社会发展之间保持平衡、协调、稳定的动态关系，社会系统才能实现正常运转及良性发展。但由于在社会系统内部实际上存在着多种因素、多种力量，它们彼此间的相互影响和相互作用往往导致社会矛盾的频发，使社会处于失调和问题状态中。这种情况在中国由传统社会向现代社会的转型过程中，表现的更为明显。虽然，目前我国社会发展还保持着良好稳定的基本态势，但由于社会转型已经打破了原有的社会结构，导致社会结构的变迁，社会分化日益严重，从而使我国社会进入了冲突多发期。社会生活方式、社会组织形式，利益主体的日益多元化使各种新生社会问题和矛盾层出不穷。社会矛盾的凸显和社会问题的多发表明中国社会已经不再是常态社会，这些社会矛盾和社会危机如果不能得到及时有效的治理和疏导，将最终导致整个社会的剧烈动荡，甚至引发社会失控，这必将对我国现代性的个体主体的形成和发展带来影响。在这种社会背景下，只有加强和改善对中国现代性建构工程的管理，在不同社会结构模式之间实现平稳过渡、在社会秩序和各种社会力量之间达到动态平衡、才能实现对中国社会的良好调控，化解社会矛盾，协调社会关系，避免社会不公，促进中国现代性个体主体的生成。这是中国社会转型期发展的复杂形式对中国现代性建构工程提出的必然要求。结合中国社会发展现实，中国现代性建构工程的管理应该确立以下几个管理目标：

第一，化解经济增长和社会发展不和谐引发的社会矛盾，保持社会安定有序。由于经济增长并不必然带来社会稳定，所以只有在经济增长和社会发展之间建立起和谐一致的关系，才能最终实现社会生活的幸福美满，实现国家的长治久安。这是几百年人类现代化发展经验的深刻总结。这一经验同样适用于中国。20 世纪 90 年代以后，社会主义市场经济体制改革促进了中国社会产权多元化和经济运作市场化的快速形成，深刻地改变了中国的社会结构，其结果就是我国社会的经济结构、产业结构、城乡结构均发生重大改变，经济成分、经济利益、就业方式、分配方式日趋多元化。经济体制改革在推动中国社会发展的同时，也导致社会矛盾和社会冲突的增多。事实说明，传统的社会管理方式已经难以整合社会发展。英国社会学家达伦道夫曾经指出：“和谐社会不是一个没有利益冲突的社会，相反，和谐社会是一个能够容纳冲突并能够用制度化的方式解决冲突的社会，是一个通过冲突和解决冲突实现利益大体均衡的社会。”① 所以面对经济增长和社会发展不和谐引发的一系列社会危机，只有切实加强和改进社会管理，积极倡导和培育正确的利益观念，建构社会利益表达与协调机制、不断完善利益的实现机制，建立起能够处理和解决各种复杂社会问题的制度系统，中国现代性的发展才能克服这些由经济增长与社会发展不平衡引发的社会矛盾和冲突，既充分保证社会发展的活力，又确保社会安定有序。

第二，规避社会改革风险，统筹协调各种社会关系。作为后发现代性国家，我国社会发展面临的巨大挑战就是要在不到一百年的时间里完成西方发达国家二三百年才走完的工业化、城市化历程，实现从农业社会到工业社会的转变，培育出中国自己的现代性。中国现代性发展的这一独特性使我国社会在由传统向现代的转变过程中，必须推进涉及整个社会层面的、利益调整层次深的、风险比较大的社会改革，以加快推进工业化、城镇化进程，缩短建设时间。这意味着在中国社会改革过程中，不仅可能遭遇西方国家在现代化进程中出现的现代性问题和危机，同时还要面临这些危机和问题在短时间内集中爆发的难题，再加上中国社会自身社会发展过程中衍生的一些特殊问题，往往使我国社会改革要调整的社会关系更趋复杂化，统筹协调各方面利益关系的难度也大大增加。改革的现实压力和困难对社会管理提出了更高的要求。立足于这一特殊的背景，要求在中国现代性建构工程的管理中，尽可能规避社会改革带来的各种风险，通过建立有效的危机预警系统与冲突处理机制、社会危机事件应急机制、社会回应机制等管理手段，创设完整的社会规则体系，统筹协调各种社会关系，以重新固定社会结构、规范社会关系、重塑社会基础。

第三，引导人们思想观念，维护社会公正。实现人自身的完善和发展，维护社会的公正一直是现代性的价值追求。中国社会的发展进步和经济变革一方面推动了新的思想观念和价值导向的产生，比如随着社会

---

① Ralf Dahrendorf, *Class Conflict in Industrial Society*, Stanford: Stanford Univercity Press, 1999.

文明程度的提高，社会成员政治参与的积极性明显提高，对维护自身权益的要求日益强烈，对实现自我价值、促进人的全面发展有着更高的期待；另一方面随着社会信息流动的日益频繁，社会成员不可避免地处在一个各种异质性文化交汇、各种思想观念混杂的社会环境当中，对其思想和行为方式产生了深刻的影响。人们思想活动的独立性、差异性和多变性的日渐凸显导致不同的价值观念和利益诉求之间的冲突和矛盾。如何将进步的思想观念和价值导向推进成为社会的主导观念，如何化解观念冲突和矛盾已经成为中国现代性发展过程中关乎每个社会成员发展的现实问题。从管理的角度来看，解决这个问题一方面需要定位社会主导价值观念，形成社会共识；另一方面需要在求同存异中扩大社会认同。为此，必须加强对中国现代性建构工程的管理，创设一个能够充分满足社会文化再生产、社会整合和社会成员个性成长需要的社会环境，形成良好的社会预期和社会信任，建立价值评价机制和价值规范，培养社会成员的自由、平等和参与意识。同时以维护社会公正为基本立足点形成整体化、规范化、体系化的社会公正体系，建立价值保障机制，社会公德奖励机制和惩罚机制，引导社会成员的思想观念发展，匡扶社会正义。

（二）强化社会工程管理的基本原则，坚持以人为本

秉承我国现代性工程构建的基本理念，按照化解社会矛盾、规避社会改革风险、维护社会公正，为现代性个体主体的生成创造安定、公正、和谐、有序、文明的社会环境，实现社会健康运行和协调发展的管理目标要求，在我国现代性建构工程管理中必须重点坚持以下四个管理原则：

第一，合理性原则。马克斯·韦伯指出任何社会行动都应该既包含工具合理性成分，又有价值合理性因素在内，所以合理性包含工具合理性和价值合理性两种。在马克斯·韦伯看来，合理性概念内在地包含了目的、手段、价值、主客观的统一等多种因素。一方面，合理性表明了社会行动过程中的内在必然性与受目的指导的统一；另一方面，合理性表明社会行动是受逻辑规则的约束的，同时又是可以人为控制的，只是作为人的智力合理运作的活动，它排斥人的非理智的主观臆断。根据合理性的要求，提出合理性的管理原则就是要求中国现代性建构工程的管

理活动在符合社会管理的基本规律的同时，还要能体现或者实现管理者的目的诉求；在消解社会矛盾、规范社会秩序的同时，还要能维护社会正义和自由、推动社会进步；在协调人与人之间的社会关系、规范人类行为的同时，还要能实现人的自由全面发展的终极关怀。由此可见，坚持合理性的管理原则，既能规避理性泛滥所带来的社会失控，又能避免社会自在运动过程中出现的盲目性，是实现社会良性运行和协调发展的重要保障。

第二，人文性原则。现代社会中的任何事物和现象都离不开人的参与和影响，正是人与人之间的或相互依赖、协调、或相互对立、限制的复杂关系构成了诸多社会的矛盾和冲突，才引发了社会管理的必要性。从这个意义上说，社会工程管理是人为性最强的人类活动。就中国现代性建构工程而言，管理的权力主体和管理的对象都是人。所以管理活动能否满足作为权力主体的人的需要，以及能否对作为管理对象的人的复杂性变化做出及时反应就成为关乎管理活动有效性的关键所在。人文性管理原则的提出就是针对中国现代性建构工程管理的这一特点提出来的。一方面，人文性管理原则要求中国现代性建构工程的管理必须确立人在现代社会中的主体性地位，满足人的主体性需求。主体需要的满足度和创造性的有效发挥是决定社会工程管理活动能否顺利展开并取得实效的核心因素。因此，在中国现代性建构工程的管理过程中，必须以实现人的全面发展作为出发点和归宿点，将满足人的生存发展需要、提高人的综合素质，为人们生存发展创造良好的环境和条件作为管理标准，最大限度地发挥人的主体性和创造性。另一方面，人文性管理原则要求中国现代性建构工程的管理必须富有人性色彩。社会工程管理是因为人类的需要和追求而展开的，即社会工程管理是因为强烈的人为关怀才实施的，因此现实社会赋予社会工程管理的意义、人对社会工程管理的人为关怀、文化伦理对社会工程管理的影响等因素都会对社会工程的管理产生重要作用，也使社会工程管理在科学严谨之外又兼具了丰富的人性色彩。社会工程管理的人性色彩要求在对中国现代性建构工程实施管理的过程中，在管理理念上，要嵌入人文精神；在管理过程中，对非技术因素如文化因素、伦理因素和公共舆论等进行分析、评价和处理时要尽力凸显出人文关怀；在管理手段和管理方式上要尊重人、关心人、爱护人，让人的价值得到充分认可。

第三，动态性原则。中国现代性建构工程的管理对象是全体社会成员及由不同成员组成的各个社会群体，其中蕴含着诸多不断变化和发展的人为因素，不确定性十分明显，由此决定了中国现代性建构工程的管理活动必须具有动态性，能够因时、因地、因人不断调整管理工作的目标和重心，及时更新管理方法、手段和机制，能够统筹兼顾、协调理顺各种社会关系，实现社会管理的最佳效果。动态性管理原则的提出是培育中国现代性个体主体的必然要求。在改革开放之前，我国政府将社会管理直接纳入了经济管理的范畴内，通过管制的方式，将整个社会系统的运转直接纳入国家政府的集权式的计划安排之下，以此来构建社会的刚性秩序。这种静态管理模式在一定历史时期具有其合理性，但就中国社会今天的发展现状而言，这种僵化的管理方式则更多的表现出了"控制性、封闭性、差异性、保守性和对人的束缚性"等诸多不合时宜的缺点。在中国由传统社会向现代社会的转型过程中，在社会矛盾和社会冲突日渐增多的前提下，为了保持社会发展的活力，促进经济、政治、文化、社会领域的分化与平衡发展，激发社会成员的主动性和创造力，在社会管理中应该由以往的静态管理转化为动态管理，准确及时地把握社会系统的运动、发展和变化，使管理活动不断适应社会内外环境的变化，实现良好的社会秩序和各种社会力量之间的动态平衡，处理好各种社会关系，化解各种社会矛盾，推动社会的全面进步。

第四，综合性原则。中国现代性的建构是一个由众多子系统组成的庞大的、系统的社会工程。作为主要管理者的政府对社会的不同方面、不同层次实施的管理既是相对独立的，又是在整个社会系统的整体中彼此联系、相互制约的。这就要求在各个不同层次的管理职能部门各司其职、各尽其责的基础上，由政府实行宏观调控、统筹兼顾、综合管理。在这个过程中，政府应将整个社会纳入到管理范围当中来，从促进整个社会发展的全局出发，通过规划、引导、协调、扶持、服务等多种方式对市场经济的建设、改革开放的推进、民主政治的发展、社会稳定的维护、自然环境的保护、社会公平的实现、社会文化的创新、思想观念的引导等众多社会问题加以统一考虑、安排和管理，并监督各项事业发展规划及其各项具体政策措施的贯彻和落实情况，以促进社会的全面进步和发展。通过政府的综合管理，在合理分工的基础上又实现了有效的协作和联合，能更好的协调各方面利益关系，优化了整体功能，强化了管理效果，促进了社会的健康协调发展。

（三）创新社会工程管理手段，突出管理实效

随着中国现代化建设的不断发展，现代社会的复杂性、异质性和离散性特征在中国社会中不断凸显出来，由此增加了我国社会个体主体生成的难度。著名学者任继愈就曾指出：由于中国传统社会从意识形态到社会风俗，都没有个人的地位，个人的自由、权利都被忽视了，所以中国进入民主、自由、现代化的道路，要比西方资本主义社会艰难很多[①]。历史现实条件决定必须借助和创新社会管理手段来促进中国社会个体主体的生成。

1. 通过思想政治教育的管理手段培养社会个体的主体意识

思想政治教育是人类一项古老的社会管理技术，其管理作用的发挥主要通过引导人们的思想和行为来实现社会成员的自我管理，最终达到调整人与人之间关系，维护社会秩序的管理目的。思想政治教育的管理效能主要体现在节约社会管理成本，提高社会管理效率。思想政治教育在培育公民政治素养、引导主体思想意识、矫正价值观念的过程中会逐渐在社会个体心中构建起一个符合现行社会制度要求的世界观和价值观，形成稳定的意识形态和内在信仰。当人们在复杂的社会现实、各种思想困惑面前不知该何去何从的时候，这种早已构建起的世界观和价值观、内在的意识形态和信仰就会成为人们行为选择的第一标准，从而大大节省了因社会个体的多次选择而产生的管理成本，提高了社会管理的效率。

在中国现代性个体主体生成过程中，思想政治教育对社会个体的政治意识和思想意识的养成至关重要。从社会个体的政治意识培养方面看，一个真正意义上的现代公民必须首先是一个具有政治地位和权利的人，巴特·范·斯廷博根称之为“在人民参与自我治理的过程中具有

① 任继愈：《对忠孝传统应给予新评价》，《北京日报》2004年2月23日。

政治权利的人"①。因此，现代公民必须以独立的个体身份享有平等的政治地位，被赋予投票和选举的政治权利，能够参与政治权力的分配与运作，富有强烈的政治责任感、反抗强权的民主意识和广泛的政治参与热情。公民政治主体地位的确立和主体政治意识的形成一方面需要通过合理的制度设计和安排为社会个体政治地位和意识的形成提供制度保障，另一方面则需要通过意识形态建构来培养社会个体的政治意识和责任感，而这两个任务的完成都需要借助思想政治教育的力量。从维护社会制度的角度来看，任何代表统治阶级利益的社会制度想要得到推广并能顺利运行都必须首先取得其政治合法性，即该制度被民众认可的程度。政治合法性是社会制度赖以存在的基础和前提。统治阶级为了提高其所推广的社会制度的合法性，往往借助思想政治教育这一社会管理手段向民众灌输关于社会制度合法性的思想，增强民众对社会制度的认同感，夯实制度运行的民众基础，从而能够大大增强制度运行的社会效果。从培养社会个体的政治意识和政治责任感的角度来看，思想政治教育是社会个体政治社会化的主要途径。通过有效的思想政治教育活动，社会个体能够掌握政治知识和规范，形成稳定的政治意识，培养符合社会政治要求的政治人格，取得参与社会政治生活的本领和资格。正是在接受思想政治教育的过程中，社会个体才逐渐形成自身的政治观念、立场、态度和信仰。从社会个体的思想意识培养来看，思想政治教育是社会成员人格和个性发展的主要塑造力量，在人格形成的行为选择中起决定性作用。同时思想政治教育还是个体人生观、价值观、世界观构建的主要方式。人生观、价值观、世界观构成了社会个体精神家园的主体。社会个体正是在思想政治教育的引导下逐步形成关于人生和世界的正确理解和认知，掌握基本的处世技巧，明确人生的价值和意义，从而形成正确的人生信念和信仰，逐步营建起自己的精神家园。

面对当今我国社会各种异质性文化频繁交锋、各种思想观念争鸣不断、各种价值观念和利益诉求之间矛盾不断加剧的社会现状，思想政治教育作为思想管理手段无疑应该积极弘扬社会主导价值观念、通过提高

---

①［英］巴特·范·斯廷博根：《公民身份的条件》，吉林出版集团有限责任公司 2007 年版，第 56 页。

我国公民政治素养和政治参与热情、引导社会个体的思想观念提高思想觉悟来促进我国社会个体主体意识的形成和发展，增强社会个体自我约束和自我管理的能力。

2. 通过法律制约的管理手段培育法权主体

现代社会中个体只有成为法权主体，即以合理的制度安排来保障其自由和权利的实现才能获得真正的自由。所谓法权主体就是指具有法律权利的主体。在社会个体主体法权化的过程中，法律制约是能够确保社会个体的权利和自由真正得以实现的一种有效的管理手段。不同于以思想引导为主的思想政治教育管理手段，法律制约主要以调节人们的行为为主。法律通过对社会个体权利和义务的明确规定在社会成员间进行合理的利益分配，通过对个体行为的影响和控制进而达到对整个社会关系的调节和控制。从这个意义上说，法律关系就是对社会关系的直接反映。法律制约对社会成员的管理主要依靠一个内在联系、整体配套的统一的法律体系。该法律体系对公民的权利与义务进行了明确的规定，从而形成了一套完整的、体系完备的、涵盖社会生活各个方面的社会规范，包括国家宪法、各种综合性法律、各种部门规章和地方性法规等。与此同时，更为重要的是法律制约的实施以国家机器为后盾，具有鲜明的强制性色彩，能够确保社会个体对法律规范的尊重和遵守，这无疑强化了法律制约这一管理手段的管理力度。此外，由于法律是对同类主体和同类行为加以规范，并不指向单个个体或单个行为，所以其管理的效率就会大大提升。相较于其他社会管理手段，法律制约在解决各种社会问题和利益纠纷、协调各种社会关系、维护社会成员的正当权益、规范人们的日常生活秩序、打击制止违法乱纪行为、实现社会公正等方面具有不可替代的管理作用，尤其对于构建和谐社会更是具有重要价值。英国社会学家达伦道夫曾经指出：“和谐社会不是一个没有利益冲突的社会，相反，和谐社会是一个能够容纳冲突并能够用制度化的方式解决冲突的社会，是一个通过冲突和解决冲突实现利益大体均衡的社会。”①法律制约很显然就是解决社会冲突的一种制度化方式，能为个人权益的

① Dahrendorf R, *Class Conflict in Industrial Society*, Stanford: Stanford University Press, 1999.

实现提供法律保障，确保社会稳定和谐有序。

法律制约在管理社会的过程中，将社会成员视为不具有任何依附性的独立个体，赋予其法律的地位和权利，确保了人作为社会个体的主体身份，并通过对违法者的制裁实现了对大多数社会成员合法利益的维护，最大化地实现了社会平等。这为培育与我国社会发展相适应的具有现代性的独立社会个体主体提供了重要的制度保障，对社会成员的生活方式和行为方式影响深刻。伴随着我国法治进程的不断推进，法律制约的社会管理效益也将日益突出，社会法制程度的进步必将促进我国社会个体法律地位和权益的提升。

3. 通过行政控制的管理手段协调个体成长的社会环境

传统社会向现代社会的转型过程必然伴随着社会秩序的动荡和重组，对转型期的社会个体成长而言，一个相对稳定的社会环境至关重要。充分运用政府行政控制的管理手段努力为社会个体成长创设良好的社会环境也由此成为我国社会个体主体生成过程中的一项重要任务。行政控制是社会控制的一种，主要指政府运用社会规范以及与之相适应的行政手段对社会发展过程及其发展结果进行调节，对各种社会矛盾和社会关系加以协调和管理，对社会成员的社会行为加以引导和约束的过程。行政控制作为维护社会秩序的一项重要机制，是社会秩序赖以产生的基础。美国社会学家白克马专门论述过社会秩序与控制之间的关系，指出："社会秩序，绝不能偶然产生。既经产生，如无外力控制，亦不能维持；因个人常各寻自己私利，而茫然于社会利益。"① 因此，只有借助必要的控制手段来主导社会秩序的建构，控制各种社会系统的运行，对社会成员的行为及观念加以适当的规范和管理，平衡各种社会利益关系，制止违法乱纪行为，才能维护社会的秩序和稳定。从古至今，行政控制一直是维护社会秩序的诸多控制手段中最有效的一种。从社会管理的角度来看，由于行政控制的实施者是掌握国家政权的政府这样一个最大的社会组织，而且处于社会控制系统的最高级别，政府可以通过行政措施和命令对社会系统实行自上而下的系统控制和管理，并借助其行政权威实现其管理效果和效率的最大化。对于转型期的中国社会而

① 孙本文：《社会学原理》，商务印书馆 1935 年版，第 512 页。

言，这种高效的管理手段十分必要。社会转型导致的社会问题和矛盾正日益突出，利益分化、阶层分化的结果是社会的失序和失范，各种道德滑坡现象、个人主义现象开始浮出水面。社会矛盾的化解、问题的解决都必须借助于政府的行政控制手段来重新分配社会资源，重建社会正义秩序，约束甚至强制社会成员遵守社会规范，履行公民的权利和义务，维护社会的整体利益和他人的合法权益，来消除社会失范现象。就社会个体成长而言，通过行政控制的管理手段，政府能为社会成员创设充分满足个性成长需要的社会环境，为社会成员提供最大程度的社会活动空间和社会行为自由，这都是社会个体主体生成的必要条件。

结　　论

现代社会是现代性观念与现代化运动的有机统一。中国人民在进行轰轰烈烈的现代化建设的过程中，也在不断培育着自己的现代性。毋庸置疑，现代性开辟了人类社会发展的全新时代，对人类发展有着积极的意义和价值，这是中国选择现代化进程、培育现代性的原因所在。但是面对现代性的负面效应，我们也必须清醒地认识到只有在追求现代性的过程中规避其负面效应，找出原因、降低风险，中国的现代性才有其存在的可能性，才能不断发展。在中国由传统社会向现代社会转型的历史过程中，中国现代性是在艰难中起步，在其发展过程中又形成了一系列困境，面临着判断和抉择。面对现实，任何以简单的线性思维去分析和探讨中国现代性的建构问题、试图解决这些问题、规避现代性危机的努力都将是徒劳无功的。事实表明，经过几十年的现代化建设，中国社会已经不再是传统的常态社会。面对由于自然技术的垄断和社会技术的落后所引发的人与自然、人与社会关系的紧张与不和谐，传统的社会治理手段很显然无法整合中国社会发展的全部矛盾和问题。寻求新的现代性发展路径、挖掘新的现代性发展模式、创建新的现代性建构方法和手段已经成为中国现代社会发展的必然要求，同时也为中国培育自己的、有中国特色的现代性提供了一个重要契机。面对这样的时代挑战，本书尝试性地进行了以下两方面的创新性研究，并得出了相应的结论：

一、现代性建构社会工程化思维的提出。实践范式、实践理性的提出是马克思消解现代性悖论的重大尝试。沿着马克思现代性批判的实践哲学路径，本书尝试从现实中而不是从观念中来寻求摆脱现代性危机的出路。社会工程作为实践理性的延伸、应用和具体化，理应成为人类适应和改造世界的重要载体和平台。正是从社会工程哲学的视角出发，本书提出了现代性建构社会工程化的思维，将现代性的建构纳入到社会工程的框架内，即运用社会工程思维对现代性发展加以规划和设计，用社会工程的方式建构现代性、发展现代性。在这里，社会工程既是现代性建构的载体，又是现代性建构的方式。在此基础上，本书将研究的视角重点投射到中国现代性的建构问题上。结合中国现代性发展过程中面临的主要问题，本书探讨了社会工程对中国现代性建构的方法论意义，指出社会工程既是整合自然技术与社会技术的社会治理方式，又是整合科学精神与人文精神的全新组织形式，同时还是整合理论探索与社会实践的有效控制手段，揭示了社会工程对中国现代性建构的特殊价值。

二、中国现代性工程建构方略的提出。本书将中国现代性的建构纳入社会工程的框架当中，提出了中国现代性工程建构的具体方案。在探寻出中国现代性发展的价值诉求，抓住中国现代性建构的重点，辨明中国现代性的发展方向的基础上，本书对中国现代性的建构这项社会工程活动进行了全面的设计和规划：围绕我国现代性生成过程中的四个核心问题，即社会发展的价值抉择问题、社会制度的正当性问题、社会结构的合理性问题以及社会个体的主体性问题，本书分别从社会工程理念、社会工程设计、社会工程创新、社会工程管理的角度对以上四个问题加以研究和探讨，尝试性地提出了重构社会理性、重建社会秩序、重塑社会结构和重整社会关系的建构方案来促进中国社会的成功转型，促进中国现代性的健康发展。

本书从社会工程哲学的视角对中国现代性的建构所做的诸多研究，旨在为中国现代性的发展提供一条创新之路。期望文中关于中国现代性建构的可行性、必然性、发展方向、价值旨趣、基本要求等问题的探讨和研究能够丰富中国现代性的基本理论，能够充实社会工程哲学的研究实例，同时还希望能对我国现代化实践产生借鉴意义。但是由于本人研究能力有限，关于社会工程和中国现代性建构的研究还存在一些不足之处，比如由于关于社会工程的基本理论的探讨还处在刚刚起步阶段，国内外相关研究资料甚少，使本书的研究还仅仅处于初步探索的层面上，没有细化。此外，中国现代性的建构是一个十分庞杂的问题，本书从社会工程哲学视角进行的研究和考察只是中国现代性研究的一个维度，对中国现代性建构所作诸多实践层面上的探讨难免有所局限。

参考文献

中文文献

[1]《马克思恩格斯全集》第 42 卷，人民出版社 1979 年版。

[2]《马克思恩格斯全集》第 46 卷，人民出版社 1979 年版。

[3]《马克思恩格斯文集》第 1—10 卷，人民出版社 2009 年版。

[4]《马克思恩格斯选集》第 1 卷，人民出版社 1995 年版。

[5]《马克思恩格斯选集》第 4 卷，人民出版社 1972 年版。

[6]《毛泽东选集》第 2 卷，人民出版社 1991 年版。

[7]《邓小平文选》第 2 卷，人民出版社 1994 年版。

[8]《江泽民文选》第 1 卷，人民出版社 2006 年版。

[9] 江泽民：《论社会主义市场经济》，中央文献出版社 2006 年版。

[10]《十六大以来重要文献选编》(中)，中央文献出版社 2006 年版。

[11]《十七大以来重要文献选编》，中央文献出版社 2009 年版

[12]《党的十七大报告单行本》，人民出版社 2012 年版。

[13]《党的十八大报告单行本》，人民出版社 2012 年版。

[14] 殷瑞钰、汪应洛、李伯聪等：《工程哲学》，高等教育出版社 2007 年版。

[15] 杜澄、李伯聪：《工程研究——跨学科视野中的工程》，北京理工大学出版社 2004 年版。

[16] 李伯聪：《工程哲学引论》，大象出版社 2000 年版。

[17] 徐长福：《理论思维与工程思维》，上海人民出版社 2002 年版。

[18] 田鹏颖：《社会技术哲学》，人民出版社 2005 年版。

[19] 田鹏颖：《社会工程哲学引论》，人民出版社 2006 年版。

[20] 田鹏颖：《社会工程哲学》，人民出版社 2008 年版。

［21］赵晖、田鹏颖：《从社会技术到社会工程》，辽宁人民出版社 2008 年版。
［22］王宏波：《工程哲学与社会工程》，中国社会科学出版社 2006 年版。
［23］王宏波：《社会工程研究》，西安交通大学出版社 2005 年版。
［24］王宏波：《社会协调分析新论》，西安交通大学出版社 1994 年版。
［25］［德］黑格尔：《法哲学原理》，商务印书馆 1961 年版。
［26］［德］黑格尔：《小逻辑》，商务印书馆 1980 年版。
［27］［德］黑格尔：《哲学史讲演录》第四卷，商务印书馆 1978 年版。
［28］［德］康德：《康德文集》，改革出版社 1997 年版。
［29］［德］马克斯·韦伯：《新教伦理与资本主义精神》，上海三联书店 1987 年版。
［30］［德］马克斯·韦伯：《经济与社会》上卷，商务印书馆 1997 年版。
［31］［德］哈贝马斯：《现代性的地平线：哈贝马斯访谈录》，上海人民出版社 1997 年版。
［32］［英］安东尼·吉登斯、克里斯多弗·皮尔森：《现代性——吉登斯访谈录》，新华出版社 2001 年版。
［33］［德］乌尔里希·贝克、安东尼·吉登斯、斯科特·拉什：《自反性现代化——现代社会秩序中的政治、传统与美学》，商务印书馆 2001 年版。
［34］［法］让·弗朗索瓦·利奥塔：《后现代性与公正游戏——利奥塔访谈、书信录》，上海人民出版社 1997 年版。
［35］［美］塞缪尔·P. 亨廷顿：《现代化——理论与历史经验的再探讨》，新华出版社 1997 年版。
［36］［美］塞缪尔·P. 亨廷顿：《变化社会中的政治秩序》，生活·读书·新知三联书店 1989 年版。
［37］［美］丹尼尔·贝尔：《资本主义文化矛盾》，生活·读书·新知三联书店 1989 年版。
［38］［美］马尔库塞：《单向度的人》，上海译文出版社 2006 年版。
［39］［美］马尔库塞：《爱欲与文明》，上海译文出版社 1978 年版。

[40] [法] 米歇尔·福柯：《词与物》，上海三联书店 2002 年版。
[41] [美] 大卫·雷·格里芬：《超越解构——建设性后现代哲学的奠基者》，中央编译出版社 2002 年版。
[42] [美] 大卫·雷·格里芬：《后现代精神》，中央编译出版社 1998 年版。
[43] [德] 沃尔夫刚·查普夫：《现代化与社会转型》，社会科学文献出版社 2000 年版。
[44] [美] 道格拉斯·凯尔纳、斯蒂文·贝斯特：《后现代理论——批判性的质疑》，中央编译出版社 2001 年版。
[45] [美] 马泰·卡林内斯库：《现代性的五副面孔》，商务印书馆 2002 年版。
[46] [德] 乌尔里希·贝克、约翰内斯·威尔姆斯：《自由与资本主义》，浙江人民出版社 2001 年版。
[47] [美] 道格拉斯·C. 斯诺：《制度、制度变迁与经济绩效》，上海三联书店 1994 年版。
[48] [以] S. N. 艾森斯塔特：《反思现代性》，生活·读书·新知三联书店 2006 年版。
[49] [英] 卡尔·波普尔：《历史决定论的贫困》，华夏出版社 1987 年版。
[50] [英] 卡尔·波普尔：《猜想与反驳》，中国美术学院出版社 2003 年版。
[51] [英] 卡尔·波普尔：《开放社会及其敌人》第一卷，中国社会科学出版社 1999 年版。
[52] [英] 卡尔·波普尔：《科学知识进化论——波普尔科学哲学选集》，生活·读书·新知三联书店 1987 年版。
[53] [美] 兹比格涅夫·布热津斯基：《大失控与大混乱》，中国社会科学出版社 1994 年版。
[54] [奥] 路德维希·冯·贝塔兰菲：《一般系统论》，社会科学文献出版社 1987 年版。
[55] [英] 查里斯·帕希·斯诺：《两种文化》，生活·读书·新知三联书店 1994 年版。

[56] [英] 拉尔夫·达尔道夫：《现代社会冲突》，中国社会科学出版社 2000 年版。
[57]《爱因斯坦文集》第 3 卷，商务印书馆 1988 年版。
[58] [美] 斯塔夫里阿诺斯：《全球通史》，上海社会科学院出版社 1992 年版。
[59] [英] 迈克尔·H. 莱斯诺夫：《二十世纪的政治哲学家》，生活·读书·新知三联书店 2003 年版。
[60] [法] 阿里·卡赞西吉尔、[法] 大卫·马金森主编：《世界社会科学报告 1999》，社会科学文献出版社 1999 年版。
[61] [美] D. W. 卡尔·霍恩：《变革时代的社会科学》，社会科学文献出版社 1989 年版。
[62] [德] 乌尔里希·贝克：《风险社会》，译林出版社 2004 年版。
[63] [法] 柏格森：《形而上学导言》，商务印书馆 1963 年版。
[64] [英] 迈克尔·曼：《国际社会学百科全书》，四川人民出版社 1989 年版。
[65] [德] E. 卡西尔：《启蒙哲学》，山东人民出版社 1988 年版。
[66] 高清海等：《社会发展哲学》，高等教育出版社 1999 年版。
[67] 金耀基：《从传统到现代》，中国人民大学出版社 1999 年版。
[68] 俞吾金：《现代性现象学》，上海社会科学院出版社 2002 年版。
[69] 张维久、刘福森：《社会发展问题的探索》，吉林大学出版社 1994 年版。
[70] 姚大志：《现代之后——20 世纪晚期西方哲学》，东方出版社 2000 年版。
[71] 陈嘉明等：《现代性与后现代性》，人民出版社 2001 年版。
[72] 刘怀玉：《现代性的平庸与神奇》，中央编译出版 2006 年版。
[73] 吕元礼：《政治文化——传统与现代的会通》，人民出版社 2004 年版。
[74] 钱永祥：《纵欲与虚无之上——现代情景里的政治伦理》，生活·读书·新知三联书店 2002 年版。
[75] 叶启政：《期待黎明——传统与现代的搓揉》，上海人民出版社 2005 年版。

[76] 费孝通:《乡土中国》, 北京大学出版社 1998 年版。
[77] 刘建军:《制度建设与国家成长》, 上海辞书出版社 2003 年版。
[78] 艾四林:《哈贝马斯》, 湖南教育出版社 1999 年版。
[79] 汪行福:《走出时代的困境——哈贝马斯对现代性的反思》, 上海社会科学出版社 2000 年版。
[80] 刘少杰:《后现代西方社会学理论》, 社会科学文献出版社 2002 年版。
[81] [德] 尤尔根·哈贝马斯:《交往行为理论》, 上海人民出版社 2004 年版。
[82] 李翔海:《民族性与时代性》, 人民出版社 2005 年版。
[83] 吴冠军:《多元的现代性》, 上海三联书店 2002 年版。
[84] 姜义华:《"理性缺位"的启蒙》, 生活·读书·新知三联书店 2000 年版。
[85] 夏光:《东亚现代性与西方现代性》, 生活·读书·新知三联书店 2005 年版。
[86] 张传平:《市场逻辑与社会主义》, 人民出版社 2002 年版。
[87] 丰子义:《发展的反思与探索——马克思社会发展理论的当代阐释》, 中国人民大学出版社 2006 年版。
[88] 何传启:《东方复兴现代化的三条道路》, 商务印书馆 2003 年版。
[89] 何晓明:《百年忧患——中国知识分子命运与中国现代化进程》, 东方出版社 1997 年版。
[90] 余英时:《从价值系统看中国文化的现代意义》, 江苏人民出版社 1989 年版。
[91] 李怡:《现代性的谱系》, 南京大学出版社 2004 年版。
[92] 梁漱溟:《中国文化要义》, 学林出版社 1987 年版。
[93] 陈独秀:《独秀文存》, 安徽人民出版社 1987 年版。
[94] 康有为:《孟子微》, 中华书局 1981 年版。
[95] 胡适:《胡适文集》第 5 卷, 北京大学出版 1998 年版。
[96] 冒从虎:《欧洲哲学通史（上）》, 南开大学出版社 1985 年版。
[97] 陈昌曙:《技术哲学引论》, 科学出版社 1999 年版。
[98] 刘大椿:《科学技术哲学导论》, 中国人民大学出版社 2005 年版。

[99] 韩志伟等:《社会创新研究》, 人民出版社 2004 年版。

[100] [美] R. K. 莫顿:《科学社会学》, 商务印书馆 2003 年版。

[101] 辛鸣:《制度论》, 人民出版社 2005 年版。

[102] [英] 吉尔德·兰德狄:《社会科学——超越建构论和实在论》, 吉林人民出版社 2005 年版。

[103] 黄顺基:《社会工程哲学与马克思主义理论研究和建设工程》,《全国社会工程哲学与"马克思主义理论研究和建设工程"高峰论坛会议论文》2008 年。

[104] 李伯聪:《工程活动共同体:三位一体的社会实在》,《全国社会工程哲学与"马克思主义理论研究和建设工程"高峰论坛会议论文》2008 年。

[105] 田鹏颖:《资本、技术、社会工程与现代性的解构和建构》,《全国社会工程哲学与"马克思主义理论研究和建设工程"高峰论坛会议论文》2008 年。

[106] 王宏波、杨建科、周永红:《马克思主义研究与社会工程的理论与实践》,《全国社会工程哲学与"马克思主义理论研究和建设工程"高峰论坛会议论文》2008 年。

[107] 汪应洛:《当代工程观》,《2007 年工程哲学年会会议论文》2007 年。

[108] 黄顺基:《马克思主义市场经济理论与社会工程研究》,《首届全国社会工程理论与方法学术会议论文》2006 年。

[109] 钱学森:《从社会科学到社会技术》,《经济学动态》1989 年第 9 期。

[110] 田鹏颖:《社会工程——现代社会把握世界的基本方式》,《中国社会科学》2008 年第 4 期。

[111] 田鹏颖:《唯物史观视野中的社会工程哲学》,《哲学动态》2008 年第 7 期。

[112] 田鹏颖:《略论作为社会技术的制度设计》,《哲学研究》2006 年第 10 期。

[113] 王宏波:《试论工程设计中思想模型方法的应用》,《哲学研究》1984 年第 12 期。

[114] 杨建科、王宏波：《论自然工程与社会工程的关系》，《自然辩证法研究》2008 年第 1 期。

[115] 赵建军：《“工程哲学与科学发展观”研讨会综述》，《自然辩证法研究》2005 年第 5 期。

[116] 刘则渊：《社会发展与社会工程学》，《自然辩证法研究》1986 年第 1 期。

[117] 田鹏颖：《略论社会工程哲学的基本范畴》，《科学技术与辩证法》2006 年第 8 期。

[118] 赵大宇、田鹏颖：《试论社会技术的本质》，《科学技术与辩证法》2006 年第 2 期。

[119] 田鹏颖：《社会工程：风险社会时代的重要哲学范式——兼论哲学研究范式的历史转向》，《科学技术与辩证法》2007 年第 8 期。

[120] 戴雪梅：《科学发展观：社会工程维度的解读》，《毛泽东邓小平理论研究》2007 年第 7 期。

[121] 田鹏颖、赵晖：《论社会工程设计》，《社会科学辑刊》2007 年第 3 期。

[122] 蒋影明：《社会工程学的立足点、工具和理论前沿的三个方向》，《学海》2000 年第 2 期。

[123] 王新民：《浅议社会工程》，《河北学刊》1987 年第 4 期。

[124] 徐长福：《论人文社会工程的学科地位》，《天津社会科学》2000 年第 2 期。

[125] 田鹏颖：《从马克思的“两种实践”统一观看社会技术的本体论隐喻》，《马克思主义与现实》2008 年第 1 期。

[126] 田鹏颖：《论社会工程的本质和方法》，《大连理工大学学报》2006 年第 6 期。

[127] 王宏波：《社会工程的概念和方法》，《西安交通大学学报》2000 年第 1 期。

[128] 郝耕、王勇：《社会工程构建的系统论视角》，《西安财经学院学报》2006 年第 8 期。

[129] 李黎明：《社会工程学：一种新的知识探险》，《西安交通大学学

报》2006 年第 1 期。
[130] 霍有光、王宏波：《南水北调中线工程与构建工程哲学理论体系》，《科技导报》2004 年第 6 期。
[131] 哀元：《社会进步与文化传统——关于卡尔·波普尔“渐进的社会工程”》，《江淮论坛》1995 年第 6 期。
[132] 陈静：《社会哲学的落脚点——社会工程哲学》，《中国科技信息》2007 年第 2 期。
[133] 田鹏颖：《唯物史观的理论前设及其启示——兼论将实践哲学原则进行到底》，《黑龙江社会科学》2008 年第 1 期。
[134] 王宏波、马建明、李天芳：《制度设计与社会理性——社会工程活动的核心环节》，《人文杂志》2004 年第 4 期。
[135] 田鹏颖：《从社会技术到社会工程——关于构建“社会工程哲学”的初步设想》，《沈阳师范大学学报》2006 年第 1 期。
[136] 田鹏颖：《现代性悖论的消解与社会技术的创新——关于现代性问题的技术哲学思考》，《求是学刊》2007 年第 1 期。
[137] 俞吾金：《马克思对现代性的诊断及其启示》，《中国社会科学》2005 年第 1 期。
[138] 赵景来：《关于“现代性”若干问题研究综述》，《中国社会科学》2001 年第 4 期。
[139] 邹诗鹏：《马克思主义中国化与中国现代性的建构》，《中国社会科学》2005 年第 1 期。
[140] 贺来：《后现代主义哲学与中国现代性的建构》，《吉林大学社会科学学报》1998 年第 2 期。
[141] 郭大为：《镜像中的生存——现代性的反思与反思的现代性》，《中国社会科学》2005 年第 1 期。
[142] 张曙光：《全球化：现代性的扩张及其界限》，《哲学动态》2006 年第 4 期。
[143] 孙立天：《辩证法与后现代主义哲学》，《哲学动态》1995 年第 5 期。
[144] 贺来：《“现代性”的建构——哲学范式转换的基本主题》，《哲学动态》2000 年第 3 期。

[145] 钱厚诚：《“现代性与社会理论”研讨会综述》，《哲学动态》2008 年第 8 期。

[146] 江文富：《关于现代性研究的一些思考》，《哲学研究》2007 年第 7 期。

[147] 唐文明：《何谓现代性？》，《哲学研究》2000 年第 8 期。

[148] 贾英健：《马克思现代性批判的理论旨趣及其变革实质》，《哲学研究》2005 年第 9 期。

[149] 李淑梅：《马克思现代性批判的视野》，《天津社会科学》2005 年第 4 期。

[150] 罗骞：《马克思与现代性批判》，《江苏社会科学》2005 年第 1 期。

[151] 任平：《马克思哲学革命出场的现代性路径——〈关于费尔巴哈的提纲〉诞生 160 周年后的新解读》，《江海学刊》2005 年第 3 期。

[152] 汤拥华：《评当下思想界有关“中国现代性”的三种思路》，《浙江社会科学》2006 年第 5 期。

[153] 韩庆祥：《现代性的建构与当代中国发展》，《理论参考》2007 年第 10 期。

[154] 史光孝、李晓明：《“后现代”的兴起与利奥塔的后现代思想》，《哈尔滨工业大学学报》2006 年第 5 期。

[155] 谢立中：《“现代性”及其相关概念词义辨析》，《北京大学学报》2001 年第 5 期。

[156] 罗骞：《“现代性”批判的两种不同定向——论马克思资本批判与现代性哲学话语的基本差异》，《教学与研究》2005 年第 7 期。

[157] 叶启政：《再论传统和现代的斗争游戏》，《社会学研究》1996 年第 6 期。

[158] 王金福、王永山：《从异化到自由全面的发展——对人的存在状态发展之路的马克思主义解答》，《南京师大学报》2005 年第3 期。

[159] 周宪：《现代化研究：主持人絮语》，《南京大学学报》1999 年

第 3 期。

[160] 陶红茹：《哈贝马斯与利奥塔的现代性之争评析》，《理论与现代化》2005 年第 1 期。

[161] 贺旭辉：《利奥塔“后现代”思想阐释》，《中国矿业大学学报》2006 年第 3 期。

[162] 徐志远：《论科学精神与人文精神的关系》，《广东社会科学》2001 年第 6 期。

[163] 胡绪明、韩秋红：《论卢卡奇对现代性批判的双重维度及其理论困境》，《北方论丛》2006 年第 5 期。

[164] 张之沧：《论马克思的实践方法论》，《东南大学学报》2003 年第 1 期。

[165] 陈嘉明：《中国现代性研究的解释框架问题》，《华东师范大学学报》2006 年第 5 期。

[166] 张旭鹏：《后现代、现代性重建与中国的现代性问题》，《史学月刊》2006 年第 5 期。

[167] 吴晓明：《论马克思对现代性的双重批判》，《学术月刊》2006 年第 2 期。

[168] 温家宝：《关于社会主义初级阶段的历史任务和我国对外政策的几个问题》，《人民日报》2007 年 2 月 27 日。

[169] 田鹏颖、孙雷：《工程哲学应包含“社会工程”》，《光明日报》2006 年 8 月 21 日。

[170] 李醒民：《走向科学的人文主义和人文的科学主义》，《光明日报》2004 年 6 月 1 日。

[171] 詹姆逊：《现代性的幽灵》，《社会科学报》2002 年 9 月 19 日。

[172] 殷瑞钰：《工程与工程哲学》，《学习时报》2004 年 10 月 11 日。

[173] 刘黄：《新农村建设是社会工程》，《中华工商时报》2006 年 4 月 3 日。

外文文献

[1] Anthony Giddens, *Capitalism and Modem Social Theory*, Cambridge and New York: Cambridge University Press, 1971.

[2] Anthony Giddens, *Social Theory and Modern Sociology*, Stanford University Press, 1987.

[3] J. Habermas, *The Philosophic Discourse of Modernity*, Cambridge, MA: MIT Press, 1987.

[4] David Frisby, *Fragmengts of Modernity*, The MIT Press, 1986.

[5] Ralf Dahrendorf, *Class Conflict in Industrial Society*, Stanford: Stanford Univercity Press, 1999.

[6] Agnes Heller, *A Theory of History*, London: Routledge and Kegan Paul, 1982.

[7] Krishankunmar, *From Post lndustrial to Post – Modern Society*, Oxford, Blakewell, 1995.

[8] Johan Fornas. , *Cultural Theory and Late Modernity*, London: SAGE, 1995.

[9] John Rawls, *A Theory ofJustice*, Oxford University Press, 1998.

[10] M. Berman, *All that is Solid Melts Into Air . The Experience of Modernity*, New York: Penguin Books, 1988.

[11] P. Berger, *Facing up to Modernity*, NewYork: Basic Books, 1977.

[12] Erich Fromm, *The Revolution of Hope: Toward a Humanized Technology*, New York: Harper and Row, 1968.

[13] Vincenti、Walter, *What Engineers Know and How They Know it : Analytical Studies from Aeronautical History* , Baltimore and London : The Johns Hopkins University Press , 1990.

[14] Bucciarelli, Louis L. :, *Designing Engineers*, Cambridge, MA: MIT Press, 1994.

[15] Bucciarelli, Louis L. :, *Engineering Philosophy*, Delft University Press, 2003.

[16] Koen, Billy Vaughn, *Discussion of the Method : Conducting the Engineer ' s Approach to Problem Solving*, Oxford University Press, 2003.

[17] Martin Hollis, *The Philosophy of Science*, Cambridge Univeristy Press, 1994.

[18] Edwin T, layton, "A Historical Definition of Engineering", *Research*

in Technology Studies, 1991 (4) .

[19] Jean Baudrillard, "Game with Vestiges", *On the Beach*, 5 (Winter), 1984.

[20] Thoms Tredgold, "Quoted in Charles Huttn Gregory. Address of the President", *Institution of Civil Engineers*, Minutes of Proceeding, 27, 1868, pp. 181 – 182.

[21] Thomas C. Clarke, "Science and Engineering", *Transactions of the American Society of Civil Engineers*, 35, 1895, p. 508.

后　记

人们常说：十年磨一剑！翻看静置于书桌前的这本书稿，不仅感慨良多。这本书稿承载的时光岂止是十年啊！

十四年前，我结识了科研生涯的第一位导师，东北师范大学的王平教授。跟在老师身边攻读硕士学位的三年虽然短暂，但快乐而充实。读研的第一年，从一个根本不知科研为何物的小丫头，在老师的耐心教导下，竟然也像模像样地查起了资料、研究文献，写起了学术论文。王老师亲历了我在学术上的每一次进步，并为之付出了心血。不能忘记老师因我的一个观点的提出、一篇论文的完成而绽开的微笑，更不能忘记献血后老师和师母亲手熬好的鸡汤！那一碗鸡汤的温暖久久地留在了我的手尖和心上，激励着现今的我也如此这般地去对待我的学生……

十三年前，我人生的第二位导师刘和忠教授走进我的硕士生活。当时的刘教授已经由东北师范大学调往海南师范学院担任校长，于是我的第二年硕士生涯就在海南度过。刘老师尽管工作十分繁忙，但对于我们的教学却从不懈怠，认真讲好每一堂课，细心指导我们的科研，帮我们逐渐确立自己的研究方向，为硕士学位论文选题打好基础。知道我们几个学生都是第一次来海南，刘老师就在周末的时候亲自带我们游玩，边看风景，边聊学习和生活。在明亮的海天一色下，老师的亲切话语和着幽幽的海浪声定格成为我人生中最快乐的学习场景……

九年前，我进入了吉林大学哲学社会学院攻读博士学位。令我备感幸运的是，遇上了我的博士导师许志晋教授。虽然硕士毕业后一直在高校任教，似乎从未真正离开过校园，然而毕业两年后再次作学生般打扮，背着大大的书包坐在教室中时却是另一番滋味在心头，也由此更加懂得一段心无旁骛的学习时光是多么难得和珍贵。博士求学阶段，学位论文质量要求明显高于硕士阶段，入学后就顿感学习压力明显增大。如果说硕士阶段的学习让我懂得了科研就为何物，那么博士阶段的学习才让我真正领会了搞科研的辛苦。从论文选题的更换与抉择到大量文献资料的收集与整理，从思考问题时的夜不能寐到没有写作思路时的痛苦沮丧，近十年了，如今回忆起来似乎还能感受到当时的那份不容易。每每想到这里，就会萌生出对许老师更多的敬意和感谢。四年博士求学生涯中，每一次进步都离不开老师的教导和帮助，每次灰心都有老师的鼓励和加油！

四年前，我结识了东北大学的陈凡教授，偶然的契机进入了东北大学哲学博士后流动站，并选择了陈老师作为我的合作导师。陈老师给予我的科研工作以莫大的支持和帮助，悉心指导我的每一项科研工作。陈老师的博学多才、豁达胸襟和平易近人让我受益终生。

感谢十多年的求学科研生涯中，能有这些优秀导师们的指导和提携。是他们使我渐渐领悟了科研工作的职责和使命，掌握了科研工作的方法和途径，拥有了一定的科研基础和能力。他们不仅是我的学术导师，更是我的人生导师，他们赋予了我宽广的眼界和胸怀，从而让我能拥抱一个更宽广的世界！

同时，我还要感谢十多年来一直爱护我、关心我的同学、同事、朋友和家人们。谢谢你们在我伤心时送上的安慰！在我开心时分享我的喜悦！在我迷惘时给我的建议，在我需要时伸出的双手！

本书是我有关社会工程哲学研究的一个阶段性总结，更是我进一步在这一领域深入探索的开始。由于能力有限，书中难免有疏漏和不足之处，诚请各位读者指正！

王英伟

2014 年 3 月 12 日于沈阳师范大学